厚德博學

經濟匡時

匡时 大学通识系列

哲学思辨与伦理规范

解码幸福

陈秋玲　许玲丽　尹应凯　陆瑜芳◎等著

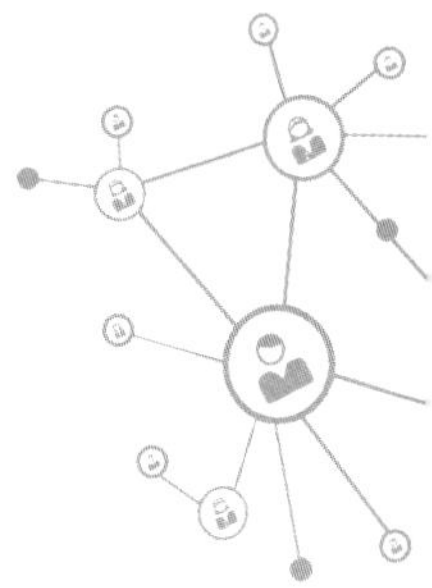

上海财经大学出版社

图书在版编目(CIP)数据

解码幸福/陈秋玲,许玲丽,尹应凯,陆瑜芳等著.一上海:上海财经大学出版社,2019.6

匡时·大学通识系列

哲学思辨与伦理规范

ISBN 978-7-5642-3275-7/F·3275

Ⅰ.①解… Ⅱ.①陈…②许…③尹…④陆… Ⅲ.①幸福-高等学校-教材 Ⅳ.①B82

中国版本图书馆 CIP 数据核字(2019)第 096876 号

□ 责任编辑　台啸天

□ 封面设计　张克瑶

解 码 幸 福

陈秋玲　许玲丽　尹应凯　陆瑜芳　等著

上海财经大学出版社出版发行

(上海市中山北一路 369 号　邮编 200083)

网　　址:http://www.sufep.com

电子邮箱:webmaster @ sufep.com

全国新华书店经销

上海华业装璜印刷厂印刷装订

2019 年 6 月第 1 版　2019 年 6 月第 1 次印刷

710mm×1000mm　1/16　17.25 印张(插页:2)　282 千字

定价:56.00 元

序

幸福是古今中外都非常关注的话题，对它的探讨可以上溯到两千多年前（公元前800～前200年）人类文化的轴心时代，东西方哲学家、思想家对幸福有着超越时空的对话。东方文化中的幸福观，主要包括儒家幸福观、道家幸福观、佛家幸福观，对后世影响深远。儒家幸福观倡导通过修身、齐家、治国、平天下来获得幸福，有积极幸福观之称；道家幸福观倡导清静无为、顺其自然，被称为消极幸福观；佛家幸福观的核心是因果报应和生死轮回，认为只有通过灭除贪爱欲望才能够到达幸福的涅槃。西方文化中的幸福观，主要有理性主义幸福观、感性主义幸福观、基督教神学幸福观。理性主义幸福观倡导人的理性能力和精神快乐；感性主义幸福观强调人的本性是趋乐避苦；基督教神学幸福观强调摆脱尘世的干扰，修行才能获得幸福。

在经济学王国，经济学家们一直心系幸福。从古典经济学家亚当·斯密，到现代经济学家保罗·萨缪尔森、理查德·A·伊斯特林、理查德·莱亚德等，都为幸福经济学奠定了坚实的基础。经济学之父亚当·斯密论述了财富与幸福快乐的辩证关系，指出建立在大多数人民快乐基础上的财富最大化才是最有意义的财富占有。萨缪尔森以经济学家的思维范式为我们提供了一个“幸福方程式”，即幸福＝效用/欲望，幸福与效用成正比，与欲望成反比。经济学家伊斯特林则运用经验数据进行实证研究，提出了著名的“伊斯特林悖论”（又称“幸福悖论”），为我们揭开了“更多的财富并没有带来更大的幸福”之谜底。经济学家理查德·莱亚德认为，幸福无疑是社会唯一值得努力的目标。

心理学家认为，幸福是人类个体认识到自己需要得到满足以及理想得到实现时产生的一种情绪状态，是由需要、认知、情感等心理因素与外部诱因的交互作用形成的一种复杂的、多层次的心理状态。与亚当·斯密同时期的杰里米·边沁提出“最大多数人的最大幸福”理念，并开创幸福量化研究的先河。心理学家丹尼尔·卡尼曼基于“自然人快乐”的体验效用构建了体验功利主义幸福理论，并提出对个体主观幸福感的真实体验进行精确、科学测量方法的日重现法。马斯洛提出需求层次理论，认为个人潜能发挥没有极限导致个人对幸福的追求没有止境。哈佛大学最受欢迎的“幸福课”授课老师泰勒·本一沙哈尔倡导幸福是“快乐与意义的结合”，并基于快乐和意义两个维度给出“幸福四象限模型”。

诗人的世界里，诗意的幸福生活可以是“泱泱海阔凭鱼跃，朗朗天高任鸟飞”的洒脱，可以是“春风得意马蹄疾，一日看尽长安花”的惬意，也可以是“山重水复疑无路，柳暗花明又一村”的转机，还可以是“书当快意读易尽，客有可人期不来”的期待。“人生为何不快乐，只因未读苏东坡”，诗人用自己的诗意人生，把世俗生活的苟且升华为诗和远方，无论是浪漫主义诗人李白，还是现实主义诗人杜甫，或者是边塞诗人王昌龄、岑参，田园派诗人陶渊明、王维，豪放派词人苏东坡、辛弃疾，他们都属于高福商的“幸福派”，其共同特质是有“天生我材必有用，千金散尽还复来”的自信满满，有“先天下之忧而忧，后天下之乐而乐”的家国情怀，有“渡尽劫波兄弟在，相逢一笑泯恩仇”的宽容豁达，有“黄沙百战穿金甲，不破楼兰终不还”的志存高远，还有“采菊东篱下，悠然见南山”的宁静致远。

历史长河中，对于幸福的追求存在几大误区，如：把短暂的快乐情绪等同于持续的幸福状态，却发现快乐带来的幸福感转瞬即逝；把效用这种幸福的构成部分等同于幸福的全部，却发现自己陷入欲望的漩涡；把成功等同于幸福，却发现成功以后离幸福依然很远。在通往幸福的路上之所以会陷入各种误区，主要是认知层面、行为层面、心理层面出现了偏误。哲学、心理学、经济学、社会学等不同学科的学者通过各自领域的方法和手段对此进行纠偏，如：通过哲学思辨不断反思和追问行为主体的初心和归宿，借助经济模型实证研究幸福的影响因素、揭示幸福的效应等，利用心理实验探讨幸福的生成机制、传导机制等，采用社会调查统计分析方法总结提炼幸福个体、幸福群体、幸福家庭的共同特质。

中国特色社会主义进入新时代，新时代面临新矛盾，新矛盾赋予新使命，新使命需要新作为，新作为需要新担当。社会主要矛盾已经转化为人民日益增长的美好生活需要和不平衡不充分的发展之间的矛盾。在新时代的幸福框架体系中，既包括身心健康、安居乐业、美好生活等微观层面的幸福，也包括经济发展、生态环境、文化繁荣、政府善治等宏观层面的幸福。“幸福都是奋斗出来的”，要实现共同幸福的梦想，从个人到家庭，从社会到国家，都需要“始于梦想，基于创新，成于实干”。梦想是幸福的原动力，会激发我们去观察思考各种现象，促使我们去探求现象背后的规律；创新是幸福的加速器，会帮助我们找到攻坚克难的有效方法，加速我们实现梦想并获得幸福的进程；实干是幸福的助推剂，没有实干，“梦想”只是“梦”和“想”，只有实干，才能不断增强我们的成就感、尊严感、自豪感、获得感，助推我们提升幸福感。

上海大学党委副书记

徐旭

2019年3月6日

前　言

幸福是人类永恒的主题，追求幸福生活是人类共同的奋斗目标。亚里士多德曾说，“幸福是人生的意义和目的，是人类存在的全部目标和终点。”幸福是我们生活中唯一值得追求的东西，它是人类个体认识到自己需要得到满足以及理想得到实现时产生的一种情绪状态，是人生的终极目标。美好的人生始于梦想、基于机会、成于奋斗、终于幸福。我们怎样才能到达幸福的彼岸？一路上有哪些急流险滩？是否有规律可循？这需要学理层面的系统梳理。上海大学幸福课程团队奉献给读者的这本书，尝试在哲学、心理学、经济学、社会学、美学等多学科交叉视角下，聚焦幸福的核心问题、破解幸福的密码、揭开幸福的面纱、指引幸福的路径。

一问幸福是什么，幸福感如何测量？一千个人眼中有一千个幸福的定义，有一千把幸福量尺。每个人基于不同的历史阶段、社会地位、文化背景、收入水平、需求层次，想得到的幸福是不一样的。幸福感既是客观事物的体现，也是主观内在的感受，甚至离不开个人自身的调节能力。遨游书海时我们打捞到哲学家、心理学家、经济学家、诗人的幸福观，发现了不同学科、不同维度、不同层面的幸福测度方法。本书第一章和二章汇集了不同学科视角对幸福的界定，对幸福特性的归纳，介绍对幸福测度方法的。

二问机制有哪些，幸福效应有哪些？幸福感的生成与变化并非完全是主观的，其背后有着十分有趣的作用机制，也有着不同的幸福效应。幸福机制是客观基础与心理活动之间十分复杂和微妙的联动，幸福的产生、传导和波动都有一定规律性，而且具有多重效应。在追寻幸福的旅途上，利用这些机制和效应可以帮助我们提升幸福感。第三章基于心理学、社会学、经济学视角，探究多方因素相互交织的多重幸福机制，第四章基于案例诠释幸福的期望效应、叠加效应、溢出效应、对冲效应和衰减效应。

三问何为空心病，幸福波动为哪般？对于人生意义的问题探讨已延续千年，由于价值观缺陷引致心理障碍的“空心病”现象成为网络热词之后，再次引发学者从多学科视角的反思和探寻。影响幸福的因素是多维度的，人的思维方式不同，也会影响幸福感。第五章从思维方式、认知、情绪和行为以及它们的关系出发，探讨消极思维方式和积极思维方式的特点，以及这两种思维方式和幸福的关系，第六章从哲学、心理学和经济学三个角度讨论影响幸福的具体因素，第七章从个体、家庭、学校、社会等层面，研究“空心病”的现象、成因、根源及应对策略。

四问福商之特质，幸福群体今安在？福商是一个人感受或体验、追求或创造幸福的能力。幸福的人、幸福的家庭、幸福的团队都是相似的，具备一些共同特质，高福商群体的共性是懂得感受幸福、有智慧去追求幸福、有能力去创造幸福。幸福家庭的共性是家庭成员物质与精神双重满足、自我追求与外部供给有机统一。幸福团队的特质是同心同向同行、共建共享共赢的责任共同体和命运共同体。第八章从心理学视角归纳高福商群体的共性特征，第九章从物质基础和精神交流两个维度提炼幸福家庭的共同特质，第十章从幸福团队要素、标准及路径探讨幸福团队是怎样炼成的，第十一章基于经济学视角实证分析为什么小康群体最幸福。

五问幸福哪里来，食艺情以何为重？幸福主要源自物质、情感和心灵等方面的需求。“民以食为天、食以安为先”，食物如同空气和水，都是人类不可或缺的、最基本的生理需求和生存需要，是幸福的物质基础；艺术则是基于人体感官、服务于心灵的最高旨趣的“自由的精神生产”，是人民追求幸福美好生活的载体。爱情、亲情、友情的情感需求，则是我们获得长寿、富足和幸福的最重要因素。第十二章探究为什么美食能带来幸福，第十三章解码艺术与幸福之间的深层次关系，第十四章解析爱情、亲情、友情与幸福的伴生关系。

六问幸福之原理，幸福如何最大化？幸福是一种被加权的效用。幸福经济学的核心就是研究如何有效地分配资源，实现国民幸福最大化。国民幸福有宏观、微观之分，其中宏观国民幸福包括经济增长、环境保护、文化发展、政府善治等，微观国民幸福包括行为个体对生活质量的综合评价和感受。第十五章从效用的角度分析幸福经济学原理和幸福的经济学路径，第十六章聚焦中国改革四十周年的发展历程，解码经国济民与国民幸福感。

目　录

第一章　幸福是什么?

幸福是恋人的玫瑰,病人的药品,运动员的奖章,学生的高绩点,探险者发现的“新大陆”。幸福是饥肠辘辘时的面包,口渴难耐时的清泉,伤心流泪时的安慰,喧嚣闹腾中的宁静。军人眼中的幸福是保家卫国,科学家眼中的幸福是探索未知,教师眼中的幸福是传道授业,牧师眼中的幸福是布道解惑,父母眼中的幸福是孩子快乐成长。古人的幸福是久旱逢甘露、他乡遇故知、洞房花烛夜、金榜题名时。什么是幸福?幸福有什么特性?怎样才能获得幸福?如何判断自己是否幸福?如何在当前的现实生活中实现幸福?这些关于幸福的追问始终困扰着我们。幸福是永恒的主题,需要破解幸福的密码,揭开幸福的面纱,指引幸福的彼岸。

第一节　哲学家眼中的幸福

什么是幸福?每个人都有一个关于幸福的定义。因为历史背景、文化环境、社会地位、经济基础等不同,个体理解的幸福也有差异,个体也都按照各自的方式追求幸福。古今中外的哲学家对幸福之问也都提出过自己独到的看法和见解,甚至形成了自己的哲学体系。

一、中国哲学家眼中的幸福

中国哲学家眼中的幸福包括儒家幸福观、道家幸福观和佛家幸福观。儒家提倡积极上进的人生,认为只有做到修身养性、求取功名、齐家、治国、平天下才是幸福。道家倡导清静无为，顺其自然，认为过自由自在的田园生活就是幸福。佛家通过阐明人生痛苦的“爱”与“痴”的本源和修行念佛这种摆脱痛苦的方法来系统论述幸福相关的理论。

(一)儒家的幸福观

儒家提倡积极上进的人生，做到修身养性、求取功名、齐家、治国、平天下才是幸福。儒家强调理性与道德作用的儒家幸福观，认为幸福离不开理智和美德，而且社会幸福在个人幸福之上。儒家重视社会礼教和社会等级，关注对人自然欲望的压制。

儒家哲学创始人孔子说“知者乐水，仁者乐山。知者动，仁者静，知者乐，仁者寿”(《论语·雍也》)。孔子将仁作为幸福的最高准则。当孔子被问到何为君子时，子曰：“贤哉，回也！一箪食，一瓢饮，在陋巷。人不堪其忧，回也不改其乐。贤哉，回也！”(《论语·雍也》)。

儒家的经典《尚书·洪范》中有“一曰寿，二曰富，三曰康宁，四曰攸好德，五曰考终命”的五福之说。“寿”就是健康长寿，“富”就是物质生活的富裕，“康宁”兼指身体的健康和精神上的安宁愉悦，“攸好德”即遵行美德，“考终命”即年老而善终。

战国中期的孟子继承孔子的学说，并将“仁”“义”结合起来。孟子说：“君子有三乐，而王天下不与存焉。父母俱存，兄弟无故，一乐也；仰不愧于天，俯不怍于人，二乐也；得天下英才而教育之，三乐也。君子有三乐，而王天下不与存焉。”(《孟子·尽心上》)。

战国后期的儒学大师荀子从“性恶论”出发，以“礼”为核心，通过“化性起伪”的方法，来改变人恶的本性。荀子提出：“虽为天子，欲不可尽”(《荀子·正名》)和“博学、积善而化性”(《荀子·富国》)。

儒家幸福观在人类幸福思想史上有很大的历史意义，但它忽视人的本能欲望与物质生活，并且把理智与情欲、物质享受与道德修养对立起来。

(二)道家的幸福观

从老子主张“无为”到庄子主张“逍遥”，道家倡导清静无为，顺其自然，过自由自在的田园生活。道家幸福观以道为核心，万物的本然状态就是最好的状态，遵道顺道，才能得到最大的幸福。

老子主张无为、守弱、不积累、不争取、无欲等。《老子》一书中，老子说：“圣人处无为之事，行不言之教”“为者败之，执者失之。是以圣人无为故无败，无执故无失。”“是以圣人之治，虚其心，实其腹；弱其志，强其骨。常使民无知无欲，使夫智者不敢为也。为无为，则无不至”“圣人不积。既以为人已愈有，既以与人已愈多。天之道，利而不害，圣人之道，为而不争”“罪莫大于可欲，祸莫大于不知足，咎莫大于欲得。故知足之足，常足矣”。

庄子在秉承老子的相关观点的基础上，还提出了无情、无己、无所待、无用、不以人助天等观念。《庄子》一书中，庄子认为，“且夫得者，时也；失者，顺也；安时而处顺，哀乐不能入也。此古之所谓悬解也。”“至人无己，神人无功，圣人无名”“若夫乘天地之正，而御六气之辩而游无穷者，彼且恶乎待哉。”“人知有用之用，而莫知无用之用也”“古之真人，不知说生，不知恶死；其出不䜣，其人不距；翛然而往，翛然而来。而已矣。不忘其所始，不求其所终；受而喜之，忘而复之，是之谓不以心捐道，不以人助天。是之为真人”。

虽然道家的幸福观否定了人力的意义和道德的重要性，是一种消极幸福观，但其中很多内容是倡导心灵的沉静和符合人的本性、内心的幸福。这些观点和主张可以拓展人的心灵空间，提升人的精神境界。

(三)佛家的幸福观

佛教的一整套理论体系和思维逻辑中有不少是关于摆脱痛苦和获得幸福的论述。“四圣谛”中，苦谛是指人生充满种种痛苦，集谛是指人生苦恼产生的根本原因，灭谛是说灭除了贪爱欲望便断除了产生苦恼的原因，道谛是指达到灭除痛苦进入涅槃境界的途径。佛教的“因果报应”和“生死轮回”对国人的幸福观产生了重要的影响。

佛教基本教义和禅宗思想倡导“爱”与“痴”的本源，这种对本源的探究导致人们认为人生本无幸福可言，有的只是生老病死的各种痛苦。而这些痛苦是因为人的贪求欲望和对佛理、佛性的无知造成的。所以，只有通过灭除贪爱欲望，修行念佛才能够摆脱痛苦的“生死轮回”，才能够到达幸福的“涅槃”。由此可见，佛教基本教义是通过阐明人生痛苦的“爱”与“痴”的本源和修行念佛这种摆脱痛苦的方法来系统论述幸福相关的理论。

二、西方哲学家眼中的幸福

西方哲学家眼中的幸福通常表现为对存在、自然和获得幸福的哲学关注。

从哲学意义上看，根据不同时代和不同代表人物的观点，绝大多数时候幸福可以理解为人生的道德目标，也可以理解为机遇。在大多数欧洲语言中，幸福可以看成幸运的同义词。因此，哲学家们通常把幸福解释为一种精神状态或者是一种美好生活。

西方哲学家眼中的幸福观主要有理性主义幸福观、感性主义幸福观和基督教神学幸福观。

(一)理性主义幸福观

理性主义幸福观倡导人的理性能力和精神快乐，幸福只有在理性指导下才能获得，要追求道德完善和抑制欲望。理性主义幸福观代表人物有苏格拉底、柏拉图、斯葛特学派、笛卡儿、康德和黑格尔等。理性主义幸福观强调按理性命令行事才能幸福，而感官的享受和快乐只会玷污理性，荒废人生。

苏格拉底重视知识与理性，倡导要“认识自己”，要认识“真正的我”，并认为“美德就是知识”。苏格拉底之后，理性主义的幸福观包括柏拉图、亚里士多德倡导的和谐说和犬儒学派，以及斯多葛学派主张的禁欲主义。柏拉图认为单纯的感性生活和单纯的理性生活都不能获得幸福。他提出了自己的幸福公式：幸福＝蜜泉＋清凉剂，即善的生活应该是一种理性与感性、快乐与智慧混合的生活，是“蜜泉”加“清凉剂”的生活。“生活中有两道泉在我们心中涌流着：一道是快乐，可以比作蜜泉；另一道是智慧，可以比作清凉剂。我们必须设法将这两种东西配成可口的合剂”。

专栏 1－1

苏格拉底与柏拉图之间的幸福故事

苏格拉底与柏拉图之间就有这样一个故事：

柏拉图问老师苏格拉底：幸福是什么？

苏格拉底回答说：我邀请你穿过这片田野去挑选一朵最美丽的花朵，但是你不能回头且只能选择一次。

于是柏拉图就按照苏格拉底的要求去做了。不久之后，他拿着一朵比较美丽的花回来了。

苏格拉底问他：这就是最美丽的花了？

柏拉图回答：当我穿过这片田野的时候，我看到了这朵美丽的花，我就把它摘下来了，认为它就是最美丽的，而且，当我后来再看见许多很美丽的花的时候，我依然坚持相信我的这朵花朵是最美的。所以我把最美丽的花摘来了。

这时，苏格拉底意味深长地说：这，就是幸福。

作为古代最伟大的哲学家之一，苏格拉底认为"幸福的秘密并不在于寻求更多的资源，而是在进步中享受快乐"。他强调幸福是来自于个人而不是来自外部的奖励或荣誉，通过减少各种不同的欲望与需求，可以学会感受简单的乐趣。

（二）感性主义幸福观

感性主义幸福观强调人的本性是趋乐避苦，追求感官的快乐、避免感官的痛苦就是幸福。感性主义幸福观代表人物有德谟克利特、亚里斯提卜、伊壁鸠鲁、霍布斯、爱尔维修和边沁等。

感性主义幸福观包括以下两种：第一种观点强调此时此地肉体的快乐，把人的自然欲望的满足和肉体的快乐视为最高的善。第二种观点是在肯定感性幸福的同时，强调精神幸福的价值高于自然欲望满足的价值，强调长远的快乐，为了长远的幸福有时可以放弃暂时的快乐。伊壁鸠鲁认为"当我们说快乐是一个主要的善时，我们并不是指放荡者的快乐或肉体享受的快乐""我们所谓的快乐，是指身体的无痛苦和灵魂的无纷扰"。

专栏 1-2

边沁的"最大多数人的幸福"和"快乐计算法"

英国功利主义哲学家边沁倡导"最大多数人的最大幸福才是是非的标准"，还提出了 7 个考查快乐的维度，称为"快乐计算法"（见表 1—1）。

表 1—1　　边沁“快乐计算法”

维度	内容
强度	快乐有多强烈?
持续时间	快乐能延续多久?
确定性	快乐有多真实?
时间远近	多久才能获得这种快乐?
繁殖力	随后会产生多少快乐?
纯度	快乐之后不产生痛苦的概率是多少?
发生范围	有多少人体验到这种快乐?

(三)基督教神学幸福观

基督教神学幸福观强调只有对上帝沉思、崇拜,才能返归天国,才能获得真正的幸福。所以,在神学家看来,尘世生活只不过是通向上帝天国的路径,德行是达到幸福的手段。因此,只有摆脱尘世的干扰,在修道院中达到圣洁的状态,才能获得幸福。

三、东西方幸福观相同点和差异点

东西方的幸福观相同点如下:在幸福的实质问题上,中国儒家幸福观和西方的理性主义幸福观都提出了德行幸福论;在获得幸福的途径上,中国的孔子和西方的亚里士多德都提出了“中庸之道”;东西方都采用哲学思辨的方法探讨幸福;东西方学者都是在人性论的基础上探讨幸福;东西方在幸福观上都有自然主义的传统;东西方都有大致相同的宗教幸福观。

东西方的幸福观在幸福的内涵结构、取向、实现途径、对幸福的延续等方面都有差异。

1. 在幸福的内涵结构上,东方将幸福理解为一个系统的有层次机构的整体,强调整体的幸福观;西方将幸福分解为情绪幸福、心理幸福、社会幸福等若干部分。

2. 在幸福的取向上,东方认为应该辩证地看待积极方面和消极方面,不能只强调积极的一面,应该保持二者的平衡;西方认为幸福应该是积极的一面。

3. 在幸福的实现途径上,东方强调想要获得幸福就要克制欲望,降低对物质的欲望；西方认为幸福不能离开物质条件，不能超出物质、肉体欲望的满足，幸福的程度建立在外在条件上。

4. 在对幸福的延续上，东方不仅关注现在的幸福，也关注未来的幸福；西方则强调当下的幸福体验。

第二节　心理学家眼中的幸福

一、马斯洛论幸福

马斯洛提出需求层次理论，将人类需求从低到高分为生理需求、安全需求、爱和归属感需求、尊重需求和自我实现需求五个层次。生理需求是一个人在社会生活中最基本的需求，与生俱来每个人都需要去做的，例如一日三餐；安全需求主要体现在社会秩序、体质、法律、和平、医疗、教育等各方面；爱与归属的需求是在前两种需求得到满足的前提下，人们就开始渴望能和别人建立起一定的交际关系，希望别人的认可；尊重需求是指在相对稳定的基础上，得到周围人的尊重、认可，自尊心得到满足；自我实现需求是指实现个人的理想、抱负、追求。任何需求的满足都会产生不同程度满意、快乐与幸福的情绪体验。

这五种需求可以分为两级，其中生理上的需求、安全上的需求和社交上的需求都属于低一级的需求，这些需求通过外部条件就可以满足；而尊重的需求和自我实现的需求是高级需求，只有通过内部因素才能满足，而且一个人对尊重和自我实现的需求是无止境的。五种需求任何需求的满足所产生的直接的结果就是满意、快乐和幸福。

马斯洛的需求层次理论，就是人生幸福的层次理论，反映了个体对幸福的需求是各不相同的。对于温饱问题无法满足的人来说，解决温饱问题就是幸福，而安全、爱情、自尊和荣誉都是次要的。当一个人达到需求层次的最高层次——自我实现时，自我的潜能充分发挥，从而产生精神上被马斯洛称为“高峰体验”的最大的幸福感。由于个人潜能发挥没有极限，从而个人对幸福的追求也没有止境。

二、埃德·迪纳论幸福

“幸福博士”埃德·迪纳对幸福进行了长期的研究。他强调幸福是“人们的生活满意度,以及他们对生活各个重要方面的评估,例如对工作、健康和情感关系状况的评估。同时,主观幸福感还包括人们的情感,如欢乐与激情;也包括相对较少的不愉快的情感,如愤怒、悲伤和恐惧”。

三、皮特·科恩论幸福

英国心理学家皮特·科恩认为幸福=P+5×E+3×H.其中P代表个性,包括世界观、适应能力、应变能力和耐力;E代表生存,包括健康状况、财政状况和友谊的稳定情况;H是指个人的自我评价、对生活抱有的期望值、性情和欲望,包括自尊心、期望、雄心和幽默感。个体得到的分数越高,幸福感就越强。

该公式是皮特·科恩在前期进行1 000多人大范围调研的基础上得出的。研究表明,不是有钱、有车、有房就是幸福。很多人有许多钱、有豪车、有豪宅,但是并不幸福。从这个公式可以看出幸福是一个有3个自变量的多变量函数,个体无法控制所有的自变量,但是可以用智慧的手段去提升控制自变量的能力。幸福掌握在我们自己手中,主动地去控制我们的心理力量,知道自己想要什么和通过怎样的方式去实现,就能收获更多的幸福。

四、泰勒·本一沙哈尔论幸福

哈佛大学最受欢迎的选修课“幸福课”的授课老师泰勒·本一沙哈尔在其著作《幸福的方法》中,倡导幸福应该是“快乐与意义的结合”。他认为真正快乐的人,能够在自己觉得有意义的生活方式里享受它的点点滴滴。并且这种解释不仅是生命中的某一时刻,而是贯穿于整个人生。即使有时经历痛苦,人在总体上仍然是可以幸福的。

泰勒·本一沙哈尔还将幸福比喻成一只汉堡,并建立了幸福的四种模型,探讨哪一种汉堡类型是“幸福汉堡”。第一种汉堡,口味诱人,但却是垃圾食品,吃它等于享受当前的快乐而埋下未来的痛苦。这种及时享乐而不关注后面可能发生的不利后果的模式称为“享乐主义型”。例如吸毒、酗酒等就属于这种类型。第二种汉堡,口味虽差,里面全部都是蔬菜和有机食物,吃它吃得很痛苦,但是可以确保日后的健康。这种关注未来目标而牺牲当下幸福的模式称为“忙碌奔波型”。第三种汉堡,效果最糟,这种汉堡不好吃,吃了还不健康。这种对生命没有希望,对当前和未来都没有期待的模式,称为“虚无主义型”。第四种汉堡，与第一种汉堡一样好吃，而且与第二种一样健康。这种平衡了即时利益和长久利益，既能享受当下从事的事情，也能获得满意的未来的模式，称为“感悟幸福型”。快乐是关注当前的美好时光，是当下的利益；意义则来自于目标，一种未来的利益。

五、塞利格曼论幸福

宾夕法尼亚大学教授塞利格曼在《持续的幸福》一书中提出真正的幸福(Authentic Happiness)观点，论述了构建幸福的具体路径。什么是美好的幸福生活？它是愉快的(P)，积极的(E)，有联系的(R)，有意义的(M)，有成就的(A)。塞利格曼把它称为 PERMA 理论，他认为人类的繁荣是建立在五个支柱之上的，这五个支柱分别是：积极情绪(Positive Emotion)、投入(Engagement)、关系(Relationships)、有意义(Meaning)、有成就(Accomplishment)。积极情绪是指一种乐观的心态，一种积极向上的情绪；投入是指找到能够使我们全身心投入的活动的提前下，全身心的投入就显得尤其重要；关系是指良好、友善、和谐的人际关系，也是达成幸福的基本条件之一；有意义是指实现有意义的目标，是能够达到幸福的重要保障之一；有成就是指在生活中有明确的目标和雄心壮志，可以帮助我们实现成就感。

第三节 经济学家眼中的幸福

对幸福的研究给了经济学一个崭新的视角，丰富了经济学的研究内容，同时也促进经济学成为一门使人生幸福的艺术。那么如何从经济学的视角解码幸福呢？

一、幸福经济学研究的内容

幸福经济学以人的幸福和社会可持续发展为宗旨，是以研究人类幸福与实现幸福的资源配置关系来形成自己的基本观点的经济学。内容包括关于幸福经济学的性质和目的、关于幸福经济学假设、关于经济运行过程、关于幸福的测量、关于经济发展战略与经济政策。

二、理查. 莱亚德论幸福

理查·莱亚德认为幸福是社会唯一值得努力的目标，提出现代文明让我们不幸福、有钱为什么还不幸福、要 GDP 还是要幸福等问题，倡导“幸福治疗国家”。他认为一个社会的幸福不一定与其收入相等。他还开展了关于失业与所得不均的研究等，为改善英国的失业政策提供了智力支持。他被称为英国的“首席幸福经济学家”。

三、丹尼尔. 卡尼曼论幸福

普林斯顿大学的教授丹尼尔. 卡尼曼(Daniel Kahneman)的研究表明，传统经济学的一些基础理论是错误的，而他进行的新经济学的研究就包括对广义幸福的研究。他认为人们最终追求的生活幸福是最大化的幸福，不是有更多的金钱或者实现财富的最大化。所以，人们应该关注的是提高幸福本身。幸福是由许多因素决定，财富仅仅只是因素之一，而且更多的钱未必能够带来更多的幸福，还有可能带来痛苦。

四、萨缪尔森论幸福

美国经济学大家保罗·萨缪尔森基于经济学视角研究幸福，并给出幸福公式如下：

幸福＝效用/期望(欲望)

效用是指人们消费某种物品或者享受某种服务所得到的满足程度；而期望或欲望是缺乏的感觉与求得满足的愿望。当效用一定时，作为分母的期望与幸福成反比关系：期望越大，幸福越小；期望越小，幸福越大。当期望一定时，作为分子的效用与幸福成正比关系：即效用越大，幸福越大；效用越小，幸福越小。当期望不断增大，趋于无穷大时，幸福就趋于零，这就意味着对于无穷期望者而言是不存在幸福的；当期望无限变小，趋近于零时，其结果也没有意义，意味着人没有任何期望的话，也就不存在幸福了，这就是所谓的“哀莫大于心死”。

该公式启迪我们，每个人在自己所处的客观环境面前，需要把自己内心的期望与外界现实综合起来。既然环境是客观不能改变的，个体应改变自己去适应外在环境。

专栏1-3

欲望对婚姻质量的影响

美国经济学大家保罗·萨缪尔森用经济学的视角对幸福进行研究，并总结出幸福公式如下：幸福=效用/期望。如果丈夫年终发奖金发了10 000元，妻子可以期望丈夫给自己买一只100 000元的手表，10 000除以100 000，幸福感只有0.1。但如果妻子的期望是让丈夫请自己吃顿1 000元的大餐，10 000除以1 000，幸福感就是10。这个公式启迪我们在婚姻生活中，妻子要结合客观条件，调整对丈夫的期望，才能获得婚姻中的幸福，不要让欲望影响了婚姻质量。

第四节　诗人眼中的幸福

幸福没有固定的答案，尤其在诗人的眼里。一千个诗人，就有一千种诗意的幸福生活。幸福可以是“孤舟蓑笠翁，独钓寒江雪”的自得其乐，可以是“海上生明月，天涯共此时”的普天同庆，还可以是“杏花疏影里，吹笛到天明”的闲情雅致。在诗人的幸福函数里，要素是多元的，其中最重要的一个要素就是诗词，他们把影响个人幸福情感的因素、事件等用诗词歌赋记录下来，不仅沉淀了当时诗人的幸福状态，而且对提升当世和后世读者的幸福指数都有一种放大和辐射效应，于诗词歌赋中总能享受到那些让我们怦然心动的诗句。

一、不同流派诗人关于幸福的诠释

陶渊明是东晋末至南朝宋初期伟大的诗人、辞赋家，是中国第一位田园诗人，被称为“古今隐逸诗人之宗”。陶渊明的田园诗数量最多、成就最高，充分表现了诗人守志不阿的高尚节操，对田园生活的热爱，对田园耕作者的友好感情，以及对理想世界的追求和向往。在陶渊明眼中，不同的人对幸福的理解和感知是不同的。他认为，“智者乐山山如画，仁者乐水水无涯。从从容容一杯酒，平平淡淡一杯茶。细雨朦胧小石桥，春风荡漾小竹筏。夜无明月花独舞，腹有诗书气自华。”

李白是唐代著名浪漫主义诗人，他的一生是诗酒相伴走天涯的一生。酒喝高了来一首，“人生得意须尽欢，莫使金樽空对月”；游山玩水来一首，“日照香炉生紫烟，遥看瀑布挂前川。飞流直下三千尺，疑是银河落九天”；朋友辞行来一首，“李白乘舟将欲行，忽闻岸上踏歌声。桃花潭水深千尺，不及汪伦送我情”；踏上旅途来一首，“朝辞白帝彩云间，千里江陵一日还。两岸猿声啼不住，轻舟已过万重山”。在李白的眼里，幸福是“仰天大笑出门去，我辈岂是蓬蒿人”“天生我材必有用，千金散尽还复来”的自信豁达，是“举头望明月，低头思故乡”的亲情牵挂，是“桃花潭水深千尺，不及汪伦送我情”的友情温暖，是“烹羊宰牛且为乐，会须一饮三百杯”的美食美酒，是“快意且为乐，列筵坐群公”的与人同乐。

杜甫是唐代伟大的现实主义诗人，他的一生，是追求齐家治国平天下的理想抱负的一生，其诗风沉郁顿挫、忧国忧民，杜甫有“诗史”之美称。在杜甫的眼里，幸福是实现“治君尧舜上，再使风俗淳”的理想抱负，是“安得广厦千万间，大庇天下寒士俱欢颜”的家国情怀，是春夜“好雨知时节，当春乃发生”的喜悦心情，是“烽火连三月，家书抵万金”的亲情温暖，是“会当凌绝顶，一览众山小”的雄心气概，是“何当暑天过，快意风云会”的殷切期盼，是“秋宿霜溪素月高，喜得与子长夜语”的亲子交流。

苏轼是宋代豪放派诗人，他一生宦海沉浮、起起落落，但他对荣辱得失持有冷静、旷达的态度，而且多才多艺，在文、诗、词、书法、绘画等领域内的成就都很突出，对医药、烹饪、水利等技艺也有所贡献。他的一生阅历证实了幸福的来源是多维度的。真正福商高的人，即使身处逆境也能够逆袭，这是因为他们胸怀博大、修养深厚、志存高远，不因一时一事之荣辱而郁郁寡欢，也不因一城一池之得失而抱憾终身，一个人越懂得放下爱恨情仇就越幸福。在苏轼的眼里，幸福是“谈笑间，樯橹灰飞烟灭”的英雄气概，是“渡尽劫波兄弟在，相逢一笑泯恩仇”的恩怨释怀，是“人有悲欢离合，月有阴晴圆缺，此事古难全”的情感认知，是“但愿人长久，千里共婵娟”的美好期待。

二、诗词歌赋关于幸福的诠释

在诗人眼中，世人追求的幸福是亲情、友情、爱情的叠加，是对美好生活的向往。幸福家庭的美好生活，无非就是陪伴着“儿童强不睡，相守夜欢哗”，看着“大儿锄豆溪东，中儿正织鸡笼。最喜小儿无赖，溪头卧剥莲蓬”。幸福是对家庭团聚、亲情浓郁的美好生活的向往，如南宋文学家、史学家、爱国诗人陆游在《临安春雨初霁》中就有诗意的描绘:“世味年来薄似纱,谁令骑马客京华?小楼一夜听春雨,深巷明朝卖杏花。矮纸斜行闲作草,晴窗细乳戏分茶。素衣莫起风尘叹,犹及清明可到家。”

幸福是在最美好的节日,想念着、牵挂着至亲的人,“独在异乡为异客,每逢佳节倍思亲。遥知兄弟登高处,遍插茱萸少一人。”幸福是在最美的季节遇到最想见的友人,这种“他乡遇故知”的喜悦,与“久旱逢甘霖”“洞房花烛夜”“金榜题名时”并称人间四大喜。如唐代大诗人杜甫在《江南逢李龟年》把这种喜悦写出来了,“岐王宅里寻常见,崔九堂前几度闻。正是江南好风景,落花时节又逢君。”

幸福是在失意的时候有友人相伴,“劝君更尽一杯酒,西出阳关无故人”;幸福是在远行的时候有友人送行,并且道一声“莫愁前路无知己,天下谁人不识君”;幸福是在离别时载歌载舞、情深义重,“李白乘舟将欲行,忽闻岸上踏歌声,桃花潭水深千尺,不及汪伦送我情”;幸福是痛饮一杯难舍难分的辞行酒,“今日送君须尽醉,明朝相忆路漫漫”。

爱情是幸福的甜蜜剂,有一个心心念念牵挂的人,是一种幸福。在唐诗宋词的字里行间,浸透着相思泪、唐诗风、宋词雨,淅淅沥沥谱写了让离人缠绵悱恻的心曲。思念着挚爱的人时,会有“红豆生南国,春来发几枝。愿君多采撷,此物最相思”的离别赠言,有“玲珑色子安红豆,入骨相思知不知”的深情表白,有“衣带渐宽终不悔,为伊消得人憔悴”的心甘情愿。情窦初开的少女眼里的幸福,是宋代女词人李清照的《点绛唇·蹴罢秋千》里描绘的那种娇羞,“蹴罢秋千,起来慵整纤纤手。露浓花瘦,薄汗轻衣透。见客入来,袜刬金钗溜。和羞走,倚门回首,却把青梅嗅。”幸福是寻寻觅觅后的意外之喜,如南宋辛弃疾的《青玉案·元夕》所写的,“众里寻他千百度,蓦然回首,那人却在,灯火阑珊处。”心心念念的有情人心灵相通时的幸福是很强烈的,如李商隐所描绘的那样,“昨夜星辰昨夜风,画楼西畔桂堂东。身无彩凤双飞翼,心有灵犀一点通。”

幸福是亲近大自然的心旷神怡,因为亲近大自然会让人的生命从绚烂归于平静而得以淡定从容,能够从忙碌的生活中短暂逃离而获得清闲,带来小确幸,如唐代李涉在《题鹤林寺壁》中所描绘的,“终日错错碎梦间,忽闻春尽强登山。因过竹院逢僧话,偷得浮生半日闲。”又如宋代吕公在《龙门石楼看伊川》里说的,“此景得游无事日,也宜知幸福无涯。”幸福就是这些小确幸的累加,诗人们用诗词歌赋来抒发这种情感，记录这些幸福美好的生活片段。如：看见大漠戈壁时，“大漠孤烟直，长河落日圆”；看见夕阳余晖时，“落霞与孤鹜齐飞，秋水共长天一色”；登高远望时，“会当凌绝顶，一览众山小”；寄情山水之间，“问余何意栖碧山，笑而不答心自闲”。

幸福是活在当下、珍惜眼前，是终于悟到一直陪伴在身边的人才是最爱的，不妨珍惜眼前的真情真爱。北宋晏殊的词《浣溪沙》里写道：“一向年光有限身，等闲离别易销魂。酒筵歌席莫辞频。满目山河空念远，落花风雨更伤春。不如怜取眼前人。”

第五节　幸福的特性

一、幸福的基本特性

幸福的基本特性包括幸福定义的差异性、幸福的主观性与客观性、幸福的绝对性与相对性。

（一）幸福定义的差异性

不同的历史背景、社会地位、文化环境、经济基础，个体理解的幸福也有差异，个体关于幸福的定义也不同，个体也都按照各自的方式追求幸福。哲学、心理学、经济学等相关领域的专家和学者也从不同的角度来探讨幸福之问，并形成了不同的理论体系。

（二）幸福的主观性与客观性

幸福的主观性是指幸福是个体的主观感受和体验，这是幸福的外在表现形式。幸福的客观性是指幸福的内容和实质都是由他自身所处的客观实在所决定的，具有一定的客观性。幸福是主观形态和客观内容的统一，是主观性与客观性的统一。

专栏 1－4

老太的烦恼

有位有两个儿子的老太，她的大儿子开店卖西瓜，小儿子开店卖伞。天气好的时候,她老是担忧小儿子的伞不好卖,一点都不开心;而下雨的时候,她又担心大儿子的西瓜卖不出,也很不高兴。因此,老太每天都闷闷不乐。直到有一天,有人告诉她,如果天晴,你就想想大儿子的西瓜好卖;如果天下雨,你就想想小儿子的伞好卖,看看是不是会高兴一些。从此之后,老人遇到晴天就想着大儿子家的西瓜生意好做,遇到雨天就想着小儿子家的伞生意好做,这样就天天高兴了起来。其实天气和两个孩子的生意都没有变化,变化的是老太看问题的视角。老太之前一直从消极、悲观的视角去看待两个孩子的生意,从而导致天天闷闷不乐。经人指点之后,老太从积极的视角去看待两个孩子的生意,就开心起来了。这正如如何看待半杯水的情况,积极乐观的人会说"还有半杯水",而消极的人只会说"只有半杯水"。

(三)幸福的绝对性与相对性

因为人的需要有特殊性和普遍性之分。人的特殊需要是指仅为一部分人所具有的需要,这部分需要得到满足就是特殊的相对幸福。人的普遍需要是指全体人的共同需要,这些需要得到满足时的幸福就是普遍的绝对幸福。例如艺术带来的幸福,对于大众来说,艺术可以满足大众审美的要求,带来心理和感官的愉悦,这是普遍的绝对幸福;而对艺术创作者来说,艺术可以使其获得"高峰体验",如入"忘我之境",满足最高等级"自我实现"的需要,随之获得特殊的相对幸福。

二、幸福的其他特性

(一)幸福的波动性

同一个人在不同的状态下幸福是动态变化的。饥肠辘辘的时候,面包和牛奶就是幸福;伤心流泪的时候,倾诉和安慰就是幸福;喧嚣闹腾的时候,淡泊宁静就是幸福。同样,同一个人,在相同的状态下幸福也是动态变化的。也有人像泰勒·本一沙哈尔经历的那样:幸福来临前,为了实现愿望,个人进行了刻苦的准备,并且坚信等到愿望实现的时候,一切都是那么美好;当幸福悄悄来临的时候,喜极而泣并进行了热烈庆祝;可是下一秒,又进入了空虚和迷茫的境地。

专栏 1-5

泰勒·本一沙哈尔的幸福反思

泰勒·本一沙哈尔为了得到全国壁球赛的冠军，从而进行了长达 5 年之久的训练。训练中，他总是闷闷不乐，但内心坚信，只要获得胜利就能收获自己最终的幸福。

五年之后，在他 16 岁的时候，他终于获得了全国的冠军。他在夺冠后非常高兴，并进行了庆祝，并且相信过去所受的一切都是值得的。

庆祝之后，他当天夜里就感到所有的喜悦、快乐都消失了，内心又只有空虚、迷茫和恐惧，并重新思考如何寻找人生幸福。

(二)幸福的相对性

个体的幸福感是在一个参照系中进行比较而获得。个人按照一定的标准，将自己当前的状态进行横向、纵向的对比，在与别人的状态比较、与自己之前的状态比较中，可能会感到幸福。

选好参照系，善于比较，不仅是一种智慧，还能够收获更多的幸福和快乐。在机遇方面，跟机遇差的进行比较；在干劲方面，跟干劲足的进行比较；在待遇方面，跟待遇低的进行比较；在生活方面，跟过去进行比较；在道德方面，跟道德高尚的进行比较；在将来方面，跟强的进行比较；在目前方面，跟接近的进行比较。幸福可以通过选好参照系，在一个参照系中智慧地进行比较获得。

(三)幸福的层次性

幸福的层次性与需求的层次性相对应。马斯洛的需要层次论，就是关于人生幸福的层次理论。该理论认为当人的需求被满足的时候，人就会感受到幸福，当低层次的生存需要被满足之后，人就会逐步追求更高层次的需求，直到达到“自我实现层面”，成为自己期望的人，能够“遇见更好的自己”，实现深层次的幸福快乐。它揭示了人对幸福的需要和层次是各不相同的。对于饥寒交迫的人来说，解决温饱问题就是他的幸福；对于动乱中的人来说，安全稳定就是他的幸福。对于他们来说，爱情、自尊和荣誉等都是其次的。

(四)幸福的强度差异性

有的人幸福感很强，有的则较弱，这与个人欲望的强烈程度有关，当一个人期盼已久的愿望实现了，那种幸福的感觉会很强，可能会持续比较久的时间；而当一个人轻而易举地得到他原本也没想得到的东西时，他感受到的幸福就比较弱或者根本没有幸福的感觉。

第二章　幸福如何测量?

追求幸福生活是人类共同的奋斗目标。幸福感既是客观事物的体现,也是主观内在的体现,甚至离不开个人自身的调节能力。总体来讲,幸福感是主观的,但是研究者们也试图将其转化为可测度的内容,方便进行比较研究。于是,研究幸福如何测度就显得至关重要。目前,关于幸福测度的方法多种多样,有学科分类的方法,有维度分类的方法,有宏观方法也有微观方法,不同方法存在不同的侧重之处。具体分析时,如何选择恰当的测度方法变得尤为重要。本章将介绍几种目前比较流行的幸福测度方法,方便大家参考与选择,测量幸福让我们更加幸福。

第一节　解码幸福测量

一、单一指标指数

目前比较流行的测度方法是单一指数测量,选取对相关问题的直接回答作为幸福的数值。该测度方法主要采用级度测量。常见的有五级量表,十(一)级量表。主要涉及的相关问题例如:你觉得幸福吗,你的幸福打几分,你的生活满意度如何之类的问题。单一维度测量利用对此类问题的直接回答作为幸福的测度。下面我们将介绍几种典型的单一指标测量方法。

(一)五级量表

目前国内有几份涵盖全国范围的调查问卷,由不同机构开展,里边多有涉及直接的幸福问题。例如中国综合社会调查(Chinese General Social Survey,CGSS)始于2003年,这是我国最早的全国性、综合性、连续性学术调查项目。

CGSS系统、全面地收集社会、社区、家庭、个人多个层次的数据，总结社会变迁的趋势，探讨具有重大科学和现实意义的议题，推动国内科学研究的开放与共享，为国际比较研究提供数据资料，充当多学科的经济与社会数据采集平台。目前，CGSS数据已成为研究中国社会最主要的数据来源，广泛地应用于科研、教学、政府决策之中。CGSS中关于幸福的测度为：

总的来说，你觉得自己的生活是否幸福?

1——非常不幸福

2——比较不幸福

3——说不上幸福不幸福

4——比较幸福

5——非常幸福

这是典型的幸福五级测度方法。幸福的赋值从“1－5”，“1”代表幸福感最低，非常不幸福，“2”代表比较不幸福，“3”代表说不上幸福不幸福，“4”代表比较幸福，“5”代表幸福感最高，表示非常幸福。

例如，图2－1来自CGSS数据分析，在某个特定的研究样本中，可以看到各幸福级别对应的人数分布状况，并且还能看清农村与城市的比较差异。图中可以看到，大部分个体的幸福感是“4”，即比较幸福，其次是非常幸福“5”，而非常不幸福的人数较少。而在比较幸福的人中(59%)，相对于城市人口，农村人口中该人口比例更高。

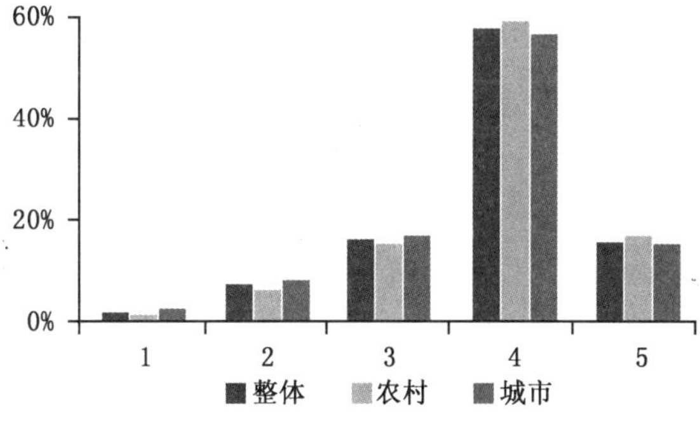

图片来源：许玲丽，方敏，王亮. 主要领域贸易度对幸福影响的动态分析[J]. 财经研究，2018，44(12)：57－69.

图2－1　幸福人数分布(CGSS)

西南财经大学的中国家庭金融调查与研究中心，通过调研获得了一系列重要的微观个体数据，其中也有国民幸福指标。幸福指数的计算来源于中国家庭金融调查(CHFS)对受访者主观幸福感的询问。具体问题为“总的来说，你现在觉得幸福吗?”可供选择的答案有五个：非常不幸福、不幸福、一般、幸福、非常幸福。实际也是一个五级测度。但是这里的赋值方式不同于 CGSS，而是以 100 为参照基点，即“100”表示居民的主观幸福感一般；以 50 为一个间隔，如回答“不幸福”与“幸福”的指数分别为 50、150。幸福指数越高，表示幸福程度越高。通过这种形式的赋值，可以看到，幸福的指数范围为“0～200”之间。但其本质仍旧是一个五级测度。图 2—2 来源于西南财经大学中国家庭金融调查与研究中心发布的《国民幸福报告 2014》，图中利用五级测度并以“0～200”的指数范围，给出了全国各省市的幸福指数排名。图中看到，全国平均指数为 130.5，幸福感排名前三的分别是山东省、内蒙古自治区和吉林省，幸福感最低的是贵州省。

专栏 2－1

幸福的山东人

2014 年，西南财经大学曾发布《国民幸福报告》，该报告以国民幸福指标作为衡量幸福感的依据，根据 2013 年中国家庭金融调查数据，从整体上揭示了我国国民的幸福状况。报告设置问题为“总的来说，您现在觉得幸福吗?”可供选择的答案有五个：非常不幸福、不幸福、一般、幸福、非常幸福。幸福指数越高，表示幸福程度越高(0～200)。该项调查选取了收入、身体健康、婚姻、年龄、学历、职业等几大要素进行分析，最后得出结论：国民普遍感到幸福，其中山东省幸福指数最高，贵州省垫底，京沪位居前十。国民总体幸福指数在 130 以上，城镇地区居民幸福指数为 133.1，略高于农村地区居民的 127.0；从省际来看，各省的幸福差异非常大。幸福指数最高的是山东省，为 147.5，而幸福指数最低的贵州省仅为 118.6，二者相差近 30 个点。在北京、上海这两大因房价高耸、生活压力大，常被国民抱怨的一线城市，人们的幸福感并不如想象中低——京沪两地的幸福指数均为 135.0，在接受调查的 29 个省市中并列第七位。

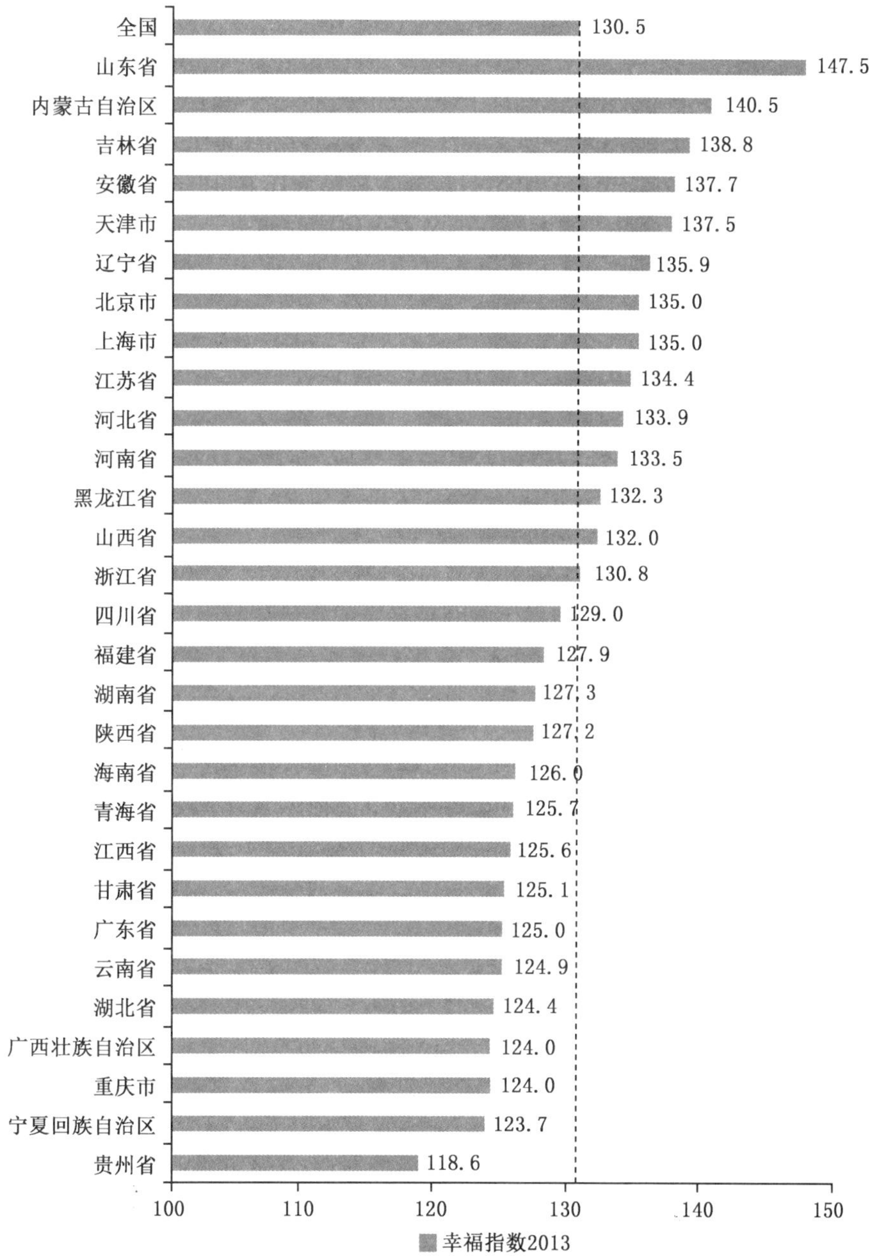

图片来源:中国家庭金融调查与研究中心,《国民幸福报告 2014》,2015 年 2 月。

图 2—2　全国及各省市幸福指数(CHFS)

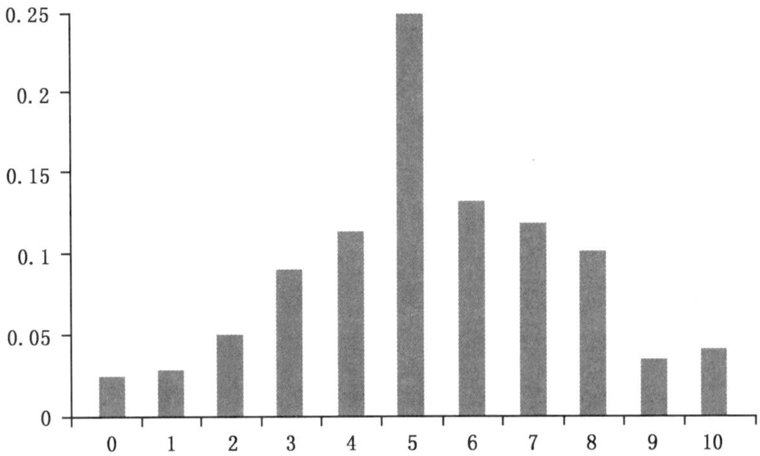

图片来源:《2016全球幸福报告》,全球幸福报告,https://worldhappiness.report/ed/2016/.

图2—4 全球幸福感分布

相应的指数。这一部分将从宏观指标指数和微观指标指数角度分别介绍两种具体的指数。

(一)国民幸福指数

国民幸福指数(Gross National Happiness,GNH)是一个典型的宏观幸福指数,它是一个综合反映国民生活质量和幸福程度的指标。国民幸福总值GNH的概念在1970年由不丹国王率先提出。它是针对国内生产总值(GDP)指标不能反映国民的生活质量,不能测度国民的幸福程度,不能反映经济的可持续发展而提出的。美国心理学家卡尼曼与普林斯顿大学的艾伦·克鲁格从2006年起编制国民幸福指数,他们的指数由四级指标体系构成:社会健康指数、社会福利指数、社会文明指数、生态环境指数。每一级指标体系中都由若干个指标构成,指数的计算采用加权平均法。国民幸福指数的提出对于转变发展的观念有着重要的意义,但它不能完全表征和度量经济发展状况。图2—5是国民幸福指数的具体指标构成与各指标权重,研究发现,GNH的数值随权重变化是稳健的(Ura等,2012)。

从图2—5看到,构成GNH指数的主要指标有九个,每个指标下又有若干个子指标构成,且权重不同。这九个主要指标分别为:心理健康、身体健康、时间分配、教育水平、文化多样性、政府治理、社区活力、生态多样性以及生活水平。

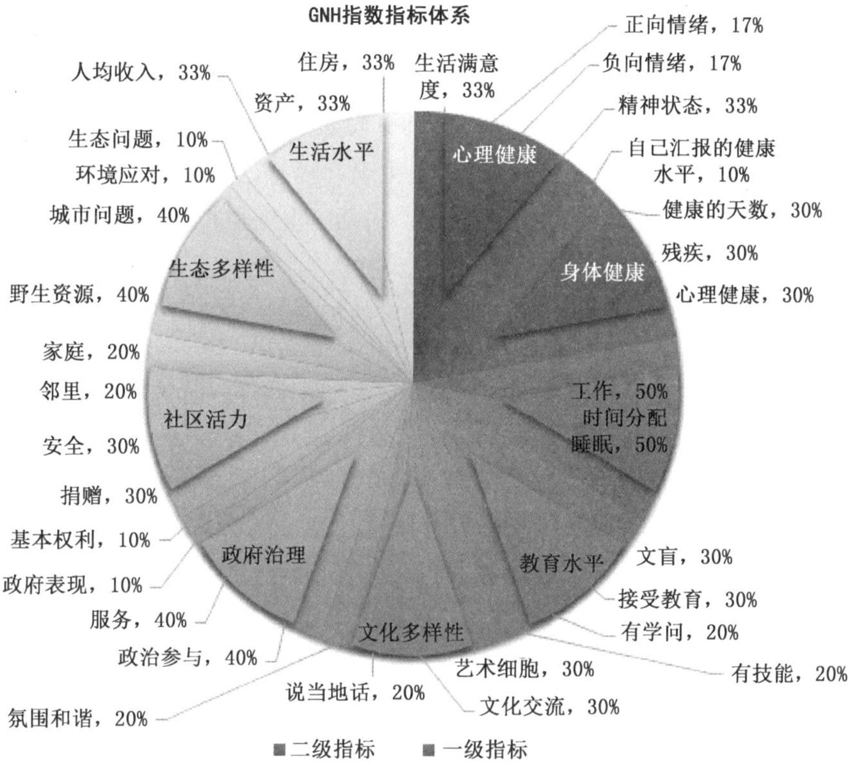

图 2—5　GHN 指标构成及权重

其中心理健康包含:生活满意度(33%),正向情绪(17%),负向情绪(17%),精神状态(33%);身体健康包括:自己汇报的健康水平(10%),健康的天数(30%),残疾(30%),心理健康(30%);时间分配包括:工作(50%),睡眠(50%);教育水平包括:文盲(30%),接受教育(30%),有学问(20%),有技能(20%);文化多样性包括:艺术细胞(30%),文化交流(30%),说当地话(20%),氛围和谐(20%);政府治理包括:政治参与(40%),服务(40%),政府表现(10%),基本权利(10%);社区活力包括:捐赠(30%),安全(30%),邻里(20%),家庭(20%);生态多样性包括:野生资源(40%),城市问题(40%),环境应对(10%),生态问题(10%);生活水平包括:人均收入(33%),资产(33%),住房(33%)。

尤勒(Ura)等人编写的《对 GNH 指数的拓展分析》一书中详细分析并计算了不丹国内各行政区划的幸福指数,对 GNH 感兴趣的读者不妨看看此书。

(二)PERMA 指数

这一部分具体介绍清华大学社科学院幸福科技实验室微博数据中心提出的幸福指数，又称 PERMA 指数。该指数基于 P(快乐)、E(投入)、R(关爱)、M(意义)、A(成就)五个词语进行，分别从获得的数据中抓取与这五个词语相关的正向词和负向词。他们定义的幸福不只是主观幸福感，而是一种包括了快乐、投入、关爱、意义和成就的全面的、可持续的、包括了主观和客观的幸福。其计算过程分三步走：

第一步，每个维度的得分等于这个维度的正向词(z_i^+)出现的总数除以负向词(z_i^-)出现的总数，即：

$$Z = \frac{\sum_i z_i^+}{\sum_i z_i^-}$$

第二步，对 PERMA 各维度的得分计算对应的 X 分数，即该城市的得分在全国所有城市的得分里，距离平均值有多少个标准差(也可以是个体距离总体平均值 μ 有多少个标准差 σ)：

$$X = \frac{Z-\mu}{\sigma}$$

第三步，幸福指数(H)为各维度 X 分数之和，即：

$$H = \sum X_Z$$

H 即为计算得到的 PERMA 指数结果。表 2—1 来自中国幸福白皮书，是根据 PERMA 指数算法计算的排名前十八位的城市，表中的幸福指数即根据上述公式计算而来。从表 2—1 可以看到，四川省泸州市幸福指数排名第一，其次是新疆维吾尔自治区的和田市排名第二，幸福指数排名第三的是安徽省铜陵市。

表 2—1　　2016 年微博幸福指数前 20 名城市

排名	城市	幸福指数	排名	城市	幸福指数
1	泸州	91.15	11	抚州	75.13
2	和田	84.33	12	赣州	73.53
3	铜陵	82.78	13	眉山	73.38
4	鹤岗	81.13	14	三明	72.30

续表

排名	城市	幸福指数	排名	城市	幸福指数
5	安阳	80.40	15	自贡	71.15
6	黄山	78.78	16	吉安	70.75
7	阿里	77.65	17	景德镇	69.35
8	衡阳	76.55	18	宜春	68.58
9	河源	76.45	19	陈南	68.50
10	摩潭	75.95	20	安庆	68.30

数据来源:幸福中国白皮书(2016),199IT 中文互联网数据咨询中心:http://www.199it.com/archives1629467.html.

PERMA 指数与 GNH 的区别是,一定意义上,PERMA 比 GNH 适用性更广,既可以作为宏观指数,也可以作为微观指数。此外 GNH 相关指标体系的选取,既有客观指标,包括经济、社会指标等,也有心理指标,而 PERMA 指数的指标是根据积极心理学相关理论构建的。因此,GNH 指标在经济学、社会学中应用较为广泛,而 PERMA 指标则在心理学研究中应用更为广泛一些。

除了上述指数,2003 年,我国学者苗元江等人基于幸福感的三个经典指标(生活满意度、正性情感、负性情感)提出了幸福感理论模型,编制了《综合幸福感问卷》(Multiple Happiness Questionnaire,MHQ),该测度方法分别从三个部分九个维度衡量了个体不同的幸福感受,有兴趣的读者可从本书附录中找到。

综上所述,我们介绍了不同测量幸福的方法,通过各种方法的应用可以让幸福真正变得触手可及。

第二节　每天测一测,幸福来敲门

一、单一指标指数优点

大部分研究人员都认为,研究幸福的时候,利用人们自己对生活的评价,例如:“您认为自己幸福吗? 或者您的生活满意程度是什么?”,以此类问题的直接答案来测度个人幸福感,其准确性要优于通过不同方式建立的某个幸福指数。

世界各国有各种各样为了评价美好生活而设计的幸福指数,例如,之前提到的国民幸福指数GNH、PERMA指数,人类发展指数,幸福星球指数,列格坦繁荣指数,以及盖洛普幸福指数等。大部分指数指标都不是主观幸福感的直接衡量指标,一些国家将主观幸福感指标作为总体指数的一部分(不丹、意大利)或集团相关指标(经合组织、列格坦)的一部分;一些指数则利用对生活的评估数据来选择指标或权重,例如盖洛普指数部分是根据与生活评估的相关性来选择相关指标,列格坦指数则是利用生活评估指标作为一种手段,来评估幸福指数中相关权重。还有一些幸福指标,例如人类发展指数和加拿大幸福指数均没有使用主观幸福相关数据。纵览各种指数,大部分指数都会因为制定者需要说明的政策利益和目标差异,而选择不同的指数构成内容与相关权重设定。

例如,列格坦繁荣指数为了突出收入的重要性,将收入赋予极大的权重;快乐星球指数包含了很大的环境权重。从这一点来看,由于指数实际支持的目的差异而选择不同的构成指标并赋予不同的权重,这种差异性将导致根据不同的指数得到的结果在全球排名中出现不一致性,甚至出现较大的差别,当我们了解了背后的机制,这种差异便不难理解了。

由此可见,个人对主观幸福感或者对生活满意度的直接评价具有复合指数所不具备的优点。首先是客观性,由于我们从根本上重视人们对自己生活的评价,这是任何专家构建的指数都不可能反映的。前面已经提到,各种指数其指标选取以及权重赋予,实际体现了专家或机构的目的性。对于客观性有要求的话,各种指数完全无法满足相关要求。其次,调研中获取的主观评价代表了人们对生活价值的新认识,这一事实意味着我们可以将这些数据作为研究的基础,旨在表明什么有助于支持更好的生活。而已有的各类指数都是给定的,是过去式,不具有动态性,无法反映现在的状况和将来的发展趋势。第三,现有的各种指数都很重要,但这种重要性主要取决于指数制定者认为什么是重要的。这种不确定性使得我们很难在众多指数中做出正确的选择并将其作为一种整体的幸福衡量标准。

二、幸福测一测

小赟是上我们《幸福经济学》课程的一名大二学生。根据我们学期第一周布置的幸福测量任务。小赟用幸福十级测度的方法,记录并分析了自己秋季学期的幸福感。她说,定期记录自己的幸福指数,让自己更好地了解自己,并且可以针对性地改进自己的幸福指数。从图 2—6 中可以看到,小赟在十周的课程中,幸福感存在一些波动。幸福感最高的是在学期第 4 周,最低的是在第 5 周。上海大学实施小学期制,每个学期十二周,前面十周为上课时间,后面接连两周为考试周。所以,不难理解小赟同学在接近期末考试的时候幸福感一路下降,大部分原因是期末考试临近带来的压力所致。

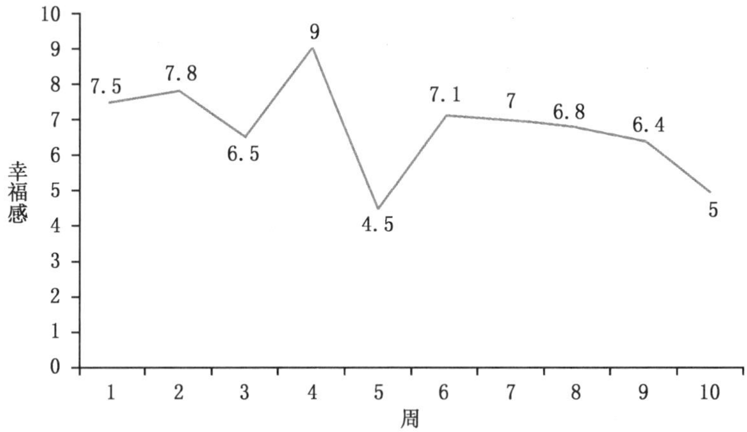

图 2—6　秋季学期幸福感

刚开学的时候,充满对新课程的好奇与渴望,幸福感相对较高,但是学习一段时间,幸福感出现略微下降的趋势。而到学期第四周,幸福感达到最大值,约为“9”,很幸福的状态。该学期第四周正逢“十一”黄金周,小赟因为假期而获得本学期最高的幸福感。与此相对应,放假回来的第五周,幸福感达到学期最低值,仅为“4.5”,略带痛苦。因为学习与假期的鲜明对比,导致幸福感急剧下降。而后由于逐渐适应,小赟的幸福感稳步提升,但后面又因为考试临近,压力增大,进而导致幸福感出现下降的趋势。

看到自己该学期的幸福走势。小赟说,以后要好好安排自己的学习生活,合理制定学习规划,这样即使考试临近,也能从容面对,而不会觉得压力山大。可见,了解自己的幸福,能够有针对性地提高自己的幸福,更加方便幸福来敲门。

“面朝大海,春暖花开”“采菊东篱下,悠然见南山”。幸福研究经过了从理论研究到测量评估的发展过程,涉及多门学科领域,在幸福研究和幸福测量研究的发展过程中,随着人们对主观幸福的认识逐步深化,众多的研究成果丰富和发展了幸福测量，从而更加全面、准确、深入地揭示了幸福的本质，推动幸福研究的深化，一幅幅优美的幸福画卷徐徐展开。

测量技术只是一种手段，虽然一定程度上能够测量幸福感，但我们也不能迷信于此，将我们的幸福感完全托付给测量技术。我们想说的是，幸福是我们自身的状态，是由我们自己调节和掌握的。在巴金先生的《家》中有这样一句话："我们是青年，不是畸人，不是愚人，应当给自己把幸福争过来"幸福靠自己的努力才会得到，坐享其成、怨天尤人都不会换来幸福。测量工作只能是一种参照，测量的意义是为了让我们更好地了解自己，了解幸福来源，掌握自己的情绪状态，以便及时做好自己的情绪管理和幸福管理。

第三章　幸福的机制有哪些?

幸福感的生成与变化并非完全是主观的,其背后有着十分有趣的作用机制,幸福机制是客观基础与心理活动之间十分复杂和微妙的联系,幸福的产生、传导和波动都有一定规律性,在追寻幸福的旅途上,利用这些机制可以帮助我们提升幸福感。本章基于心理学、社会学、经济学视角,探究多方因素相互交织的多重幸福机制。

第一节　幸福的心理机制

一、生成机制:我要经营幸福

主观幸福感涉及人们如何评价他们的生活状态,主要包含情感与认知两个维度,其中情感部分又可以分为正向情感与负向情感两个小部分,认知维度主要是个体基于自身设定的标准对生活质量做出的主观评价,一般称为生活满意度。国内外有不少关于主观幸福感理论模型的研究,例如人格模型、自我决定模型、目标模型、社会比较模型等,分别从不同侧面去理解幸福感的作用机制(见表 3—1)。

表 3—1　　**主观幸福感的几种理论模型**

序号	理论模型	基本观点
1	人格模型	主观幸福感是内在的主观体验,外界客观因素通过主观体验而起作用
2	自我决定模型	成长、自主、赞美、社交等内源性目标增长可以带来满足感,经济成功、生理吸引力、社会声望等外源性目标追求不能够提供满足感

续表

序号	理论模型	基本观点
3	目标模型	主观幸福感产生于需要的满足及目标的实现
4	社会比较模型	人格在个人社会比较中具有较大的影响

以上四个模型从理论上证明了幸福感的生成与变化并非完全是主观的，其中还存在客观的因素。幸福的客观生成机制使幸福的"度量"成为可能，而幸福的"可度量"决定了幸福需要"经营"。如何让人更加幸福？方法有很多，不过人们通常认为这些方法是生活中习以为常的道理，即"常识"，但其实在这背后却有着十分有趣的原理与机制。幸福的机制是客观基础与心理活动之间十分复杂与微妙的联系，是与多方因素相关的多重运行机制，因此一句话，幸福的机制就是指幸福感与其影响因素之间的联系与变化规律。例如，有研究表明，心存感恩之心、保持乐观、历数遇到的好事、发挥自己的长处、常做好事等可以显著提高幸福感，可以称之为提高幸福感的 5 大法宝。

二、传导机制：我要传播幸福

幸福的传导机制包括幸福的传导途径与作用机理，是指个体或群体产生的幸福心流，依托某种媒介或渠道，基于特定环境，通过各要素间的相互作用、相互影响，传递到相关群体并获得及时的反馈，最终实现幸福的整体提升。幸福传导机制的各构成要素之间相互影响、相互作用，成为一个有机整体（见图 3—1）。

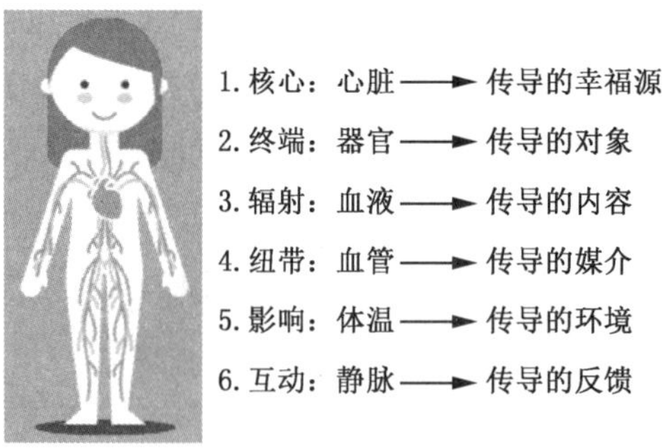

图 3—1　幸福的传导机制模型

幸福的传导机制模型中:传导的幸福源是整个系统的核心,每一个带有幸福正能量的个体都是传导的幸福源;传导的对象是幸福传导的终端,与幸福源相关的群体是传导的对象,是传导的接收者;传导的内容是由幸福源产生的心流,心流由幸福源传导到相关的群体,相关群体接受幸福源的辐射;传导的媒介发挥着桥梁和纽带的作用,如玫瑰花、美食美酒、诗词歌赋等都属于传导的媒介;传导的环境对传导系统产生影响,包括自然环境、经济环境、社会环境等;相关群体通过各种方式与幸福源产生的良性互动等,构成了传导的反馈系统。

三、对比机制:我要更幸福

幸福是从比较中得来的,人的幸福感是在与一个参照系进行比较中获得的,即与以前不幸福的状态,或与不幸福的人进行比较而感知和体验到的。所以,"对比"成为幸福实现机制中最让人无法忽视也是最容易破坏主观幸福感的因素。

幸福的对比机制分为横向对比与纵向对比。横向对比着重将自己的状态与同时期的别人对比,纵向对比是将自己过去的状态与现在的状态对比(见图 3—2)。

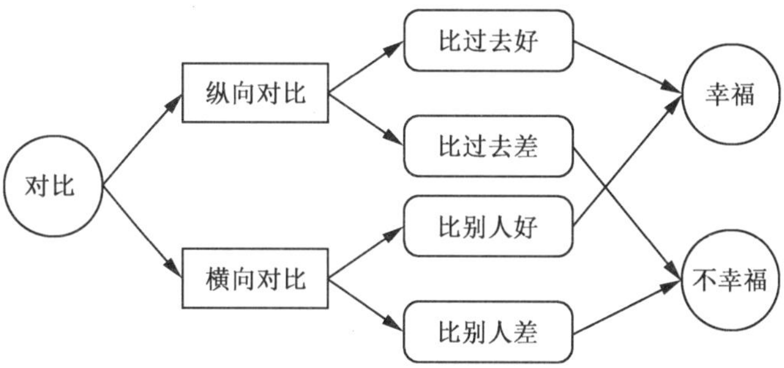

图 3—2　幸福的对比机制模型

横向对比是我们运用比较多的对比方式,当我们发现自己比别人状态好的时候,幸福感就会油然而生,反之则立马会感觉到不幸福。因此,人必须给自己一个恰如其分的定位,如果一味地盲目与别人攀比,就会对自己产生错觉。现实生活中,多数人都无法选择正确的对比对象,总是把目光聚焦在那些比自己有更多资源的人身上,因而总是幸福感缺位,也无法珍惜自己已经拥有的幸福。

纵向对比是一项提醒自己珍惜幸福以及不断进步的对比方法。遗憾的是,我们总是注视着别人,关注着那些我们还没有获得的,却忘记了自己在进步,忘记了现在拥有的,已经比过去多了许多。错误的对比方式让人无法满足,人的欲望是无限的,再大的效用相对于无限的欲望而言,也只能得到近乎零的幸福。因此,当欲望越来越大时,幸福也就离我们越来越远了,只有适当的欲望才能够让我们更幸福。

四、控制机制:我的幸福我做主

幸福具有客观的实现机制证明幸福是可以“经营”的,可以通过控制一些外在的因素来提升个体的幸福感。国内外学者的研究表明,可以通过控制欲望、控制负面情绪和控制期望值这三个途径来掌控自己的幸福,提升幸福感。

首先,要控制自己的欲望。萨缪尔森的幸福方程式(幸福=效用/欲望)为我们指明了获得幸福的有效途径,即要想更幸福,必须增加效用,或者降低欲望。根据幸福方程式,当欲望不断扩张,用数学语言来说就是当欲望趋于无穷大时,幸福就趋于零,这就是说对于无穷欲望者是没有幸福可言的;当欲望无限变小,不断趋近于零时,其结果显然是没有意义的,也就是说,当一个人失去了任何欲望,幸福对他来说就不存在了。因此,一个人如果能够控制自己的欲望,那么他就能够掌控住自己的幸福。

此外,研究也表明,能够控制负面情绪的人能够更快地适应生活中的挫折,幸福感也会更高一些,而悲观情绪不仅会降低我们的幸福感,还可能引发疾病,给我们的身心健康造成威胁。那么要怎么去控制负面情绪?方法可以归纳如下:一是寻找原因,二是尊重规律,三是保证充足的睡眠,四是亲近自然,五是合理饮食,六是经常运动,七是保持积极乐观。

希望越大,失望越大。在我们与他人的交往过程中,如果我们能够将自己的期望值控制在合理的范围之内,我们就不会因为失望而降低幸福感。因此,只有合理控制期望值,我们才能得到更高的幸福指数。

第二节　幸福的社会机制

一、合作机制:我要抱团取暖

关于幸福,人们给出的定义不尽相同,个体对于幸福的理解因历史背景、社会地位、文化背景、收入水平等不同而不同，每一个独特的人类个体希望获得的幸福是不可能一样的。目前学界已证实，主观幸福感的形成受到很多因素的影响，包含了主观和客观两个方面，例如人格、经济因素、社会支持、生活事件、自尊等。

以人格与主观幸福感的关系为例，不同的人格特质会导致不同的正性情感、负性情感及生活满意感。富有爱心、具有合作精神的人通常具有良好的人际关系，因而他们的幸福感更强(见图 3—3)。个体通过参与合作、参与社会活动等渠道建立起良好的人际关系，而价值包含良好的人际关系，因此个人能够通过实现价值而获得幸福感。而不愿意参与合作的人，通常不愿意与外界进行交流与互动，在比较闭塞的内心活动中，他们很难感受到幸福感。

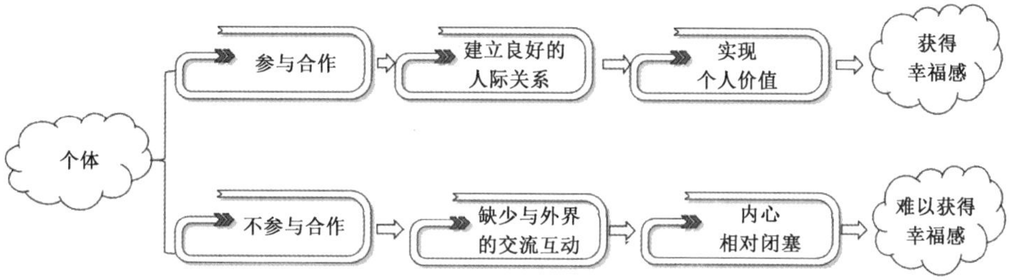

图 3—3　幸福的合作机制模型

有合作就有竞争，在 21 世纪这个“压力时代”，竞争似乎无处不在，我们是否会因为避免不了各种各样的竞争而痛苦不堪？其实不然，竞争一词来源于拉丁文，意为“一起努力或一起寻找某些共同的兴趣”，真正意义上的竞争恰恰是建立在合作和互惠共赢上的。只要正确看待竞争关系，将竞争看作是与对手合作，是提升自己的一个契机，就算是失败了也不可惜，那么我们将因此更加幸福。

二、分享机制:我要复制幸福

幸福具有较强的正外部性，自己的活动对他人的幸福产生一种有利影响。因此，我们可以通过与他人分享，释放幸福的溢出效应，从而提升他人的幸福指数。而分享就是“把你的快乐复制给我一份，把你的痛苦剪切一部分给我，分享之后，我因此而快乐，你因此而减少痛苦”。因此，幸福具有乘数效应和感染力，它可以在广阔的范围内予以传导和辐射。幸福传播快乐的因子，医治痛苦的创伤。通过科学的发酵和传播，幸福就可以成倍增长（见图 3—4）。

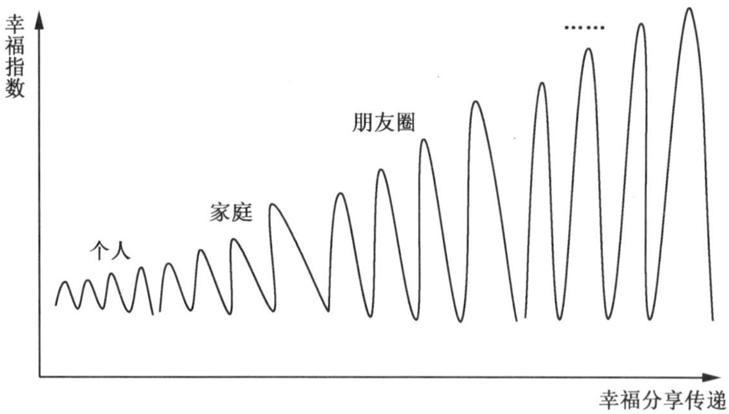

图 3—4　幸福的分享机制模型

第三节　幸福的经济机制

一、供求机制：我是幸福的“双面胶”

供求机制是指商品的供求关系与价格、竞争等因素之间，通过相互制约和联系来发挥作用的一种机制。每种商品都存在着供给和需求，供给和需求形成均衡价格，在均衡价格上生产者销售商品，消费者购买商品，商品在生产者和消费者之间交换。价格以及竞争等因素是影响供求关系的主要因素，相应的，供求关系发生变动，同样也可以引发价格的变动，以及促成竞争的开展。

幸福机制之一就是供求机制，与市场中商品的单向需求不同，我们每个个体既是幸福的供给方，又是幸福的需求方，是幸福的“双面胶”，在享受着他人为我们提供的幸福的同时，也为他人“生产”着幸福。在家庭生活中，父母为我们搭建起遮风挡雨的家，提供着可口的饭菜，时时刻刻让我们感受到他们无微不至的关怀，我们是幸福的需求方。与此同时，我们的小小成就，做令家人感动的事等也提升了家人们的幸福指数，因此我们也是幸福的供给方。所以，如果用“关心”来量化“幸福”，那么关心别人就是幸福的供给，关心自己以及来自别人的关心就是幸福的需求。只要二者的配比满足主体的需求，主体就能获得幸福。由于个人的成长背景、心理状态以及受教育程度不同,每个人的配比需求也是不同的。

一般情况下,我们作为幸福的供给方,不仅为别人提供了幸福,也提升了自己的幸福感。幸福的供给可以再生,没有数量限制。幸福的需求则是刚性需求,每个人对于主观幸福感的需求都存在。如果将追求幸福途中遇到的困难与痛苦看作是获得幸福的价格,那么幸福需求的"价格"弹性是微小的。幸福的需求线在一个时间段之内接近于一条垂直线。

因此不论我们在追求幸福的过程中遇到多少困难,承受多少痛苦,都不会减少对于幸福的期待。所以,坚持下去,等待幸福来敲门。

二、价值机制:我要"福有所值"

幸福的价值机制即为通过实现和创造价值而获得幸福。一个有价值的人生是个人获得主观幸福感的重要基础。在国外,有心理学家花费大量的时间来研究金钱和幸福的关系,几乎都得到了相同的结论——那就是在基本需求得到保障的提前下,拥有金钱的数量与幸福感并不成绝对的正比。卡尼曼(Daniel Kahneman)也发现了幸福没有伴随收入共同增长的现象,并命名为"快乐水车"(见图3—5)。

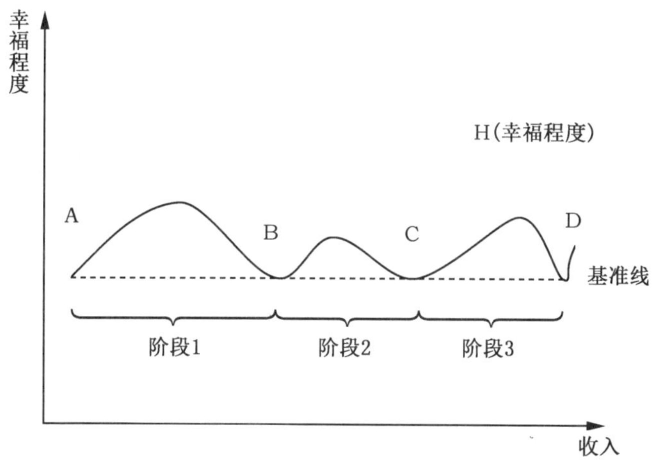

图3—5 幸福程度与收入的"快乐水车"现象

马克思赋予价值的定义是凝结在商品中的一般人类劳动。例如,人们普遍认同对人类来说空气是有效用的,但空气却没有价值,因为空气不能算作劳动产品。不过,如果人们从空气中提取出了纯氧,那么纯氧就有了价值,因为它是人类劳动的成果。而人们在各种不同的情况和境遇下愿意付出不同数量的钱币去购买纯氧，不同的钱币数量代表纯氧有了具体的价格。这个例子生动地说明了，价格就是指人们为了获取某一个商品或者一项服务所愿意付出的钱币数量。那么，通过运用四象限模型对事物蕴含的价值与价格来进行分析，我们可以发现，具有高价值的事物并不一定具有高昂的价格，标有高价格的事物也并非全都具有非常高的价值。比如经过人工净化的纯净水，对人体具有很高的价值，但是价格却并不昂贵；而限量的奢侈品包包虽然具有极高的价格，但是价值却与价格并不匹配(见图 3－6)。

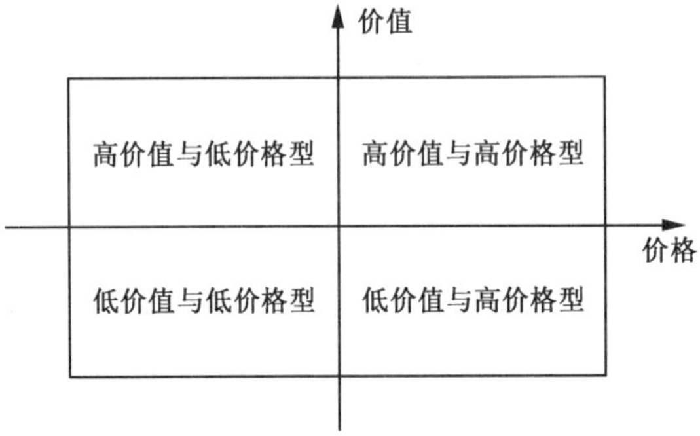

图 3－6　价值机制的四象限模型

运用四象限模型来分析评估幸福三大核心元素快乐、满足、欲望中的快乐元素，我们发现，幸福并不等于快乐，快乐是一种短暂的情绪，而幸福则是一种可以持续的状态，所以说幸福的境界是要远远高于快乐的。有不少活动快乐但没有意义，只有多去做那些有意义且能带来快乐的活动，我们才会感到幸福(见图 3－7)。

马斯洛需求层次理论认为：个体在特定水平上的需要得到满足之后，这方面的主观幸福感就会提高，进而追求更高层次的幸福，他将人的潜能和价值的实现看作是人类最高的幸福感。由此可知，物质堆砌的财富并不会真正地给我们带来幸福，创作和实现的价值才会带来幸福。我们的幸福是与所获取的价值成正比的，而非“价格”所带来的虚荣感。

三、风险机制：我要稳稳的幸福

个体获得的幸福感是个人奋斗的终极目标，但在获取幸福的过程中会面临各种不确定性。在生活中，漂亮的成绩、满意的学校和心爱的伴侣都会带给我们

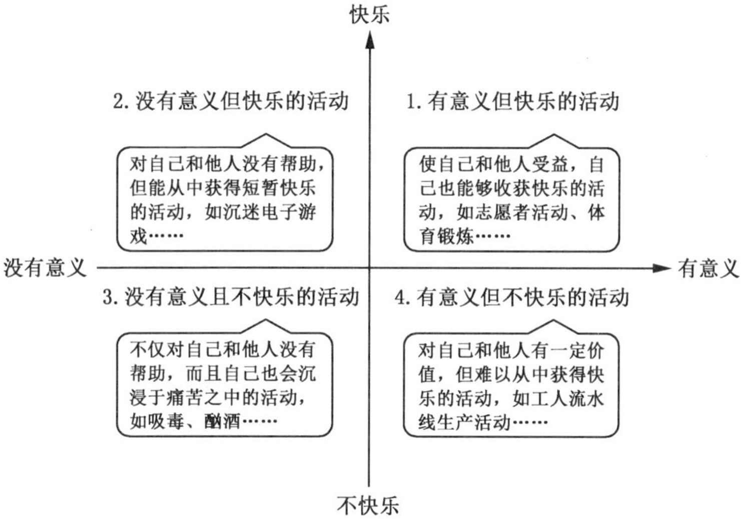

图 3—7　幸福的四象限模型

幸福感,但是幸福往往伴随着选择,提升幸福感的决策也通常伴随着风险,而风险往往有损幸福。

因此,虽然短暂的冒险获取的物质能够在短期给个体带来兴奋感,但是对于幸福感的提升是没有帮助的。因为幸福感的产生基于稳定的心理状态,波动的大喜与大悲均不会影响心理的那条幸福均线(见图 3—8)。

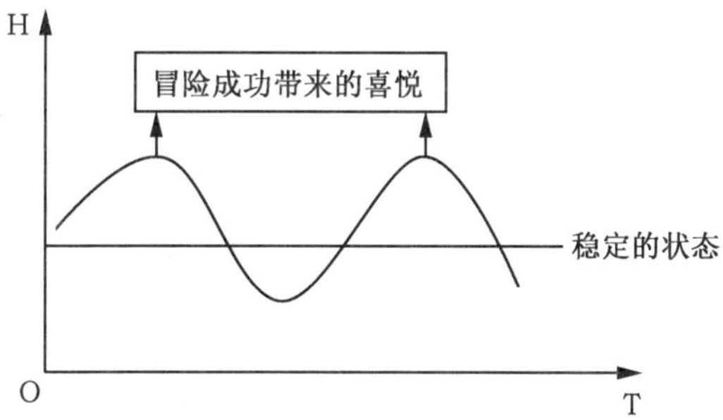

图 3—8　幸福感的波动模型

第四章　幸福的效应有哪些?

幸福的标准对每个人而言是有所差异的，不同的人生境遇有着不同的幸福的可能性，问题在于：我们如何令幸福成为可能？本章通过生动的案例与剖析对幸福的几大效应进行阐释：期待效应、叠加效应、溢出效应、对冲效应和衰减效应，让我们了解并能将这些效应灵活应用于日常生活，面对生活的未知时倍增一份从容，帮助我们不断地改善、思考、步步向前。

第一节　期望效应

一、期望效应的原理

期待是对自己或他人的一种判断，希望自己或他人达到某种目标，或满足某种行为预期，而期待产生的行为结果就是“期望效应”，期待不灭则幸福不灭。

20 世纪 60 年代，美国哈佛大学著名心理学家罗森塔尔和雅各布森创造性地进行了多项有趣的实验，从受训的小白鼠，到课堂上的小学生都成为他们关注的焦点。他们向小白鼠的训练员和小学教师提供了“假信息”，告知训练员/小学教师，他们所挑选出的是最有天赋、最聪明的小白鼠/小学生，引发了小白鼠训练员与教师对特定教导对象的关注，从而使得他们开始对这些受教者产生了较高的心理期望。

随着时间的推移，“假信息”持续发挥着暗示作用，教导者投入了更多的精力，而受教者也一步步按照教导者所引导的方向发生质变，越加趋近教导者所期待的目标对象，最终产生了不可思议的“期望效应”——随意挑选出来的小白鼠最终和那些更聪明的小白鼠一样习得了更多的技能；而随意挑选出来的小学生，在短短 8 个月的学习后，学习成绩和智力表现上均有明显进步，在兴趣、品行、师生关系等方面也出现了很大的积极变化。

罗森塔尔和雅各布森指出，无论是动物还是人类，在接受了渗透于教育教学过程中的积极信息后，将会按照教导者所刻画的方向与水平来重新塑造自我形象，调整自己的角色意识与角色行为，从而产生出神奇的期望效应。在罗森塔尔与雅各布森的一系列研究中，既证实了正向期望效应的存在，也同样证实了反向期望效应的力量。由此，期望效应被广泛应用于教育心理学与企业管理等多个领域，不仅借由期望效应传达管理者对员工的信任度和期望值，更有利于团队精神的培养。这便是我们经常听到的“说你行，你就行，不行也行；说你不行，你就不行，行也不行。”

专栏 4-1

古希腊神话故事——爱上雕像的皮格马利翁

古希腊神话中，塞浦路斯有一位年轻国王名叫皮格马利翁，他同时也是一位非常有名的雕刻家，雕刻手艺精湛高超。因为过往的人生际遇，他对现实世界的女子丧失了信心，决定永不结婚，也从未雕刻过以女性为主题的作品。

直到一天，他偶然梦到一位女子，女子的身影久久不能拂去，于是皮格马利翁投入工作以期忘掉这一切。未曾料想的是，皮格马利翁在雕刻时，竟不受控制地将梦中的女子呈现了出来，他开始慢慢接受此次的作品，并倾注了自己全部的心血与热情。他夜以继日地工作，把少女雕刻得活灵活现，栩栩如生，最后他自己竟情不自禁地爱上了这座少女雕像。他像对待自己的妻子那样抚爱她，装扮她，还给少女雕像起名为伽拉忒亚。皮格马利翁期待这座雕像能真正成为自己的妻子，他开始日思夜想，茶饭不思。爱神节之际，他来到圣坛向神祈祷，最终感动了爱神阿弗洛狄忒。爱神赐予了这座雕像生命，把雕像变成了真正的少女，让她和皮格马利翁结为夫妻。

爱上雕像的皮格马利翁的传说暗含了这样的隐喻：你所期待的，将会成为你所得到的，只要充满自信而坚定的期待，事情就终将达成。期望效应的诞生，正是美国著名心理学家罗森塔尔和雅各布森二人将皮格马利翁的原神话创造性地应用于现实生活，开展实证研究的结果。因此，罗森塔尔又把期望效应命名为皮格马利翁效应，又称罗森塔尔效应。

二、建立积极的正向期待

生活或许会不尽如人意，甚至很多时候会事与愿违，但我们不能就此失去期待的勇气，在积极正向的期待中，人的精神状态与机体机能也将处于更好的状态，好比一个乐观积极、充满阳光的人，更容易创造工作业绩，保持良好的身心状态；而一个怨天尤人、消极阴暗的人，则会屡屡受挫，甚至陷入绝望不可自拔。

正向期待将改变个人的行为、思想与身心状态，甚至激发某种潜能，对于幸福而言，“期望效应”更多指的是一种乐观、积极、正面的态度。期望效应既可以来自他人，也可以源自自我。

人类本性中最深刻的渴求就是赞美、信任与认同，这种来自他人或自我的正向期待，正是被认同、信任、赞美的力量。无论是别人对你的积极、正向期待和认同，还是你对自己的持续鼓励与自我确认，都将使你萌生出源源不断的力量，发挥出惊人的影响力。当我们向一个人传递积极、正向的期望时，就可能会使他向积极、正向的方向发展，变得越来越好；反之，如果向一个人传递消极的期望，则可能会使他自暴自弃、放弃努力。

一方面我们要看到，有了正向期待的态度，也同样需要迈开步伐，让行动与期待同步，用行动去逐步推进正向期待，而不是让期待沦为泡沫般的幻影。唯有始终而坚定的积极期待着幸福，并为之努力，幸福才会不知不觉来到身边。对待他人，不要吝啬鼓励与赞美，这种正向期待将可能改变他人的一生。

另一方面，正向期待首先应该是客观的、合理的、切合实际的。偏离客观因素去谈期待，便不是期待，而是妄想。皮格马利翁的期待只存在于传说中，现实生活是不存在爱神阿弗洛狄忒神力的，超越现实存在的期待也就无法产生结果。我们需要警惕在期待中陷于盲目，那些不符合实际的过高期待，也可能会给你带来更大的失落与绝望。

幸福把握在我们每个人自己的手中，我们每个人都完全有可能过上我们所期待的生活，期待不灭则幸福不灭。无论面对何种境遇，都能够始终而坚定的、积极而正面地应对,奋力追寻目标,终将获得幸福。

第二节　叠加效应

一、叠加效应的原理

叠加效应是指人们在认识客观事物的过程中,或者在对信息加工处理的过程中,由表及里、由现象到本质,在反映客观事物的性质时,不自觉地将相似度较高的部分集中在一起而产生的同化作用。这种“叠加效应”与行为经济学及心理学联系紧密。

著名的 Microsoft 公司的边际递增或者说收益递增的现象,就可以用叠加效应来做解释:Microsoft 的品牌地位越牢固,其用户数量就越多,由此产生所谓的品牌叠加效应——原本不喜欢其产品的人会受其用户影响转而选择使用 Microsoft 的产品,最终成为 Microsoft 的用户,使得品牌用户数量持续递增;这也产生了 Microsoft 一些弱势项目随其强势项目的影响而日益增大、并更受关注的客观结果。这便是叠加效应产生的经济学现象,简单来讲,叠加效应发挥出其 1+1>2 的客观效果。

了解幸福经济学中的叠加效应原理对于幸福感的提升是非常有益的。以情绪的叠加效应为例,我们可以直观地感受到快乐情绪的刺激相互叠加而产生的一种更长期、更强烈的快乐情绪;同理,悲伤情绪与悲伤情绪的叠加,则会产生一种更悲戚、更持久的低迷情绪。

二、负面情绪也有叠加效应

《纽约时代周刊》2017 年 6 月刊中曾刊登过一篇文章——“焦虑的国度”(Williams,2017)指出“当今社会变得愈发焦虑与压抑,而美国精神卫生研究中心调查表明 38%的青年女性及 26%的青年男性都患有不同程度的焦虑症状”,这与焦虑的“叠加效应”密不可分。

论及焦虑的叠加,在《纽约时代周刊》的另一篇文章《与男孩发短信》中,作者凯特琳通过实验发现:在现代社会高科技萦绕的大环境之下,单单是发短信并等待“对方正在输入……”这样一个小举动,就能使人的情绪快速地从期待转向悲伤甚至转向愤怒，同时为用户带来潜在而持久的焦虑。即使当你放下手机停止输入，这种焦虑也一直存在（Cheever 等，2014）。在国内，“拖延症”一词成为人尽皆知的网络热词，许许多多的研究将“拖延症”的起因与智能手机、网络时代相捆绑，并将其结果与焦虑联系在一起。

所以，无论是从对手机、网络的依赖而产生的焦虑，抑或是对一个即将来临的任务所产生的不确定性的焦虑，双重乃至多重焦虑的叠加，都会使得人们产生回避及悲观性防御心理（S. Berglas, and E. E. Jones，1978）。这样只会使得焦虑愈发加重，乃至发展成抑郁症、躁郁症等其他心理疾病，影响到这件事以外的人们的其他社会活动。

三、关于幸福叠加模型

积极心理学之父塞利格曼曾提出过一个非常全面的幸福模型：PERMA 模型，其中包含五个要素：积极情绪、专注和投入、人际关系、人生意义和成就。这个模型传达出幸福本身就是一个饱满、充实、丰富的概念，能构成幸福的因素有很多。也曾有人将幸福比作一系列快乐因子的链接，快乐因子越多，幸福的感受越强；快乐因子的种类越多，幸福的叠加效应越大；快乐因子越丰富，幸福越持久。其实这两个理论的本质是相通的，它们都强调了幸福累积的重要性，向我们很好地阐释了幸福的叠加绝对能够达到“1＋1＞2”的效果。

试想这样一种情况：有一天你打扮得令自己十分满意，而你又正好找到一张之前以为已经不小心丢失的好朋友寄来的明信片，那么即使这天只是极为普通的一天，甚至屋外瓢泼大雨，你仍然可能会觉得这是你近来最棒的一天。“打扮得令自己满意”是一种积极情绪，而“获得一个失而复得的亲友赠品”会增加你的幸福感受，这两种不同的幸福要素相叠加后，会给你带来更丰富的幸福体验，甚至会增加你工作学习的动力，改变你对自我的负面认知，也许因为你的积极心理还可能获得更多的正向反馈。

在东西方医学案例中，都曾出现过这样的奇迹：不仅有家人的支持，病人自身也持续保有积极乐观的自我情绪，并坚持与病魔抗争，最终克服种种绝症，奇迹般康复。南非传奇总理曼德拉在结束长达 27 年的监禁出狱后，选择放下仇恨，并留下名言：“当我走出囚室，经过通往自由的监狱大门时，我已经清楚，自己若不能把悲伤与怨恨留在身后，那么我其实仍在狱中。”他选择认真追寻生活中简单的小确幸,并勇敢拥抱那些不同肤色间曾经支离破碎的人际关系,最终成功实现了自己的政治抱负,留下一生的美名。

然而,我们要明确的是,缔造一个奇迹或一个令人称奇的壮举,这些都不是幸福的叠加效应所追求的最终目标,幸福的叠加效应应用于日常,其根本是希望每一个人都可以抓住身边的一个个小确幸,就像村上春树的随笔《兰格汉斯岛的午后》中为人熟知的"买回刚刚出炉的香喷喷的面包,站在厨房里一边用刀切片一边抓食面包的一角""清晨跳进一个人也没有、一道波纹也没有的游泳池脚蹬池壁那一瞬间的感触""冬夜里,一只大猫静悄悄懒洋洋钻进自己的被窝"……这一个个快乐因子,一个个积极、微小、而确切的幸福积累,到达一定程度时,就会成为一个整体,而这个整体的高度就类似于你自身的幸福指数,便能给你以倍数级的幸福感受作为回报。

四、怎样寻找可叠加的幸福因子

著名心理学家克里斯托弗·彼得森在《积极心理学》中指出:"正如很多人类的特质一样,快乐是某些人身上的特质,同时另一些人身上找不到快乐。不快乐的人缺乏兴奋感,他们需要提升对外界的乐观情绪,通过跳舞或药物来刺激自己的兴奋感,通过音乐来推动快乐的情绪。"也有许多心理学家认为,快乐是为了支持人类的生存,其相关的化学物质往往只会在有益于生存的时候释放。而负面情绪是为了避免危险,它们总是比快乐更长久地存在于人们的意识中,保护人们的安全。

所以你可能会觉得生活中没有那么多的小确幸可以发现,或者你总是瞻前顾后,很难专心致志地活在当下,也就没法产生这么真切和细微的幸福感与满足感。事实上,我们可以利用一些科学而简单的方法通过对你的大脑进行训练,从而帮助你获取快乐感受。

你可以尝试这样的训练方法:选择四十五天为一个周期,在一个周期里,每天分三个不同时段,各一分钟的时间,为自己寻找这一阶段发生过的让你感觉到快乐的人或事,回忆并且体会这些积极的快乐因子,这样可以锻炼你的大脑主动地寻找快乐。① 在长期而有规律的训练中,你的大脑会形成一种对事物产生积

① Breuning L. How To Train Your Brain To Go Positive Instead Of Negative: https://www.forbes.com/sites/womensmedia/2016/12/21/how-to-train-your-brain-to-go-positive insted-of-negative/#683f23f65958.

极响应的习惯，这不仅使你的大脑更容易出现积极响应，也能通过幸福因子的不断累积，水到渠成地促使幸福叠加效应的完美发生。

了解幸福的叠加效应原理，并将其很好地运用在我们的日常生活中，便能逐渐令你感受到生活中的每一个小确幸，这也是幸福的“叠加效应”原理给我们带来的最高价值。

第三节　溢出效应

一、溢出效应的原理

溢出效应常常被运用于经济学中，表示一个组织在进行某项活动时，不仅会产生活动所预期的效果，而且会对组织之外的人或社会产生影响。

在心理学的领域中，溢出效应是指个人的情感可以影响周围人的感受，或是引起周围事物的变化。举个简单的例子，某位老师在授课中，接到一通电话，得知了某个他期待已久的好消息，比如，“妻子终于怀上了他们盼望已久的孩子”“教授职称评比落定”“教学竞赛一等奖”，等等。那么，放下电话后，即使他不告诉整个班级这件事，他的好心情也会自然而然地流露在情绪、语言、肢体动作等授课的过程中，从而将这种正面的情绪传递给学生，影响整个课堂，使所有人都感受到这种快乐的情绪。

引入一个更为直观的场景：当我们往杯中注水，到一定程度后，水开始溢出，正如幸福泉水的涌出一般，会浸润杯子及其周围。属于你个人的幸福体验因为溢出效益而如同装满水的杯子一样，源源不断地溢出，感染到其他人。那些被感染到的人，其幸福感得到了直接的提升，又会反过来出现溢出效应，浸润你的心灵。

二、情绪的溢出与江本胜《水知道答案》

积极情绪会发生溢出现象，消极情绪也能产生溢出效应，广为人知的日本研究者江本胜博士的《水知道答案》，则具象化地呈现了正向及负面情绪所产生的溢出效应及其带来的结果。

经过八年的研究，江本胜博士在水结晶的过程中不断实验，他发现人的情绪、言语将会影响水分子的结晶，从而使得水呈现不同的结晶形态。当人充满善意、积极、正向的对水表达出赞美时，正向情绪的溢出将使得水的结晶形态趋于完美；反之，咒骂、责难、抱怨等负面情绪与语言的包围，则带来了水的结晶形态的畸形化。江本胜的《水知道答案》从另一个角度，让我们看到了溢出效应的力量。

水这种自然界的客观存在，都会为情绪的溢出效益而影响到其结晶过程，在正面与负面情绪溢出的情况下，呈现出完全不同的两种形态，更何况人这样感受力极强的敏锐生命体。这也就是我们经常说的能量场的概念，对于情绪的“溢出”，我们任何时候的建议，都是接受正能量与远离负能量。

三、从情绪感染到技能培育

当情感的溢出效应与正向情感相结合时，无疑会带来更多更好的积极影响，而在美国积极心理学研究专家弗雷德里克森（Fredrickson）的研究（*Open Hearts Build Lives*，1045～1026）中，更提出了正向情感溢出不仅可以对人的心理、情绪产生积极影响，甚至可以对人类的学习技能产生正向的影响。

弗雷德里克森教授测试了正反情绪对大脑产生的影响。在这个实验中，她将被测试者分成五组，并让他们观赏不同的图片。前两组观赏的图片可以让人产生正向的情绪：第一组观看会产生快乐情绪的图片，第二组观看能产生舒适满足感的图片；第三组是对照组，他们只看一些不会产生强烈情绪的大自然的照片；剩下两组观赏的图片能使人产生负面情绪：第四组看令人害怕的恐怖图片；第五组看让人生气的图片。之后同一组的测试者在一起交流，并被要求幻想在类似的情感状态下，写下尽可能多的“我可能会（做什么事）……”

让我们来看看测试的结果：在恐惧与愤怒情绪溢出效应影响下的参与者，不仅自己感受到了恐惧的情绪，更因同组分享者“溢出”的更多恐惧情绪，最终只能写下寥寥几笔；而积极情绪溢出效应下的参与者，则写出了惊人之多的他们可能会做的事，其数量甚至远远超过没有受到任何情绪感染的对照组。

幸福溢出效应更大的价值在于，积极情绪所产生的溢出效应不仅能让你与你周围的人感受到幸福，同时，这种正向情绪将更有可能迎来（创造）你人生的更多可能性，从而影响着你的人生发展与走向；与积极的溢出现象相对的是，消极情绪的“溢出”不仅会让你与你周围的人远离幸福，更会让你与周围人的大脑，习惯性地以负面的方式回应这个世界——将自己与世界隔离，并限制你们看问题的角度。

四、"溢出效应"及其现实应用

幸福会传染吗？斯普尔（Spoor）与凯利（Kelly）[①]从个体情绪与群体情绪关系的研究中，确认了这种幸福溢出效应的存在。个体正面情绪的溢出，将会对群体内成员起到吸引与激励作用，从而影响到群体内的团结与协作精神。伊利斯（Ilies）[②]等研究人员将溢出效应在群体中发生的作用进一步推进，发现个体成员的情绪溢出效应的发生，主要受群体成员的熟悉程度影响，也就是说，你的情绪更容易受到你更为熟悉的同事的影响，因此，幸福溢出效应在你和那些与你不发生工作交叉的同事之间，较难发生。

事实上，当我们处在正向情绪溢出的影响中，如快乐、满足、舒适和爱，这些情绪将会直接影响到那些与你关系、距离更近的人，在幸福溢出效应的作用下，使得你与周围人受到同样情绪的感染。因此，我们首先要调整好自己的情绪，用我们正面情绪的"溢出"去感染家人与朋友，同时，我们更应该清楚了解消极情绪的溢出效应，并在消极情绪产生时，远离这个群体，或主动帮助你的朋友去化解这种消极情绪，从而保持积极情绪的溢出效应。

第四节　对冲效应

一、对冲效应的原理

对冲是指用两个截然相反的事物相互抵消各自的一部分，使人不至于因为执着于其中一方而过度极端，从而导致悲剧的酿成。对冲效应实质上是一种止损的措施，用以降低或规避一些风险，防患于未然。

在幸福经济学的探讨中，我们可以将对冲效应理解为：及时通过主动调整，用一些相反的情绪进行抵冲，使自己从过度悲伤（或过度快乐）中跳脱出来，避免过度地沉溺在悲伤（或亢奋）等极端的情绪中。

---

① Spot J R, kelly J R. The evolutionary signtticance of attect in growps: lommunication and group bonding[J]. *Group Processes & Inter group Relation*, 2004, 7(4): 398－412.

② Ilies R, Judge T A. Goal regulation across time: The effects of feed back and attect[J]. *Journal of Applied Psy chology*, 2005, Vol.90, No.3, : 453－467.

二、情绪再理解

我们可能很容易理解对于悲伤情绪的疏离态度，那么为何同时需要避免过于亢奋的情绪呢？或者说，如何理解避免情绪的过于极端？我们先来重新认识下情绪本身。

什么是情绪？那是一种想法还是感觉？情绪是你大脑发出的一种信号，用以传达你对所发生事件的感受。情绪是难以言说的复杂的存在，但它可以简单分为两类：原生情绪与衍生情绪。你对事件的第一反应即是一种原生情绪，源自你的本能，如恐惧、忧伤、惊讶、愤怒、快乐与幸福。而衍生情绪，则是由原生情绪引发的情绪化的反应，譬如因胆怯而衍生的羞愧，因委屈而衍生的伤心等。正如悲伤的情绪会衍生出负面的情绪一样，快乐的情绪也将衍生出其他的情绪，如狂妄自大、得意忘形。事实上，无论是悲痛至极抑或激昂亢奋，任何一种极端的情绪，都将引发人们很强烈的感受和一系列的衍生情绪。

幸福的对冲效应要求我们避免沉溺于极端的情绪中，让自己维持较为平和、稳定的情绪状态，正如我们在讨论幸福的叠加效应时所强调的，幸福并不需要缔造一个奇迹或令人称奇的壮举，而是始终能够在日常生活中不错过每一个身边的“小确幸”。

三、情绪：行为的决策者

美国诺贝尔奖获得者赫伯特·西蒙(Herbert Simon)教授曾在他 1983 年出版的《行为的原因》①一书中指出：“为了获得一个完整的关于人类的理论，我们必须首先了解情感在其中扮演什么样的角色。”西蒙教授指出情绪会影响、扭转甚至决定我们的绝大多数抉择。

那么情绪究竟会在多大程度上，对我们的选择产生怎样的影响？哈佛大学商学院的基诺(Gino)教授与沃顿商学院的史怀哲(Schweitzer)教授曾进行过一个关于情绪的实验②：参与者被要求看一张照片来猜这个人的体重，每一个人将会根据他们猜的结果的准确程度来获得不同的奖励。接着，有一些参与者被要

---

① Herbert A. Simon. Reason in Human Affairs[M]. Stanford University Press, 1983.

② The Cheater's High: The Unexpected Affective Benefits of Unethical Behavior, Francesca Gino, Mautice Schweitzer, 19 Jul. 2012.

求先看一部国家地理关于大堡礁的鱼群的短片；与此同时，另一些人被要求看一个关于年轻人被霸凌的小电影。最后，再发给所有的参与者同一个人的照片，并告诉了他们这个人相应的体重，询问他们是否想要根据这个信息修改自己的答案。研究表明：74%的观看霸凌题材的参与者忽视了新来的信息，依旧坚持自己的最初判断。然而只有68%的看国家地理短片的参与者重视新的线索，所以最终后者的答案更加接近于正确答案。

“当我们通过那么多不同的实验进行归纳总结时，我们发现负面情绪往往会在两方面在影响我们的决策：第一，负面情绪使我们判断是非对错的能力更差；第二，我们很有可能走向自我封闭，从而完全无法听取别人的意见，抑或是过于相信别人的意见。”基诺教授在她的《牵制》中进一步解释道：如果有人感到愤怒，尽管这个情绪与他所将要做的决定毫无关联，他还是会误解别人给他的信息，只专注在自己的观点上。而当有人感到焦虑，他们可能会不能够判断他们所收到的建议的质量，并过于依赖别人给予的建议，只因为他们自己做的决定太没有自信。

四、对冲效应的现实应用

冲动是魔鬼。情绪对我们的行为有着至关重要的影响，它能直接为你做出判断，进而决定你的行为。如何确保做出更正确的、更为客观而合理的判断与决定，完全可以通过对冲效应来避免极端情绪，通过对个体情绪的控制，维持平衡、稳定的情绪状态来得以实现。

在日常生活中，我们需留意自己的情绪，不陷入悲痛，也不过于亢奋。当你发现自己处在特别悲痛的情绪中时，请赶紧回想那些让你欣慰、快乐而满足的记忆，发挥出对冲效应的功能，及时止步冲淡悲痛的情绪；而在你喜极如狂的时候，也请居安思危，回想你还有多少尚未完成的任务，及时抵冲过于亢奋的情绪，避免乐极生悲。通过对情绪的有意识控制，适时发挥对冲效应，让自己远离极端情绪，从而保持情绪的平稳与头脑的清醒。

有的时候，一些突发的情绪会让我们失去理智，在这样的状态下，很难保证仍保有使用对冲效应的理智。这个时候，你可以多给自己一点时间。加州大学教授利文(Leven)的研究①表明，人的情绪是很短暂的，人类在一段时间的冷却

① Robert W. Levenson. The Intrapersonal Functions of Emotion[J]. Cognition And EmoTion, 1999,13(5):481－504.

过后就会恢复成一个基准状态。而这一段冷却的时间,将给你带来情绪的有效缓冲和对冲效应释放的有利条件。

此外,如果我们能保持把控情绪的意识,我们就能越快摆脱情绪对我们自身的操纵。无论你是一个多么情绪化的人,都要保持对情绪的警惕,了解自己当下是否在做正确的决定,而对冲效应本身,也只是帮助我们回归初始的平衡状态,避免陷入未知的情绪危机与行为风险。

第五节　衰减效应

一、衰减效应原理

衰减效应也即边际效用递减原理,广泛应用于心理学、生理学与经济学领域,而在经济学上则常用来阐释个体消费行为——消费者在消费过程中,每一单位物品对其所产生的效用是不同的,它们呈递减关系。举个例子,在你极度口渴的时候,一杯水可以救命;而对于已经解渴的你来说,第二杯水就不那么令你畅快了;随着你口渴程度的降低,你想要喝水的欲望越来越小,继续喝水对你来说将开始成为负担。在这个例子中,解渴是喝水的效用,每一杯喝下去的水都是你消费的数量,你喝水喝到完全不渴是边际,而当你完全不渴时,喝下的水将让你越来越不适而产生负效用。

幸福的衰减效应很容易理解,某件事情的发生,令你产生了强烈的幸福感,然而,同样的事件每重复发生一次,所带给你的幸福感的强烈程度,将会逐渐递减;随着时间的推移,因这件事情所产生的幸福感将逐渐衰减至消失。幸福的衰减效应同样适用于人们在不同时期,面对同一件事物,由于不同时期个体需求的差异,而产生出因同一事件所生发的幸福感受的衰减。

专栏 4-2

关爱麻木——那些你所忽视的幸福

一个女孩和母亲吵架赌气离家。身无分文的她在外面闲逛了一天,不知不觉走到了一家面馆,此时她已饥肠辘辘,却没法吃上一碗面，她委屈极了。好心的老板娘看到了女孩的窘迫，免费请她吃了碗面条。女孩充满感激，热泪盈眶道："我们素不相识，您却能向我伸出援手，对我这么好！而我的妈妈，却对我那么无情……"

老板娘打断女孩的话，说道："我只不过为你煮了碗面条，你就这么感激我，想想你妈妈从小到大给你煮了十几年饭，你不是更该感激她吗?"听到这话，女孩整个人都愣住了，心想："妈妈生我养我，我非但没有感激，反而因为一些小事，和她争执，还赌气离家。"

女孩向老板娘道谢后飞快地往家里赶，老远看到焦急难耐、疲惫不堪的母亲在家门口四处徘徊，女孩的眼泪夺眶而出。

生活中，我们对亲近的人所给予的关爱习以为常，甚至感觉麻木。一旦这种关爱与付出减少丝毫，我们就会即刻察觉到。相比之下我们对陌生人的一丁点帮助，却能感怀不已，这便是幸福的衰减效应引发的现象。

首先，如果把幸福感受也视为一种资源的话，这种资源将是不可再生的。在我们体验同一种幸福感受 N 次之后，将很难重现或复刻这种感受最初带给我们的体验，初恋的刻骨铭心正是在这一层面获得的意义。其次，幸福感受作为一种主观感受，与特定的环境、个体的特定需求是密切相关的。同样的事件，在个体不同的境遇中，将带来完全不同的幸福感受。饥饿时送到眼前的一碗面，和饱足时得来的意义就完全不同，这就好比雪中送炭与锦上添花所产生的意义差异。最后，幸福这种资源也是有限的，随着时间的推移，维持在同等水平的相同事件带来的幸福感受的强度，将逐渐弱化、减少。

二、玫瑰送出策略的经典实验

如果要将 999 朵玫瑰送给心上人，如何使得玫瑰发挥出最大的效用，带给心上人最强烈、持续的幸福指数呢?

意大利一位心理学家在情人节前夕花两个月时间进行了玫瑰送出策略的实

验[①],他选择了两对情侣,他们同龄,并具有大体相似的成长背景,交往阶段也相趋近。心理学家让两个男孩以不同的策略给恋人送玫瑰,一个男孩每个周末给心上人送一束玫瑰,另一个男孩只在情人节当天把所有玫瑰一起送出。玫瑰送出的不同策略导致了截然不同的效果:从未收到玫瑰的姑娘,在情人节那天得到男友如此多的玫瑰攻势,欣喜若狂尤为动容;而每周收到玫瑰的姑娘不仅反应平淡,还在情人节当天还忍不住表达了自己的不满,和对别的姑娘收到很多玫瑰的羡慕。

与 999 天每天送 1 朵花的策略相比,一天送出 999 朵玫瑰花,给人以瞬间的巨大幸福感是前者所无法比拟的。后一种策略能够给人带来最为强烈的幸福体验,但这种幸福体验仅仅是暂时的,这一策略无法提供持续不断的幸福感受。然而,每天送 1 朵玫瑰,似乎既无法创造强烈的幸福体验,又因为衰减效应而难以达到持续供给幸福体验的实际效果。事实上,幸福感作为一种主观体验,使得这一实验不可避免地存在着因变量——送花对象的恋爱经历。对于有着丰富恋爱经历的送花对象来说,一天送出 999 朵玫瑰花所带来的幸福体验强度也将大大减弱,这也反映出幸福"衰减效应"所致的不可复制性。

三、衰减效应的现实应用

从理论上说,幸福的衰减效应似乎暗示了一种无可奈何的状态,在人们获得幸福体验后,同等程度的同样的幸福资源,其内在个体的渴求度势必递减,连带着个体获得的幸福感受也逐渐递减;更令人遗憾的是,当这种幸福体验到达足够多的 N 次时,个体对其的渴求度将会趋近于零,幸福感也不可避免趋近为零了。我们在描述婚姻生活的不如意时所常用到的七年之痒也是这一概念的一种体现。

事实上,我们大可不必如此悲观,幸福的衰减效应不仅为我们完整呈现了个体对同一件事情产生厌倦的全过程,更剖析了喜新厌旧的原因:对于相同事物,同等强度的刺激,所取得的回应会逐渐弱化。仍旧以玫瑰送出策略为例,是否存在第三种策略,同时兼顾幸福感的持续性和每次送花的幸福感强度? 利用幸福的衰减效应原理,可以设计递增数列送出玫瑰,既不使人觉得无趣和麻木,又能更好地利用 999 朵玫瑰设法尽可能长的维持幸福体验。善用幸福衰减效应的关

① 庞啱. 送玫瑰花的实验[J]. 思维与智慧,2009,15.

键在于，找到可感知的临界点，避免因为刺激被冲淡而被人忽略。好比一辈子面对同一个伴侣，仍然不妨碍与她（他）一同体验那些你们都未曾经历的更多事物，来避免彼此间新鲜感的丧失。

萨缪尔森以幸福公式：幸福＝效用/欲望，揭示出在欲望不变的情况下，效用越高，个体就越能感受到幸福。我们可以理解为：在幸福衰减效应的前提下，当我们的期待和欲望越少，我们的投入越深、努力越久，我们所获得的幸福体验则会相对地更显得稀缺，而我们所能享用到的幸福边际效用也会越大。

第五章　幸福的思维方式是什么？

幸福与否取决于境遇吗？在同样的境遇下，为什么不同的人有不同的感受和反应？本章着重阐述思维方式是如何影响人幸福的，以促进人们更好地解读自我、发现自我，自觉地用幸福的思维方式迎接生活。具体的思维方式有科学、哲学、宗教、艺术、审美、道德、政治、经济思维方式，抽象、形象、灵感思维方式，直观、知性、辩证思维方式等。本章分别从思维方式、认知、情绪和行为以及它们的关系出发探讨消极思维方式和积极思维方式的特点，以及这两种思维方式和幸福的关系。

第一节　思维方式概述

一、思维方式概念的主要观点

在认知心理学领域，以约翰—莱尔德(Johnon—Laird)为代表的学派主张大脑推理过程的一个方式是通过思维方式完成的，以杰特纳(Gentner)等人为代表的学派运用思维方式来识别现象、过程与知识系统是否匹配。两个学派的观点互相依存，前者为后者增加逻辑论证的严谨性，后者为前者补充知识信息，二者的有机结合为思维方式的进一步研究打开新的思路。

凯斯提出了智力发展理论，他认为，认知是信息的加工过程。人脑中已有的知识和知识结构对人的当前认知和行为起决定作用。外界刺激只有适合了原有认知结构，才能使人产生知觉。[1]

系统动力学领域的学者认为，思维方式是人们在长期的社会生活经历中沉淀下来的相对固定的认知模式，它使人能够快速有效地选择行为来应对生活，解决生活中的事件。个体和社会之间的有机结合和相互作用形成了社会系统，个体的思维方式受社会规则、价值导向等的约束，同时也为社会系统的完善提供线索；社会为个体提供限制也提供机会，促进个体决定采取行动或放弃行动。

总之，思维方式包括看待事件的角度和方式方法，是以词汇和语法结构、规则构成的语言为物质外壳，在一定的知识框架内，由问题情境、视野、思路和价值评价这些要素有序构成的综合性系统。[2]

二 、思维方式、认知、情绪、行为的关系

澳大利亚著名的心理学博士埃德曼（Edelman）在《思维改变生活——积极而实用的认知行为疗法》中提出认知包括想法和观念[3]，想法在一定程度上和固有的观念相关，也就是人脑将观念和事件结合起来就形成了自己的想法，想法一般是人的判断。思维方式包含认知以及产生想法的过程，而观念是认知的核心，认知是思维方式的核心，可以说有什么样的观念，就有什么样的想法，也就有了什么样的思维方式。在认知基础上人有了内心的体验，表现出高兴、兴奋、欣喜、悲伤、自责、厌恶、愤怒、抑郁、焦虑等情绪；在认知的基础上应运而生人的行为；也就是认知产生情绪，认知影响行为。同时，行为也影响认知和情绪，情绪也影响认知和行为，具体如图 5－1 所示。

例如表 5－1 中，人脑把 “遇到不公平的事情”这一事件和观念“世界应该是公平的”结合后形成想法“有人故意制造了不公平，这些人坏透了”，那么就产生了“怒不可遏”的情绪，采取了“指责、发怒、攻击”的行为；人脑把 同样的事件和观念“期待世界公平，但实际上也不一定处处公平”结合后形成想法“我可以找到办法改变不公平的境遇”，那么就产生了“生气但不发怒”的情绪，进而“思考怎么做才能使损失最小”。其间包含的不同的思维方式在第二节和第三节将会讲到。

---

① 叶浩生. 心理学通史[M]. 北京：北京师范大学出版社，2006：303.

② 宋锦添. 试论思维方式的结构、涵义问题，晋阳学刊[J]. 1985：42.

③ Sarah Edelman. 黄志强，殷明 译. 思维改变生活——积极而使用的认知行为疗法[M]. 华东师范大学出版社，2007.

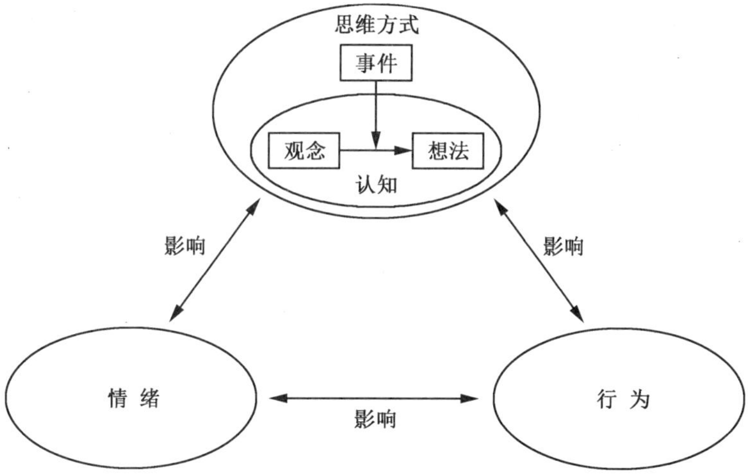

图 5—1　思维方式、认知、情绪、行为的关系

表 5—1　认知产生情绪、认知影响行为举例

事件	消极认知		非理性情绪	消极行为	积极认知		理性情绪	积极行为
	信念	想法			信念	想法		
遇到不公平的事情	世界应该是公平的	有人故意制造了不公平,这些人坏透了	怒不可遏	指责,发怒,攻击	期待世界公平,但实际上也不一定处处公平	我可以找到办法改变不公平的境遇	生气但不发怒	思考怎么做才能使损失最小

三、思维方式的形成

思维方式的形成和遗传、自我探索的经验、环境、人的主观能动性等息息相关。遗传因素是由遗传基因先天决定的不可变因素,它持久恒定,下面仅从非遗传因素方面展开。

(一)自我探索的经验

儿童时期自我探索获得的体验、感受等经历,一般会影响世界观、价值观,对一个人思维方式的形成也有直接的影响。弗洛伊德认为婴幼儿期生活经验对人的发展至关重要,成年人的适应性问题,常常可以从早期童年经历中找到答案。

(二)环境因素

思维方式主要是人和环境的互动中逐渐形成的,这些环境因素诸如家庭教育、学校教育、社会环境等。行为主义心理学家约翰·华生曾说过类似的话:对于健康和天资完善的婴儿,在特定环境中教育他们,可以把他们训练成预设的任何一种专家。在此,约翰·华生强调了环境对人成长的影响。

(三)主观能动性

思维方式形成的过程中,无论是人对客观世界的认知,还是为应对事件所采取的行动,甚至是对以往经历事件信息的收集、整理、分析、取舍、应用都是个体主动选择的过程,在这个过程中,不同个体是持有不同的态度、信念和处理方法的,这些态度、信念和处理方法受到社会规则的约束。同时,个体对群体也有能动作用。个体和社会是有机的整体,二者矛盾又统一,相互作用,推动系统的发展。正如班杜拉所说,人一方面是环境的产物,另一方面也是环境的营造者。[①]因此,个体不是刻板的被动者,完全可以发挥主观能动性来创造世界、改造世界。

第二节　消极思维方式——刻板固执

一、什么是消极思维方式

消极思维方式是一种负向固守的思维习惯,是人在面对事件时所采取的封闭、固执、消极的思维运行模式,它包含了固化、保守、绝对、消极、以偏概全等负向特征。这种思维方式因循守旧,认知和处理事情的方式方法遵循固有的知识和模式,不是经过努力思考而获得;坚信自己的想法,很少考证这种想法的真实性、正确性;不信任别人,与人沟通困难。因此,思维的灵活性和创造性受到遏制。

二、消极思维方式的认知、情绪和行为

(一)消极思维方式的认知、情绪和行为三者关系

消极认知由不合理的信念和不合理的想法组成,不合理的信念一般具有绝对化、消极等特点,如表5－2中的事件3,不合理的信念“世界应该是公平的”是趋于绝对化的说法(表5－2列举了几种容易出现消极思维的情况,并和相应的

---

① 班杜拉. 自我效能:控制的实施(缪小春等 译)[M]. 上海:华东师范大学出版社,2002.

积极思维对照，积极思维的相关内容将在第三节中阐述）。

表 5—2 **消极思维方式和积极思维方式对照表（举例）**

	A	B	C	D	E	F	G	H	I	J	K
序号	事件	即刻认知	合理情绪	消极认知		非理性情绪	消极行为	积极认知		理性情绪	积极行为
				信念	想法			信念	想法		
1	自己的行为伤害了别人	伤害别人不好	抱歉歉疚	伤害人是非常恶劣的行为	我是坏人	自责憎恶	惩罚自己	不应该伤害别人，但也不一定能百分百做到	偶尔出现差错在所难免，我可以弥补	抱歉但不自责，歉疚但不憎恶	道歉，想办法弥补，在以后的行为中尽量避免
2	别人的行为伤害了自己	受伤害是件令人遗憾的事	不愉快	人应该一直保持善良友爱遵纪守法的	这些人坏透了	厌恶	指责，发怒，攻击别人	任何事情都有积极意义	我可以找到积极意义	不开心但不厌恶	沟通，吸取教训，促使自己强大
3	遇到不公平的事情	本该获得的东西付诸东流	气愤	世界应该是公平的	有人故意制造了不公平，这些人坏透了	怒不可遏	指责，发怒，攻击	期待世界公平，但实际上也不一定处处公平	我可以找到办法改变不公平的境遇	生气但不发怒	思考怎么做才能使损失最小
4	努力之后不能达到目标	我和别人有差距	失望	只要努力就一定能达到预期	我很笨	羞耻	逃避	成功的因素不只是努力，但努力是成功的必要条件	我能够调整方式方法再尝试	失望但不认为自己一无是处	确认方式方法是否需要改进，继续努力
5	亲人离别	空间上有距离	挂念	亲人在一起才能互相照应、互相支持	我很担心出现麻烦	焦虑	逃避，吸烟，酗酒，暴饮暴食等	期望与亲人永不分离，但由于种种原因，与亲人时常分离	我们能用各种办法充分沟通	牵挂但不过分焦虑	用各种方式取得联系，多花时间沟通，多关心对方
6	失去宝贵的人或物	生活部分缺失	忧伤	生活应该完满	我的生活不完整了	抑郁	封闭自我或发泄情绪	人生不如意十有八九	作为一段珍贵的回忆	忧伤但不抑郁	努力寻找其他的重要事情，努力寻找其他重要人或物

续表

序号	A 事件	B 即刻认知	C 合理情绪	D 消极认知：信念	E 消极认知：想法	F 非理性情绪	G 消极行为	H 积极认知：信念	I 积极认知：想法	J 理性情绪	K 积极行为
7	看到别人的优势	我不如别人	差距感	要做到没有差距很难	努力也没多大用	自卑	贬低别人或逃避	努力就会有收获	我可以多付出努力以减少差距	接纳但不自卑	努力缩小差距

人在遇到事件时产生相对客观的即刻认知，即刻认知和事件结合产生合理情绪，如表5－2中的B、C列。还是以事件3为例，当人们遇到不公平的事件，产生的即刻认知“本该获得的东西付诸东流”接近客观，因为我“遇到不公平”，且“本该获得的东西付诸东流”，所以我感到“气愤”，此时的“感到气愤”是合理的情绪。

人脑将不合理的信念、事件以及即刻认知结合起来形成了不合理的想法，如在表5－2中，D列＋A列＋B列形成E列，这是信息加工的过程。仍以表5－2中事件3为例，这里的逻辑是这样的：“世界应该是公平的”，而我“遇到了不公平的事情”，致使“本该获得的东西付诸东流”，我在感到“气愤”之余，也想到“有人故意制造了不公平，这些人坏透了”。在这里，“世界应该是公平的”是不合理信念，因为世界的本来面目是处处存在不公平，做不到绝对的公平；“有人故意制造了不公平，这些人坏透了”是不合理的想法，它的不合理性在于未必是别人故意制造了不公平，也可能是无意间的巧合，即便是有意而为之，也不能因为这一件事而否定一个人的全部，以偏概全地评论一个人“坏透了”；事件“我遇到了不公平的事情”和即刻认知“本该获得的东西付诸东流”是客观的，感到“气愤”是合理情绪，那么造成不合理想法来源于不合理的信念。

由消极认知产生了非理性情绪和消极行为，即D列＋E列产生了F列和G列。仍以表5－2中事件3为例，气愤的程度升级，超过合适的度就变得“怒不可遏”，成为非理性情绪。产生非理性情绪和消极行为的逻辑是：“世界应该是公平的”，而我“遇到了不公平的事情”，致使“本该获得的东西付诸东流”，我在感到“气愤”之余，也想到“有人故意制造了不公平，这些人坏透了”，我感到“怒不可遏”，一定要找到这些人问个究竟（指责、攻击性语言或行为、大吼大叫等）。

综上所述，消极认知产生消极情绪和消极行为。另外，消极行为会加重消极认知和消极情绪，且消极情绪会加重消极认知和消极行为。消极认知、消极情绪、消极行为三者之间相互影响。

(二)消极思维方式阻碍幸福

消极情绪包含了过多的不满、愤恨、自责、焦虑等负向因素，这些因素超过了合理的度，这种情况本身降低了幸福感，如果给身体带来损害，就更加谈不上幸福。

消极行为中的封闭、惩罚自己是对自己身心的损害，怀疑别人、指责或贬低别人、愤怒并攻击别人等消极行为严重影响人际关系，都为获得幸福感设置了障碍。

专栏 5－1

当幸福的分享被冷遇

虹虹遇到了明明，高兴地对他讲述昨天自己给一个低年级的小同学讲物理题目的过程。自己虽然花了很多时间，但那个低年级的小同学最终理清了物理概念之间的逻辑关系，对一些以前不会的题目豁然开朗。小同学非常开心，称虹虹为老师，并希望以后遇到不懂的问题还来请教她。虹虹告诉明明自己的感受是很有成就感，觉得帮助别人是一件很有意义的事情。

明明的物理学得不好，他听了虹虹的表述，内心很不平静，认为虹虹是在和他显摆，暗示他无能。他愤愤地对虹虹说:“别以为你有啥了不起，你只不过是比别人早学会了而已！给个小孩子讲题又算不了什么大本事，有啥张扬的?!”

虹虹惊愕地看着明明，一时间搞不清楚自己信任的朋友为何这样评价自己。难道明明不为自己的开心而开心吗？虹虹伤心极了，默默地走开了。

另外，由于消极思维方式具有封闭、固执、消极的特点，不利于人们适应环境(社会环境、自然环境等)，在人与环境的互动中，失败较多，从而降低了获取幸福的可能性。具体如图 5－2 中的情况 3、4、7、8，在一定环境中，人的自我探索可能成功并获得幸福，如图 5—2 中 A。也可能失败降低幸福感，如图 5—2 中 B。下面讨论后续情况：

1. 当成功后，人在自我探索的过程中运用了消极思维（如图 5—2 中的 C），那么当环境暂时不变，则延续成功并获得幸福（如情况 4），当环境改变，则因为适应性较差，成功的可能性较小，如图 5—3 中情况 3。

2. 当失败时，人在自我探索的过程中运用了消极思维，如图 5—2 中 F。那么当环境不变，则依然失败，如图 5—2 中情况 8。当环境改变，碰巧此人符合成功的条件时，能够成功并获得幸福，如图 5—2 中情况 7。除此之外都只能失败。而碰巧只能说巧合，所以此时成功的概率并不大。

世界是不断变化发展的，静止的相对性和运动的永恒性告诉我们，人类生存的环境时时刻刻都在变化。沿着图 5—2 中 C、F 中环境变化的情况来分析，人在运用消极思维方式时成功并获得幸福的可能性较小。

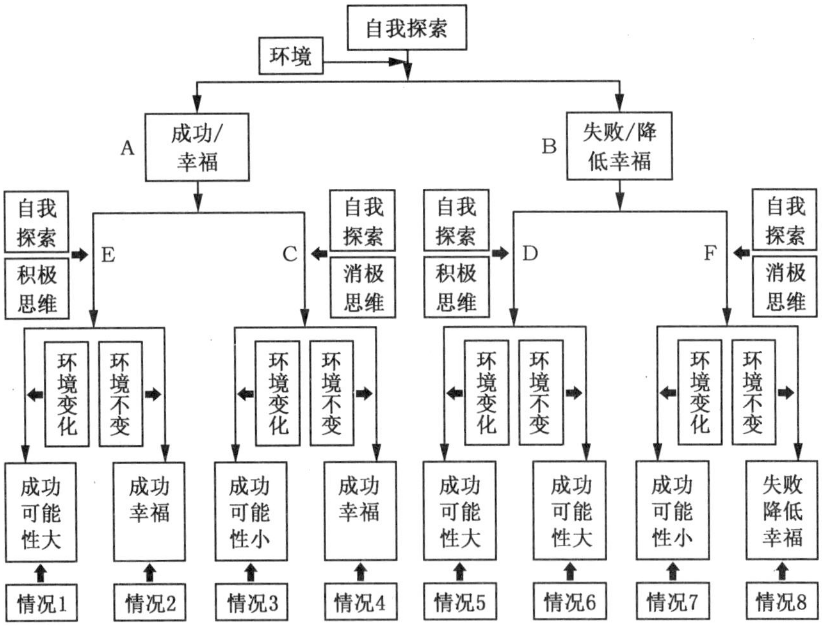

图 5—2　思维方式在人适应环境过程中的作用

第三节　积极思维方式——积极求变

一、什么是积极思维方式

积极思维方式是指从正面积极的角度看待问题，不骄傲自满，也不抱怨事情本身、不迁怒于别人，而是从事件中获取正能量，寻求可行性的优化方案，积极努力以改变现状。这种思维方式具有开放、灵活、积极的特点。

开放性主要体现在思想的开放性和人际交往的开放性两个方面。思想开放常常使人能突破原有的思想框架，接收外界的多方面的信息，同时理性地分析信息的有用价值，并把这种价值纳入原有的知识体系，使人在处理问题时更容易迅速做出正确的决定。良好的社会关系有利于增加自我认同感。正如 Sarah Edelman 博士在《思维改变生活》中所说，亲密、支持性的社会关系可以满足我们某些最基本的需要，包括对爱恋、联系和归属的需要。被人喜爱和接纳，直接地证明了我们有可爱之处，有利于产生良好的自我，尽管自我价值感最终来源于内心。我们从朋友和亲密关系中得到的积极信息可以帮我们改成“树立起”自己的内在价值①。

灵活性是指勇于突破旧观念，不固执僵化、不因为自己某方面的缺点而全盘否定自己，无条件接纳自己，以灵活变通的态度寻求适应环境的可行性方案。

二、积极思维方式的认知、情绪和行为

(一)积极思维方式的认知、情绪和行为三者关系——互相影响

和消极相对，积极认知由合理的信念和想法组成，合理的信念一般具有理性、积极等特点，如表 5－2 中的事件 3，信念“期待世界公平，但实际上也不一定处处公平”，把“世界应该是公平的”看成是一种期望、倾向，而不是绝对化的完美。

人脑将合理的信念、事件以及即刻认知结合起来形成了合理的想法，如在表 5－2 中，H 列＋A 列＋B 列形成 I 列，这是信息加工的过程。仍以表 5－2 中事件 3 为例，积极思维方式的逻辑是这样的：“期待世界公平，但实际上也不一定处

① Sarah Edelman. 黄志强，殷明 译. 思维改变生活——积极而实用的认知行为疗法[M]. 华东师范大学出版社，2007.

处公平”，而我“遇到了不公平的事情”，致使“本该获得的东西付诸东流”，我在感到“气愤”之余，也想到“我可以找到办法改变不公平的境遇”。

由积极认知产生了理性情绪和积极行为，即 H 列＋I 列产生了 J 列和 K 列。仍以表 5－2 中事件 3 为例，“气愤”是合理情绪，在理性认知中形成了理性情绪“生气但不发怒”。产生理性情绪和消极行为的逻辑是：“期待世界公平，但实际上也不一定处处公平”，而我“遇到了不公平的事情”，致使“本该获得的东西付诸东流”，我在感到“气愤”之余，也想到“我可以找到办法改变不公平的境遇”，我“生气但不发怒”，思考怎么做才能使损失最小，并采取积极的行动来解决问题。

综上所述，积极认知产生积极情绪和积极行为。从另一方面看，积极行为会强化积极认知和积极情绪，心理学上的认知行为疗法认为对话也可以是在检测自己的心智的前提下对它进行思考和辩驳，同时用一些积极的行动去抵消不良的认知和不好的情绪。正如 20 世纪 50 年代出现在美国的行为主义所讲：心理问题是由错误的学习导致的，通过教会人们改变某些行为可以解决大部分问题。[①] 积极情绪也会强化积极认知和积极行为。积极认知、积极情绪、积极行为三者之间相互影响。

专栏 5－2

世界上第一条牛仔裤

一百多年前，美国西部兴起了淘金热，犹太青年 Levi Strauss（李维斯）也加入了淘金行列。途中，大家遇到一条大河挡住去路，人们在沮丧之余，有人沿着上游寻找通往目的地的路，有人沿着下游寻找，也有人放弃而原路返回。李维斯心想“太好了，这件事情落在我身上。好在哪里呢？”他开始做起摆渡的生意，赚了第一桶金。后来，需要摆渡的人越来越少了，李维斯选择去淘金。到了目的地后，好不容易开拓了一片地，地痞来痛打了他一顿，告知他这块地属于他们了。李维斯被迫离开，心想“太好了，这件事情落在我身上。好在哪里呢？”他独

① Sarah Edelaman. 黄志强，殷明 译. 思维改变生活——积极而实用的认知行为疗法[M]. 华东师范大学出版社，2007：2.

到的眼光发现淘金人需要水，于是做起了卖水的生意，然而生意有了起色后又被地痞抢了去。李维斯心想“太好了，这件事情落在我身上。好在哪里呢?”他发现淘金地点很偏远，淘金人要买一些日常用品很不容易，于是他做起了卖日常用品的生意，生意也很好，他觉得淘金人住的帐篷需要更换帆布，一次进货中进了一批帆布，但少有人来买。李维斯心想“太好了，这件事情落在我身上。好在哪里呢?”一次和淘金人的沟通中得知，淘金工人需要结实耐磨的裤子，于是李维斯用帆布做成了牛仔裤。至此，世界上第一条牛仔裤诞生了。

(二)积极思维方式与幸福的关系——提升幸福

美国心理学家赛利格曼认为积极情绪是研究幸福的基石。除积极情绪(如乐观、平和等)带给人们幸福之外，积极认知中的客观、开放、合理等便于人们适应环境(社会环境、自然环境等)，使人在与环境的互动中提升幸福。具体如图5—2中的情况 1、2、5、6、在一定环境中，人的自我探索可能成功并获得幸福，如图 5—2 中 A。也可能失败降低幸福感，如图 5—2 中 B。下面讨论后续情况：

1. 当成功后，人在自我探索的过程中运用了积极思维，如图 5—2 中 E。当环境暂时不变，则延续成功并获得幸福(如情况 2)，当环境改变，思维方式积极调整以便适应环境，成功的可能性较大，如图 5—2 中情况 1。

2. 当失败时，人在自我探索的过程中运用了积极思维，如图 5—2 中 D。反思不足、吸取教训，把失败看成是下一次努力的开始，对自己不能改变的客观事实予以接纳，对自己可以改变的方面运用积极的心态继续努力，不管环境如何变化，都能在人与环境的相处中寻求动态平衡，接下来成功的可能性较大，如图5—2中情况 5、6。斯坦福大学行为心理学教授 Carol Dweck 经过科学研究发现，拥有积极思维的孩子做事不易放弃，能从过程中享受到乐趣，更在意自己从事件中获得的收获，更多地获得成功和幸福。

专栏5-3

落选的翻转

飞飞一直喜欢拉小提琴，他喜欢小提琴优美的旋律，梦想能够进入校乐队,梦想有机会和大家一起登台演出。机会终于来了,校乐队宣布选拔新人,飞飞高兴得手舞足蹈,开始准备参与选拔,美滋滋地想象着成为校乐队的一名成员时的情景,然而,他落选了。他郁郁不欢地坐在石阶上,想不明白自己哪里表现得不好,是不是自己天生不是拉琴的料?——不!很快他放弃了这个想法,他决定通过努力提高自己的水平。他首先找到校乐队的主管老师,虚心地向老师请教自己在选拔过程中哪些地方做得不到位,老师指点他说他的曲子不熟练,需要花费很大的努力才有可能赶上乐队的节奏。得到真经的飞飞从此开始刻苦练习,还经常虚心向老师请教,最终在第二年的校乐队招新中脱颖而出,如愿以偿地成为校乐队的一员。

第四节　幸福的深度——与思维方式相关

一、幸福四层深度的概念

人类的终极目标是幸福这一观点被很多人认同,人在与自己、与社会,人类与自然和谐相处中寻求幸福。有的人在追求幸福的过程中充满正能量,也有的人负能量较多。

幸福有四层深度:伪幸福、浅度幸福、深度幸福和更深度幸福。幸福深度由适应性和对环境作用二元素决定。如表 5—3 所示,伪幸福(情况 6)是指持有“唯我幸福”的理念,不能适应环境,且对环境有负向作用的幸福,其实无法获得真正的幸福;浅度幸福(情况 2、情况 5)是一种对环境既无正向作用,也无负向作用的自我幸福,有时适应环境,有时也不适应环境(不适应环境也能对环境无不良影响的前提是调整心态);深度幸福和更深度幸福(情况 1)都是指适应环境并对环境有正向作用,不同在于深度幸福是在社会环境(人与人之间)中讨论,更深度幸福是在自然环境(人与自然之间)中讨论。至于适应环境但对环境有负向作用(情况 3)、不适应环境但对环境有正向作用(情况 4)两种情况,在实际中并不多见,在此不进行讨论。

表 5—3　　幸福的四层深度

序号	适应性	对环境作用	幸福度	原因备注
情况 1	适应	正向作用	深度、更深度幸福	
情况 2		基本无影响	浅度幸福	
情况 3		负向作用	/	少有发生
情况 4	不适应	正向作用	/	少有发生
情况 5		基本无影响	浅度幸福	只要心态易调整
情况 6		负向作用	伪幸福	

(一)幸福的第一层深度——伪幸福

人在追求幸福的过程中如果不考虑对环境(包括社会环境、自然环境等)的不良影响,且由于故步自封、因循守旧、唯我幸福的思维方式,常常降低别人的幸福指数,或违背正义、道德,或人际关系不和谐,较难适应环境,对环境有负向作用,那么即便自我感觉幸福也是伪幸福,其实质并不幸福。

专栏 5－4

自己的幸福与别人的焦虑

大学开学了,刚开始分到一个宿舍时,有三位同学早睡早起,生活规律,经常锻炼身体,学习努力,只有小明懒惰,晚上喜欢一个人玩游戏到很晚,早上起床成为一件艰难的事情,第一节课容易迟到,社区卫生检查也不合格。小明感到自己不适应学校生活,对学校的规则、要求和制度难以接受。宿舍其他同学好言相劝,建议他勤奋学习,养成早睡早起的习惯,这样就容易适应了。小明嘴上说:“好的,好的,我尽力。”心里却想:“我目前空余时间玩玩游戏挺开心的,为什么要那么努力?大学应该是逍遥的地方,规章制度随它去吧。”他沉迷于网络游戏,在游戏中感受到成就感,无视现实生活。

时间一长,因小明睡得晚,使同宿舍其他三名室友也很难入睡,严重影响了同学正常的作息。考试结果出来了,小明好几门课程不及格，老师和父母都找他谈心，因担心小明执迷不悟，父母很焦虑。小明终于意识到自己的行为给自己、亲人、同学都带来了负面影响，很后悔。

小明沉迷于游戏中感到很幸福，没有用开放的心态接受同学好的建议，而是固执地认为自己现在就处于幸福中，不必费力去寻找幸福；没有顾及自己的行为对别人的不良影响，沉迷于游戏还影响了自己的学业，这种幸福是伪幸福。

（二）幸福的第二层深度——浅度幸福

浅度幸福是指沉迷于自我幸福感中，即没有对环境有不良影响，也没有对环境有促进作用的幸福。适应环境时可能处于浅度幸福中，不适应环境时，如果能及时调整心态和思维方式，也可能处于浅度幸福中。例如人退休后与世无争、自得其乐，或宅在家里，或唱唱歌、跳跳舞、散散步等。

浅度幸福是人类幸福的基础，没有浅度幸福很难获得深度幸福。浅度幸福也是必要的，跨越了浅度幸福的幸福就像没有打好地基的大楼，风险时刻存在。有的人停留在浅度幸福阶段，自得其乐于自己营造的小幸福，对社会没有危害。有的人在浅度幸福的基础上，能够与人幸福地相处，他的存在对社会是有积极意义的。

（三）幸福的第三层深度——深度幸福

深度幸福是指能在家庭、社会群体中找到幸福感，一般能在开放、灵活的心态下积极地适应环境，并对环境有正向作用。美国心理学家塞利格曼主张从个体与个体、个体与团体、个体与社会良好发展的因素来研究如何增进人类的幸福和健康。

人的社会性使人际交往的能力在人生中诸多场合用得到，比如同学之间、邻里之间、同事之间、朋友之间、夫妻之间都是人际交往的空间。当人拥有了浅度幸福，就拥有了获得深度幸福的基础，在积极理念的指导下，一般会采取积极的行动，通过爱他人，关心帮助他人，创造和谐的相处氛围，与他人形成良好的互动，给他人带来平和、舒畅、快乐和幸福，自己也从中获得深度幸福感。塞利格曼认为积极的人际关系对幸福带来积极的正面影响。

专栏5－5

付出与收获

小成是一名在读大学生，在一次学校组织的到贫困山区支教的活动中，深深地爱上了大山，爱上了山里的孩子。他经常回忆起山里孩子淳朴的眼睛、善良的心地、开心的笑声和对知识的渴望，也经常回忆起大山的伟岸、田野的广阔，山里的一切都仿佛刻印在脑海里，尤其是村民质朴的情感让小成无法忘怀，他深深地喜欢上了那里的一切。以后每年假期，他都自发地去支教，给山里的孩子送去知识，送去关怀和温暖。课余时间他和孩子们一起做游戏，给孩子们讲述自己的奋斗历程，讲述大山外面的世界，孩子们都非常喜欢和小成在一起，经常瞪着新奇的眼睛专注地听小成讲各种新鲜事，小成相信，这种成长的启蒙将会对孩子们起到重要的作用。小成付出的同时也有很大的收获，他从孩子渴望知识的眼神里看到了希望，从全村老幼对他的依依不舍中感受到了作为一名大学生身上肩负的责任，也感受了人与人之间的情感的链接，他觉得自己活在幸福里。

（四）幸福的第四层深度——更深度幸福

从积极思维角度看，如果说深度幸福考虑了人与人之间的和谐共处，那么更深度幸福在此基础上还考虑了人和自然之间的相处平衡。更深度幸福是指在积极思维的指引下，在努力适应环境的过程中，人对自然持续的敬重和保护，促进自然的生态平衡和人类的可持续发展，从而在较高的格局内获得幸福。例如在日常生产生活中，为保护生态环境，节约每一滴水、节约每一张纸、绿色出行、节能减碳。

人和自然之间不是简单的如何相处的问题，而是当人类没有和自然和谐相处，人类还能不能生存的问题，因此，人和自然和谐相处这种更深的幸福其实是幸福的逻辑起点。人类的生产实践活动如果遵循了自然规律，势必能够和自然和谐相处，如果违背了自然规律，势必会破坏自然界平衡，必然会受到自然界的惩罚。随着人类科技水平的不断提高，人类改造自然的能力也随之增强，但随之而来的是对环境的破坏也非常严重，当前，全球范围内的环境污染和生态不平衡现象尤其严重。人类在发展工业、农业以及在城市生活中有意无意间造成了大气污染、土壤污染、海洋污染、水污染、噪声污染等污染现象，自然资源遭到破坏，生态系统变得越来越不平衡。大量研究表明，癌症的一个重要的病因就是环境污染，比如大气污染对人体的呼吸系统、神经系统、消化系统等都有很大的负面影响，使得人类患癌的概率大大增加。大气污染还是造成强降雨的一个诱因，降雨量的增加使得发生山体滑坡、泥石流等地质灾害的可能性增大。大气污染同时引起气候的变化，比如使得大气温度增高，冰川融化，海洋面积加大，威胁地球生命的生存。极端天气不停地在夺去生命和文明。2017 年飓风季节是美国有史以来造成破坏最严重的一季——使得多米尼加等加勒比小岛屿发展中国家数十年的发展化为虚有，洪水致使亚洲次大陆数百万人流离失所，同时干旱加剧了非洲之角的贫困和移民压力，生态环境的恶化使得地球上的动植物的生存受到极大的威胁，因此，在与自然的互动过程中，人类最明智的做法是坚持科学发展观，在改造自然、利用自然的同时，不忘从长远的角度出发，时刻尊重自然、保护自然，实现人和自然界的和谐共存，实现人类的协调发展。

二、思维方式影响幸福的深度

伪幸福对环境有负向作用，浅度幸福对环境无影响，深度幸福和更深度幸福对环境有正向作用，如图 5—3 所示。

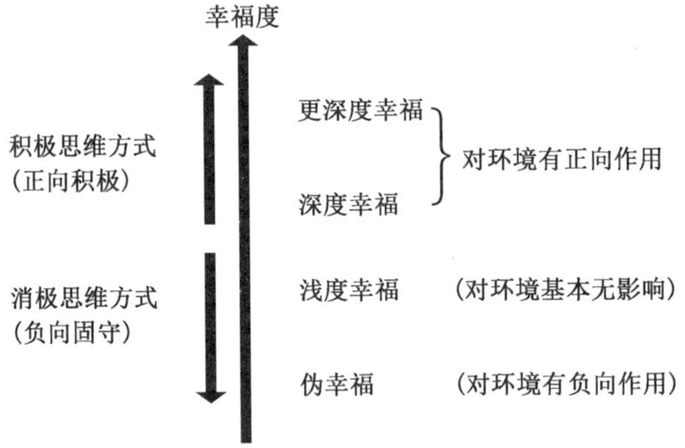

图 5—3　思维方式影响幸福的深度

消极思维方式使人负向固执、坚持己见,不宜沟通,容易和人争执,人际关系难免恶化,多数体会的是不能适应环境的痛苦。他们自己无法幸福的同时,也无法给到别人幸福,消极思维方式引导人们奔向伪幸福。

积极思维方式使人主动适应环境,把周围人当作朋友,从朋友那里汲取正能量,促进自身进步,根据环境的变化而适时调整策略,所以适应环境能力很强,这种适应能力也包括对失败事件的积极认知,具备积极思维的人会从失败中吸取经验教训,获得成长。积极思维有利于发挥主观能动性,在努力帮助别人进步中获得幸福,在主动创造性地改造世界中获得幸福。随着积极思维的不断强化,人的幸福度不断提升,如图5—3所示。

因此,人的幸福处于哪个深度与当下启用了哪种思维方式有关。如果一个人一直处于消极思维方式中,那么即便幸福也是伪幸福。思维方式引导人们在不同深度的幸福之间转换。积极思维方式促进人们从浅度幸福向深度幸福努力,而消极思维方式阻碍人们向更深的幸福发展。因此,人们的一个迫切的任务是有意识地识别自己的思维方式并努力提高自己,养成良好的思维习惯,不断增加幸福感,获得真正的幸福。

第五节　改变思维方式——追求真正幸福

思维方式一旦形成,就具有相对稳定性[①],然而改变总是必然的。哈佛大学教授本·沙哈尔说过"幸福是人生的终极目标",那么我们提升自己的一项能力就非常重要,这项能力就是使得未来持续幸福或更幸福以及把不幸变成真正幸福的能力。

一、自我觉察

当人感觉不幸福,很重要的一个原因是思维方式有待提高。改变思维方式可以从认知、情绪和行为三方面入手。认知、情绪、行为三者之间相互影响,人们重视某方面的提高时,如果也重视另外两个方面的完善,则会更有成效。比如,为了更幸福,人们需要积极地采取行动,有时候积极地行动能直接看到成效,有时候需要从认知和情绪入手。那么可以同时从三个方面思考如何调整以促成最

① 刘湘溶,罗常军.思维方式生态化及其现实价值[J].湖湘论坛,2010(3):6.

好的结果。下面举例说明：

事件：A公司计划将本公司的产品在某展会上进行宣传以促进业务的进一步开展，展会当天，经理带着几位员工正在展会大厅准备时接到同事小张的电话，小张焦急地告诉经理，昨晚孩子高烧紧急送往医院，在医院陪了大半夜，早上起晚了，不能按照原定时间到达展会现场。经理很着急，因为展会的一部分宣传材料在小张那里，小张不能及时到展会的话，展会的效果就会大打折扣。

积极行动：

- 询问小张是否能有更快捷的路径赶到展会现场。
- 询问在公司的同事是否方便尽快带资料到展会现场。
- 询问展会举办方是否有打印材料的设施，同时找到宣传资料的电子版。
- 确认现场是否有同事可以演讲公司宣传的内容。

如果经理没有采取积极的行动，而是焦急气愤(属于非理性情绪)、责怪小张(属于消极行为)，那么不仅可能影响两人的人际关系，而且问题也得不到解决。要解决问题，还需经理反思并做积极的努力：

1. 尝试获得合理的认知——改变思维方式

经理非理性情绪和消极行为来源于消极认知——“公司展会这么重要的事情，他应该按时到达现场”(信念)、小张没能做到，那么“他是不负责任的，是笨蛋”(想法)。此时，需要经理灵活地对待自己的信念，提出一些反问，如“小张无法准时，后果无法弥补吗?”“有没有补救措施?”“他这件事情没做好，他就是笨蛋吗?”“我认为应该按时到场，他就一定要按时到吗?”“我冲他发火能解决问题吗?”等等，也就是把原有的信念当作倾向，而不是绝对、唯一，如“公司展会这么重要的事情，他应该按时到达现场，但特殊情况也可能无法做到”。

认知是思维方式的核心，对一个人思维方式有直接的影响，“事件”的客观性使“观念”成为认知的关键，因此，首先改变不合理观念，进而改变认知，改善思维方式。

2. 尝试控制非理性情绪——改变思维方式

调整好的认知决定了经理的情绪趋于理性，在这个过程中，尝试控制非理性情绪也有正向的作用。控制当下的愤怒，可以先预估愤怒的代价，比如无法专心思考其他有意义的事、影响人际关系等，同时深呼吸或放慢呼吸来放松心情等。

对非理性情绪的处理也可以尝试如下办法：离开产生消极情绪的地方，拥抱大自然，或听听音乐，使人能够在平静的心境下理清思路，用理性的观念分析当前状况和应对方案；或者参与运动以及其他分散注意力的途径。

情绪一旦冷静下来，使人能更好进行理性思维，从而审视认知中不合理的观念，也就是控制非理性情绪可以间接地改善思维方式。

3. 尝试调整消极行为——改变思维方式

责备解决不了问题，要解决问题，还需要经理尝试和小张有效沟通，积极地寻求帮助、整合资源来缓解困境。

调整消极行为还可以从如下方面考虑：尝试采用与消极认知相反的行动方案来证实消极认知的错误、积极沟通以便确认对方的意图、建立良好的社会支持等，这样一旦获取好的结果，就会对原有认知有正向反馈，对调整认知和思维方式有积极的作用。

二、他人帮助

除了自我审视和自我调整，在思维形成或改变的过程中，别人的帮助也很重要。比如，亲朋的提醒、心理咨询师的援助以及来自教育的影响。就教育来说，家庭教育、学校教育和社会文化的影响不可低估，有时甚至起到至关重要的作用。包括童年时期即形成思维方式的早期，营造有利于积极思维方式形成的氛围有助于形成积极思维方式。另外，来自家庭、学校和社会的教育对一个世界观、人生观、价值观的形成也起到潜移默化的影响，从而影响了思维方式。

三、适应环境

为顺应社会发展，需要置身于社会，审时度势、积极求变、与时俱进，需要在适应环境的过程中调整思维方式，此时的社会环境是生动、真实的载体，是促进思维方式转变的客观因素，是培养积极思维方式的摇篮，人在此环境中冷静地观察，客观地分析，并采取积极的行动努力和思维方式对话、和社会环境互动，冲破束缚，获得成长，获得更深的幸福。

第六章　影响幸福的因素有哪些？

不同学派，对幸福的研究存在一些具体的差别。本章将分别从哲学、心理学和经济学三个角度讨论影响幸福的具体因素。中国古代哲学家的幸福观，我们已经在第一章进行了多方位的描述，中国古代哲学家的幸福观，有一些与西方哲学家相近的地方，例如儒家的道德观与古希腊哲学家的道德观具有一致的内容。下面在哲学影响因素的梳理中我们将跟随西方哲学发展的时间脉络进行归纳剖析；心理学研究也有众多流派，我们将从积极心理学研究角度剖析影响幸福感的主要因素，重点介绍 PERMA 理论；而经济学影响因素中，我们将分别从货币因素和非货币因素两个角度进行分析说明，与此同时，我们将利用经济学分析方法，利用全国微观数据，描绘出幸福中国人的"脸谱"。

第一节　哲学层面的因素

一、古希腊[①]

古希腊时期的哲学思想代表性人物有柏拉图（Plato）、亚里士多德（Aristotle）、安提斯提尼（Antisthenes）等，虽然他们有不同的哲学主流思想，但大部分人对幸福影响因素都有一定的共识。这些因素大都体现了社会正能量，是一些积极向上的因素，也体现了人的社会属性，以及社会人需要具有的品格。这一时期，幸福的影响因素主要可归纳为以下几点：

① 部分内容参照：维基百科：幸福的哲学，https://en.wikipedia.org/wiki/Philosophy_of_happiness。

(一)道德

道德,尤其是升华形成的美德是影响幸福的主要因素,哲学家们认为,拥有美德的人们能够获得幸福。柏拉图在《理想国》中,断言只有那些有道德的人才能真正幸福。亚里士多德也提出一个人要快乐就必须有美德。另有同时期斯多葛学派同样相信"美德足以使人幸福",他们认为有美德的人最终会成为"圣人"。用爱比克泰德(Epictetus)的话说,这位"圣人"拥有了美德,那么"病了也快乐,有危险也快乐,死了也快乐,流亡在外也快乐,耻辱也快乐",美德成为幸福的唯一来源。拥有道德尤其是美德体现了个人需要具备的社会属性。这与我国儒家对于幸福的定义是一致的。儒家思想认为一个人在道德和精神领域的快乐才是幸福的;是推广到天下之人的共同快乐。

(二)正义

正义是哲学上认为的第二大影响幸福的要素。哲学家们认为只有拥有正义的人们才能享有幸福,正义与美德一样是幸福的重要构成要素。正义可以来自很多方面,柏拉图在《理想国》中提到,个人履行社会职能而形成的社会正义是构成幸福的重要因素,而其他幸福的源泉——如休闲、财富和快乐,对幸福的影响则很小。因此,对于哲学家们而言,正义对幸福的影响不可或缺。社会正义体现了人作为社会人需要的品格,也是社会正能量的典型特征。

(三)行为

行为比道德和正义更为具体,但也有特定的内容。只有那些能够依照美德而展示美德的行为才能促进幸福。人类的行为可以成千上万,但只有那些体现美德展示美德的行为才能促进幸福,否则的话,对幸福也不会产生影响。因此,对于这一点,首先必须判断美德或者拥有美德,在此基础上产生的自发性的或者引致性的行为才是有助于幸福的。另有一些哲学家主张一种按照美德生活的禁欲主义生活方式,认为只有如此,才能获得幸福,例如犬儒主义的奠基人安提斯提尼(Antisthenes),以及伊壁鸠鲁学说的创始人伊壁鸠鲁(Epicureanism)等,他们都积极主张和提倡这种生活方式。

(四)其他(友谊,无政治参与等)

除了上面提到的各项内容,古希腊时期的哲学思想中还有一些其他被认为会影响幸福的因素。例如包括崇高的友谊,以及避免参与到政治活动中这样一些思想。这方面的代表性人物是伊壁鸠鲁学说创始人伊壁鸠鲁,他的哲学目标是达到一种心平气和的状态和免于恐惧的自由，以及没有身体上的疼痛。为了达到这些目的，伊壁鸠鲁极力主张一种禁欲主义的生活方式，拥有并给予高尚的友谊，同时也要避免参与到任何政治活动中。根据获得的一份纸莎草纸副本（菲洛德摩斯，1005），我们看到了伊壁鸠鲁提倡的获得幸福的四分法：①

“不要害怕上帝，不要担心死亡，好东西容易得到，并且可怕的事容易忍受。”

二、古罗马

这一时期关于幸福的影响因素大部分都归结到上帝。这个时期的哲学家大部分都赞成只有上帝才能找到幸福，因为他是幸福的源泉，而其中与上帝极其相关的是爱与善。圣奥古斯丁（St. Augustine）是古罗马时期一位早期基督教神学家和哲学家，他的著作影响了西方基督教和西方哲学的发展。代表作有《论人生》和《论学术》等，其中论述了幸福的概念。圣奥古斯丁认为，人类所有的行为都围绕着爱，而人类面临的主要问题是爱的错位，而上帝是幸福的源泉，只有上帝才能找到幸福。因此，如果一个人爱着上帝，那么关于他的所有其他之爱就会变得合理有序。

波伊提乌（Boethius）也是当时的一位哲学家，最著名的作品是《哲学的慰藉》。这部作品被认为对中世纪和文艺复兴早期的基督教产生了最重要的影响，是古典时期的最后一部伟大作品。这本书描述了许多主题，其中他讨论了在考虑幸福和上帝本质的基础上，如何在改变命运的同时获得幸福。他假设幸福是通过达到完美的善而获得的，而完美的善就是上帝。然后他得出结论，当上帝通过爱来统治宇宙时，向上帝祈祷和应用爱会带来真正的幸福

此外，Sextii 学派的创始人萨克提斯（Sextius）也是同时期的哲学家，他提倡要获得幸福，一个人应该吃素，每天晚上都要对良心进行检查，避免消费主义和参与政治活动。

三、中世纪

这一时期的思想综合了古希腊和古罗马时期哲学家的思想。这个时期哲学思想认为上帝是一切美好事物的源泉，幸福只有从上帝处得到，此外，古希腊时

---

① 出自菲洛德摩斯（Philodemus），1005，4.9－14。（Philodemus，Herculaneum Papyrus，1005，4.9－14）。

期认同的美德和智慧也是影响幸福的重要因素。

首先,他们认为美德和智慧是影响幸福的因素,幸福是通过培养一些智慧和道德、美德来获得的,这些美德使我们能够理解幸福的本质,并激励我们以可靠和一致的方式寻求幸福。但同时,这个时期的哲学家也认同上帝的重要性,认为最终的幸福在于与上帝的超自然结合。就其本身而言,人的幸福不包括财富、地位、快乐或任何被创造出来的好东西。大部分的商品都与幸福没有必然的联系,既然人类意志的最终目标,只能在上帝身上找到,上帝是一切美好的源泉。

埃一哈扎里(Al－Ghazali)是一位穆斯林神学家、法学家、哲学家和波斯血统的神秘主义者。他强调人只有通过运用上帝赋予人类的一种理性能力,才能将灵魂从世俗转化为对上帝的完全奉献,得到最终的幸福。根据埃一哈扎里的说法,幸福有四个主要组成部分:自我认识,对上帝的认识,对这个世界真实存在的认识,以及对下一个世界真实存在的认识。

四、近现代与当代

到了近现代和当代,哲学家的视角更加宽泛。并开始对前人的一些思想进行批判,这个时期的哲学家开始认同幸福是一种主观的心理状态,满足感因人而异。特别到了当代,人们对影响幸福因素的考量更加科学化,并且开始逐渐接受心理学和经济学的一些观点,有相互融合的趋势。

(一)私人领域

法国哲学家蒙田(Montaigne)提出,人们必须区分公共领域和私人领域,而一个人必须被允许在一个私人的生活范围内,在没有社会干预的情况下,才能实现一些特定的幸福。

(二)功利主义

英国哲学家、法学家和社会改革家边沁(Bentham),被认为是现代功利主义的创始人。他的观点有点接近经济学家的观点,他提出最道德的行为是产生最多效用的行为,这里效用的定义是在扣除所有行为的痛苦后的总快乐。因此,幸福是快乐的体验和痛苦的缺失。同时,边沁也批判了古希腊时期一些哲学家提出的,例如禁欲行为,这在道德上是错误的,因为这种行为本身不促进个人获得最大幸福。

(三)时间与民主

德国哲学家叔本华(Schopenhauer)还把快乐和时间关联起来,他提出当时间过得快的时候我们感到快乐,当时间过得慢的时候我们感到悲伤。

弗兰克(Frankl)是奥地利的一位神经学家、精神病学家、大屠杀幸存者和语言疗法的创始人。他的哲学围绕着对意义、苦难的价值和对比自我更重要事物的责任的强调。他极其倡导民主的重要性,认为人们只有生活在民主的环境中,才能感受到真正的幸福。"美国文化的一个特点是,人们一次又一次地被命令和命令去'快乐'。但幸福是无法被命令追求的,它必须接踵而来。一个人必须有'快乐'的理由。"

第二节　心理层面的因素

一、传统理论

这一部分主要介绍积极心理学的一些观点,尤其是美国宾夕法尼亚大学教授塞利格曼(Seligman)所提出的真正的幸福(Authentic Happiness)观点(Seligman and Royzma, 2003;Seligman, M. E. P. 2002)。在真正的幸福提出之前,通常认为心理学方面关于幸福主要有三大传统理论:

(一)享乐主义理论(Hedonism Theory)

在它的所有变体中,该理论认为幸福是一个原始的主观感觉的问题:快乐的生活使快乐的感觉最大化,痛苦最小化。这一理论的现代概念根源于边沁的功利主义(边沁,1978),这种思想在当时的好莱坞娱乐界传播,在美国消费主义中表现粗俗。这一理论的主要来源是人们趋乐避苦的欲望,因此也引来一些批评。而这些批评多来自对此理论的误解。实际上,享乐主义理论的最高梦想是实现最美好的生活,实现上等的幸福的生活,它有积极正面的特点。

(二)欲望理论(Desire Theory)

欲望理论比享乐主义更具有包容性。欲望理论认为幸福是得到你想要的东西的问题(Griffin, 1986),也就是你的欲望是否被实现的问题。如果我们的欲望是想要大量的快乐和很少的痛苦时,此时欲望理论即包含了享乐主义。所以,欲望理论可以解释为享乐主义,而其囊括的范围又大于享乐主义理论。一个极端的例子，如果一个人的欲望是经受挫折，那么他的欲望被满足之后，便是幸福的，但这与享乐主义的思想完全背道而驰。因此，享乐主义和欲望理论也常有分歧。享乐主义认为快乐胜过痛苦是幸福的秘诀，即使这不是一个人最想要的。欲望理论认为，无论快乐多少(或不快乐多少)，欲望的实现都有助于一个人的幸福。欲望理论的一个明显优势是它可以理解维特根斯坦(Wittgenstein)：他对真理、光明、斗争和纯洁的渴望远胜于快乐；根据欲望理论，他的生活是“幸福的”，因为他比大多数人获得了更多的真理和启发，尽管他比大多数人经历了更少的快乐和更多的痛苦。

(三)客观清单理论(Objective List Theory)

客观清单理论(Nussbaum, 1992; Sen, 1985)提出主观感觉之外的东西才是快乐的源泉，人们的快乐是基于实现现实中“真正有价值”的东西，这些东西类似于一张“客观清单”。该理论认为幸福是一个人的生活，从一系列有价值的追求中获得某些东西：这些东西可能包括事业、成就、友谊、荣誉、健康、美丽、教育、爱情、知识和良知等。想想成千上万被遗弃的儿童生活在安哥拉首都罗安达的街头。正如《纽约时报》告诉我们的那样，“他们(流浪儿童)穿着破衣烂衫，在海湾边的沙滩上过夜，白天在成堆的垃圾中寻找食物。”从享乐主义或欲望理论的角度来看，他们的存在似乎是主观的“快乐”，他们的存在，被满足暂时的需求、冒险、随意性行为等所占据。但我们不愿意把这种存在归类为“快乐”，而客观清单理论告诉我们原因：这些孩子被剥夺了许多或大部分的东西，这些东西会出现在每个人的生命中值得拥有的清单上。

二、真正的幸福

上述三个传统理论提出了三种截然不同的幸福：愉快的生活(快乐)、美好的生活(欲望满足)和有意义的生活。前两种是主观的，但第三种至少在一定程度上是客观的。在此基础上，积极心理学家塞利格曼提出了真正的幸福。真正的幸福综合了这三种传统理论：快乐的生活是享乐主义意义上的幸福；美好的生活是欲望意义上的幸福；有意义的生活是客观清单意义上的幸福。最重要的是，真正的幸福进一步允许“完整的生活”。什么是美好的幸福生活？它是愉快的(P)，积极的(E)，有联系的(R)，有意义的(M)，有成就的(A)。塞利格曼把它称为PERMA理论，他认为人类的繁荣是建立在五个支柱之上的，如图6－1所示。

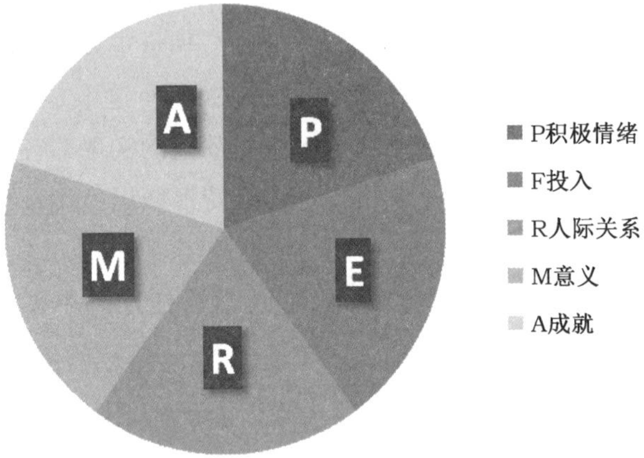

图片来源：积极心理学 Perma 模型，https://positivepsychologyprogram.com/perma-model/。

图 6－1 PERMA 模型

（一）积极情绪（Positive Emotion）

这里的快乐不仅仅指脸上露出的笑容，更是指一种乐观的心态，一种积极向上的情绪。保持乐观的心态，积极向上的情绪，有利于获得幸福。告诉自己无论是对现在，还是过去和未来都要抱着一种乐观的心态，即所谓的"笑看人生"。在我们的生命历程中，会遇到各种各样的事情，有的事情令人振奋，有的事情令人沮丧，有的事情让人如入天堂，有的事情如同遁入地狱，无论什么情况下，始终保持一颗积极向上之心，一颗乐观之心，幸福终有一天将来敲门。在影响幸福的五大因素中，达到快乐境界，保持乐观心态是首位的。

（二）投入（Engagement）

想获得幸福的生活，投入是必不可少的第二大要素。当然前提条件是找到能够使我们全身心投入的活动，无论这项活动是大是小，重要的或是不重要的，只要我们选择并参与，全身心的投入，这不仅有利于我们达到目标，更有利于我们体会幸福。当我们全身心投入到所选择的活动时，对于我们的学习和成长都是十分有益的。这也为个人幸福感的获得创造了前提条件。需要强调的是，这里我们并没有特指某项具体的活动，因为个体的差异性导致其选择投入活动的差异性。例如喜欢安静的 A 小姐选择幽静的咖啡馆看书便可以全情投入获得幸福感，而喜欢热闹的 B 小姐与三五好友去酒吧纵情欢乐也能获得幸福感。但是如果把A小姐和B小姐所在场景和活动互换,则两人都无法得到满足,更无幸福可言。活动的选择范围又具有极大的广泛性,无论是看书、跳舞、演奏乐器、公益活动、乃至是个人的工作,甚至是什么也不做仅是静静地思考都属于适当的活动。只要是个人喜欢的,就可以选择去尝试,当然任何活动都应该是指法律法规允许的框架,违法犯罪的活动自然不可以去做。全身心投入地去从事一项活动,有利于达到幸福,同时也能带来一些积极的副产品,例如活动对于拓展我们的智力、技能、乃至情感能力都是重要的。

(三)关系(Relationships)

人际关系和社会关系是生活中最重要的方面之一,良好、友善、和谐的人际关系也是达成幸福的基本条件之一。亲情、友情、爱情是必不可少的,而社会场所中的人际关系也需要妥善处理。人类是群居动物,依靠与他人的联系、爱、亲密以及强烈的情感和身体互动而茁壮成长。与你的家人、兄弟姐妹、同伴和朋友建立积极的关系对于获得爱和幸福是极其重要的。牢固的人际关系会在困难时期给你强大的支持,无论是精神上的还是物质上的支持,帮助你渡过难关。因此,一个幸福的人应该也是一个能够妥善处理人际关系的人。普林泰(Printein)博士在介绍他的流行心理学课程时指出:有研究表明,当我们处于孤立的危险中时,大脑中的疼痛中枢会被激活。这是因为,从进化的角度来看,隔离是我们为了生存所做的最糟糕的事情。说明在生活中与人保持良好的关系是十分必要的,否则只会陷入痛苦。在所有的人际关系中,与家人的关系显然是最为重要的。如果一个人与家人都无法和谐共处,那么与其他关系不够亲密的人的关系就更可想而知了。

(四)意义(Meaning)

我们首先需要确定一个目标,而且是一个有意义的目标,实现有意义的目标,是能够达到幸福的重要保障之一。总体而言,有意义的目标设定因人而异,小到个人工作,大到社会服务,个人只要认为这是有意义的事情,那么完成了就能达到幸福。这也是为什么这个世界上每个人的活法不一,但都能实现幸福的原因,因为对于每个个体而言,有意义的事情各不相同。有意义的生活,才能给人们提供积极生活的理由。当然,有意义的生活绝对不是单纯的追求享乐和物质财富,这样的追求只会让人精神空虚。例如一些人沉迷网络游戏,不分白天黑夜的“作战”,最终甚至影响到个人正常生活,这样没有意义的生活是绝对要不得的。因此，在从事任何活动之前，个人都需要首先辨别是否有意义。还有一些人，实际在从事有意义的事情，但是自己却没有意识到，如果可以帮助他们寻找活动中的深刻意义，也将有利于帮助他们快乐生活。

(五)成就(Accomplishment)

在生活中有明确的目标和雄心壮志可以帮助我们实现成就感。这又涉及设定目标的问题，前面我们说到你制定的目标须是有意义的，而与此同时，你制定的目标也应该是切实可行的。当你付出努力去实现这些目标，当你最终实现这些目标的时候，你就会有一种满足感，一种自豪感和成就感会油然而生，这也是形成幸福生活的重要特征之一。在生活中取得成就对于推动我们茁壮成长是很重要的。有成就感的事情不一定必须是重大的事情，即使生活中的小事也能带来成就感，例如帮助孩子解决数学难题，给许久未见的父母做一次饭，捡起地上的垃圾等，虽然这些事情不够轰轰烈烈，却也能给人带来成就感，所以也是幸福生活的要素。

第三节　经济层面的因素

经济学研究中普遍认为客观实际因素是影响幸福的主要内容。这些因素大多数都看得见，摸得着，他们的变化影响个人的主观幸福感。但最近几年，经济学家们也开始渐渐认同心理因素对幸福的影响，只不过经济学上，我们更强调客观目标。与此同时，我们的幸福感不仅受到这些客观目标绝对状态的影响，我们的幸福感也受到它们相对状态的影响。甚至在一些时候，相对状态比绝对状态更有影响力。相对状态可以来自纵向比较也可以来自横向比较。下面我们分别从货币因素和非货币因素两个角度来了解一下经济学中的幸福影响因素(陈秋玲等，2015)。

一、影响幸福的货币因素

(一)个体角度：收入

古希腊七贤之一的梭伦，将“有中等财富”视为幸福应具备的五个要素之首，可见在古代，收入对幸福便有重要的意义。从古至今，收入在个人的幸福方程里始终占据重要的地位，由于收入是个人生活的基本保障，因此，幸福方程中收入不可或缺。然而随着温饱的满足，收入越高，个人的幸福感就越强吗？

对法国、日本和美国等发达国家国内居民收入与幸福感关系的一项跟踪研究表明，尽管在最近 50 年来这些国家的居民收入有了迅猛的增长，但是幸福水平却相当稳定。绝大多数国家的研究都显示，居民的收入与幸福感之间没有显著的线性关系，而是呈现倒 U 形关系，也就是说个人幸福感随着个人或者家庭收入的增加，一开始正相关，当收入达到一定金额后，随着收入的增加，个人幸福感反而下降。据英国《太阳报》报道，在对10 000名工人和5 000个家庭进行的调查中，自称“最幸福”的英国人每周平均只挣 255 英镑，从收入来讲这也属于英国的小康者。

中国居民的情况也不例外。收入较低时，个人的基本需求得不到满足，自然是不幸福的，而收入太高，可能是以牺牲闲暇为代价的，个人也觉得幸福感不高。

专栏 6－1

熬夜加班换来的血汗钱能增加幸福感吗？

很多人尤其是年轻人，会因为各种原因牺牲休息时间加班熬夜，由此获得收入的提升。小荔是这类人群的典型代表，他毕业不久，进入一家心仪的会计师事务所工作。单位为员工提供高额的加班补贴，为了过上“更好的生活”，小荔一个星期大概有 4 天都要加班到很晚才回家。当收到工资到账提醒，小荔看着高额的工资，心中的幸福感却是淡淡的。原来，并不是收入越多，个人就感觉越幸福。幸福还取决于很多其他因素。西南财经大学的《国民幸福报告》也为这种现象提供了解释。来自此份研究报告，反映了小时工资与个人幸福感的关系，他们研究发现，小时收入在 20～30 元幸福感是最高的，收入太低或者太高对幸福感的影响反而是不利的(见图 6—2)。

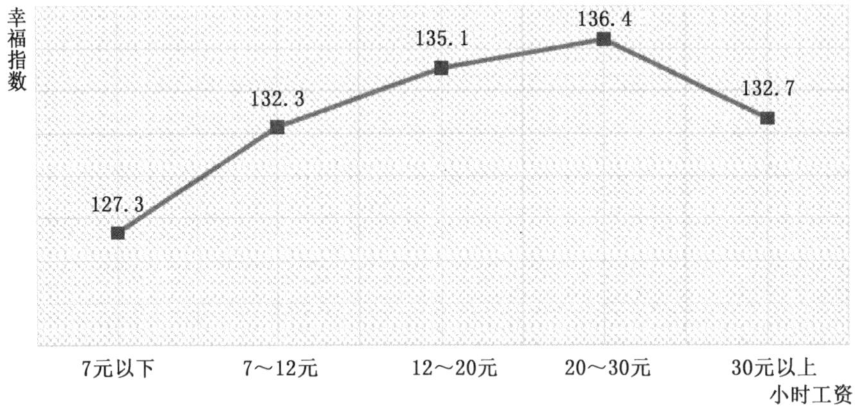

图 6－2　小时工资与幸福指数

(二)宏观角度

1. 经济增长

伊斯特林的幸福悖论，即来自对不同国家 GDP 与国民幸福关系的研究发现，幸福感随着收入的增加先上升后下降。幸福悖论后来被许多的学者所证实，在微观领域也有很好的应用体现。改革开放四十年，中国经济经历了前所未有的发展阶段，1978 年，中国的国内生产总值为3 600亿元增长到 2018 年的827 000亿元，增长了约 230 倍，然而，在经济增长的同时，中国居民的生活满意度却没有呈现出相同的趋势。通过对世界价值观调查(World Value Survey，WVS)数据分析发现，中国居民的生活满意度得分从 1990 年的 7.29 分下降到2007 年的 6.67 分(1～10 标度)。这进一步说明，从动态时间趋势上比较，中国存在"幸福悖论"现象。而从省际差异来看，一般而言，最为发达一线城市其幸福感往往不是第一位的，这一定程度上说明在省际差异上中国也存在着"幸福悖论"。

专栏 6－2

收入—幸福之谜

收入—幸福之谜也即幸福悖论，又称伊斯特林悖论，传统经济学家认为个人的幸福感与个人财富或收入水平是正相关的,个人积累的财富越多,他所能够获得的幸福感也就越强。主观幸福感在经济学中应用时,常常将其等同于效用(Utility)。个人的总效用主要取决于消费者所消费的商品量。因此随着财富的积累,个人的消费能力增强,消费者能够购买更多的商品,进而提高消费者的效用水平,这也意味着个人能够获得更多的幸福感。

这个观点受到了挑战。伊斯特林(Easterlin,1974)提出了财富悖论,他察觉到财富与效用并不是简单的线性关系,而是存在一种倒U形的非线性关系。开始的时候,人的财富积累水平低,这时随着收入的提高,他们有能力购买更多的消费品。因此,在这个阶段伴随着财富的积累,个人的主观幸福感是增加的。但是,当个人财富积累到一定程度后,随着收入的进一步提升,个人的主观幸福感反而是下降的。这就是著名的收入—幸福之谜。

2. 通货膨胀

通货膨胀是各国宏观调控政策关注的重要目标,评估通货膨胀的社会福利成本也是经济学者注重之处。幸福经济学的出现,丰富了解释通货膨胀福利成本的方法。但以居民幸福感来计量,通货膨胀的福利成本究竟有多高呢?有国外资料显示(12个欧洲国家的数据),通货膨胀显著降低了居民幸福感,通货膨胀率上升1%,居民幸福感将下降0.33%。关于中国的研究显示,中国的通货膨胀率上升1%,国民幸福感将降低1.13%左右(陈刚,2013)。通货膨胀通过物价上升的形式极大地削弱了老百姓的购买能力,与此同时,人们也会普遍感觉国家的威望被削弱,从而使得幸福感降低。

二、影响幸福的非货币因素

(一)个体角度

1. 年龄

年龄与幸福感的关系,就像是在寻求人最幸福、最快乐时刻的答案,即青年时期、中年时期、老年时期,哪个阶段最幸福?从研究历程看来,经历了线性关系到非线性关系,现在主要存在两种主流看法:U形关系和倒U形关系。幸福经济学开创人物Easterlin在2006年利用美国数据研究生命周期的幸福模式,得出美国居民在中年时期相比青年时期和老年时期更加幸福，即倒 U 形关系。但纵观我国幸福感和年龄的关系大都趋向于“U”形，即相对中年时期，青年时期和老年时期更加幸福。两者之间的差异是由于社会制度、人文思想和风俗习惯不同所致。中国居民的 U 形关系更加符合中国的国情。人们在青年时期拥有来自家庭、社会的保护，生活中也无所拘束、自由自在，从而具有较高的主观幸福感；但随着年龄的逐渐增大，人们所面临的压力和责任也随之增多从而使得主观幸福感不断下降；当人们步入中老年人的行列，他们就有来自子孙辈给予的幸福感，社会和政府机构给予的优先待遇，从而主观幸福感会在这个时期达到较高的水平。

2. 性别

性别与幸福感的关系几乎不存在争议。相对于女性，男性的幸福感要略低，这由两方面的因素决定：社会分工与情感体验。我国传统的“男主外，女主内”等思想观念导致男女分工明确，男性在社会和家庭中要承担更多的责任、面临更大的压力。同时，男性在情感体验上没有女性敏感、细腻，则幸福感的边际效用也较低，结合社会分工和情感体验的综合作用，不难得出男性往往没有女性那样幸福。

3. 婚姻

婚姻与幸福感的关系，一直是众人茶余饭后闲聊的话题，婚姻与幸福仿佛是一对被捆绑在一起的双生子，有了婚姻，就离不开谈论幸福，同样有了幸福，也不免会提起婚姻。毫无疑问，婚姻生活对个人的幸福感有很重要的作用。“男大当婚，女大当嫁”，这是中国成家立业的传统文化，那么婚姻中的情感体验究竟是什么呢？婚姻给伴侣带来的不仅是经济物质上的支持，还有心灵上的慰藉。因为婚姻是一个人缓解生活压力的港湾，夫妻之间减少了孤独感，增加了自尊和情感的沟通，婚姻对幸福感有正向的作用，但是事实上真的这样简单吗？人们带着“幸福美满，白头偕老”的憧憬步入婚姻殿堂，但是婚后面临着源源不断的压力，例如：柴米油盐、生儿育女等，使他们最初的爱情梦变质变味，这不免有人提出婚姻是幸福的来源还是幸福的坟墓？根据现有研究，平均来看，男性在婚后的幸福感显著提升，而女性则提升不显著甚至较婚前下降。

4. 健康

健康与幸福感显著正相关。身体健康是个人从事各项活动的根本，健康也是一项极为重要的人力资本。在某种程度上,健康甚至比知识更为重要。没有健康的体魄,则不可能进行任何理想的学习与工作,可能将面临一事无成,幸福感自然不会高。而有了健康的体魄,人们可以自由的展开理想的蓝图,幸福感自然就提高了。北欧的丹麦、芬兰、挪威、瑞典作为世界上幸福感名列前四的国家,无论一天中何时,当你漫步在街头,会看到穿着轻便服装跑步、遛狗的人比比皆是,锻炼身体、关注健康是他们生活的重要组成部分,更是他们幸福的源泉。对我国居民的研究也显示,健康与个人幸福感显著正相关。

5. 时间配置

个人效用函数中最重要的两个因素是收入与闲暇,而收入需要通过工作获得,但是工作时间和闲暇时间之间存在需要权衡的关系。由于每天的时间是有限的,因此,必须合理配置工作和休闲的时间,才能使个体获得最大的效用。要合理配置时间,个体必须对不同事件给自己带来的效用有清晰的认识。与此同时,休闲时间如何分配也极其重要。是进行纯耗时型休闲,还是社交型休闲,或是学习型休闲,也需要进行合理的配置,不同休闲活动带来的幸福感也会因人而异。

(二)宏观角度

1. 社会关系

赫尔曼(Heinrich)说:“只有当其他人也参与享乐时,大多数快乐才会变成真实的快乐。”中国是集体主义文化的代表。在集体主义文化中,个人必须时刻保持和他人的协调(如服从他人的需要和期望),这有利于使他们体验到更高的主观幸福感。也就是说,对个体而言,良好的社会关系可以提高他们的幸福感。只要生活在社会中,每个个体就都是社会人,社会人必须要与其他个体之间具有联系,通过相互联系获得更多的社会支持,进而拥有更高的幸福感。需要强调的是,这里的社会关系必须是区别于泛社交形式的社会关系,是有效的社会关系。

2. 生活环境

人类是自然界长期发展和进化的结果,我们的生活环境对我们的幸福感有着重要的影响。人有“生物自卫”性,与自然界其他生物体紧密相连。良好的环境能够帮我们减少焦虑和绝望的情绪,让身心达到良好的状态。人的生活环境包括很多方面,例如空气、水、噪音等等,这些东西都与人的日常生活密切相关。

在青山绿水与秃山黑水之间，没有人会选择后者，这说明每个人都会重视自己身处的环境，优质的生活、学习、工作环境都是我们理性个体所向往的。因此关注环境问题，不仅仅是可持续发展理论的要求，也是为了维持生态平衡并为后代留下足够的发展空间，更重要的是保障我们当代人的幸福生活。

3. 社会公平

在中国经济社会体制转轨过程中，区域发展、经济分配、机会获取等方面的不公平问题层出不穷，成为典型的社会发展不公平问题，这些不公平影响到了居民对自身幸福感的感知。如果只关注经济领域的发展而忽视了整个社会发展的真实现状，重效率轻公平，忽视居民真实的生活感受，必然会导致发展的片面化，人民的福利无法得到整体的提升。社会公平极大地影响着居民对社会的满意程度，从而影响着社会的稳定团结，如果居民对社会公平程度评价较低，社会风险会从这一群体中产生，在合适的外在条件下可能演化为激烈的矛盾冲突，不利于经济进步和社会发展，社会福利水平也得不到应有的保障，人们会感觉不幸福。

4. 社会保障

社会保障是国家依法强制建立的，具有国民生活保障和社会稳定的功能；在中国，社会保障应该是各种社会保险、社会救助、社会福利、军人保障、医疗保健、福利服务以及各种政府企业补助、社会互助等社会措施的总称。它保障着居民老有所养、病有所医、困有所靠。保障缺失必然导致一些不利于生活的障碍出现，会影响幸福感。因此，社会保障实际保障着人们幸福的底线。

5. 民主权利

民主、法治、人权是人类共同的政治理想，也是当代中国政治文明建设的基本内容，自人类社会进入近代以来，民主作为一种政治价值已逐步得到普遍的承认，实行民主已成为世界性潮流。民主权利以民主的知情权、言论权、参与权、监督权、选举权和被选举权等民众的公共权利为内容。有研究显示，广泛的政治权利和民主的政治程序对公民的幸福水平具有直接影响作用，公民的政治权利越广泛，行使权利的方式越直接、效果越直观，公民的幸福水平就越高。

三、幸福中国人面面观

(一)数据统计分析

为了更客观的了解上述不同因素对主观幸福感的实际影响，理论联系实际，下面将通过经济学实证模型来进行研究检验。利用CGSS(中国综合社会调查)最新一年的数据(2015年),运用有序Logit模型来讨论分析。数据可得的影响幸福感的主要因素有个体的年龄、性别、教育水平、政治面貌、工作状态、健康情况、婚姻、户籍、社会保险、拥有住房的情况、经济地位、收入状况等。具体变量说明见表6—1。

表6—1中还给出了各主要变量的平均值特征:家庭平均收入水平为1.5万左右,样本中绝大多数个体已婚,平均受教育年限接近义务教育水平,平均年龄49岁,一半以上的样本有工作,43%的个体具有非农户籍,94%的个体参加社会保险。

表6—1　　主要变量说明

变量名称	变量定义	均值
幸福感	主观幸福感:0,不幸福;1,一般;2,幸福	1.704
收入对数	家庭人均收入的对数	9.563
男性	二元变量:1,男性;0,女性	0.469
单身	二元变量:1,单身(包括已婚分居);0,有配偶(包括未婚同居)	0.134
教育	受教育年限	8.260
年龄	年龄	48.823
党员	二元变量:1,加入中国共产党或民主党派;0,其他	0.104
工作	二元变量:1,有工作;0,无工作	0.577
户籍	二元变量:1,非农户籍;0,农业户籍	0.432
住房	拥有住房类型:0,租房;1,私房;2,购房	1.349
保险	拥有社会保险(养老或医疗):1,有;0,无	0.938
社会经济地位	本人及家庭的社会经济地位属于:1,上层、中上层;2,中层;3,下层、中下层	2.655
地位变化	与三年前相比,你的社会经济地位是:1,上升;2,差不多;3,下降	1.756

(二)幸福中国人脸谱

图6—3是运用有序Logit模型分析幸福感影响因素的回归结果。整体上看,各主要变量对主观幸福感影响都较显著。货币因素中主要考察了收入(家庭人均收入的对数)的一次方以及二次方变量对幸福感的影响。在回归结果中,可以看到收入与主观幸福感存在显著的倒U形关系,符合伊斯特林悖论即随收入的增加,主观幸福感也在增加;但到达临界值后(22 471元),收入继续增加,主观

幸福感反而会降低。这符合幸福悖论理论，也符合边际效用递减理论。收入最初带来的心理满足感远远大于其他因素，但是当收入到达一定水平后，人们开始追求高质量的生活方式，此时闲暇等其他因素边际效用要高于收入，因此不愿放弃闲暇等其他因素来换取收入进一步地增长。就业状态显示没有工作者要比工作者幸福，而且比较显著。这跟现代社会中就业不公平现象、就业制度不完善等有内在的关联。

从基本个体特征来看，年龄与幸福感呈现 U 形，即随着年龄的增长，个人的主观幸福感呈现先下降后上升的趋势，拐点在 45 岁左右；男性的幸福程度不如女性，社会分工及社会责任给予男性更多的压力，男性在社会生活中扮演着更加重要的角色；受教育越多，主观幸福感越高，教育能够同时积极地提升精神世界和物质世界；加入中国共产党或民主党派的个人主观幸福感更高，具有政治信仰也是重要的；“身体是革命的本钱”，在今天表现为健康是幸福的主要来源，人们身体健康，则在家庭、社会中的自信心较高，幸福感也高；有配偶（包括未婚同居）人士的主观幸福感显著高于单身人士（包括已婚分居），说明家庭归属感或者亲人的陪伴对提高个人主观幸福感是非常重要的；城市环境、工作压力、房价居高不下迫使大量人群逃离城市，这群人深感城市里生活不如农村自在和幸福；对于租房，拥有私房或者购房对个人主观幸福感的作用，购房的幸福感明显更强，受中国传统观念的影响，房子代表了“家”，家是稳定、和谐、温暖和安全的家园，有了房子，就有了幸福的港湾。

社会比较对个人主观幸福感具有重要影响，个人和家庭的社会经济状态无论从横向比较还是纵向比较上对个人的主观幸福感均有重要的影响。个人及家庭的社会经济地位属于上层或中上层，则主观幸福感更高；与三年前相比，社会地位“上升”的个体，其主观幸福感也更高，社会地位的相对改善，有利于主观幸福感的增强。此外，幸福感的区域差异明显存在，生活在东部地区最幸福，而生活在西部地区幸福感最低。

综上所述，幸福中国人的面孔是：处在年富力强的青年时期，或者生活安逸的老年时期，身体健康、有党派身份、有社会保障、已购房或有私房、家庭社会经济地位在当地属于中上层、或较之前有明显上升、生活在中国的东部、有配偶的高学历女性，且其家庭人均收入约为22 500元左右。[①]

① 从经济学角度来看，每个特点都是在其他因素不变的情况下得到的。

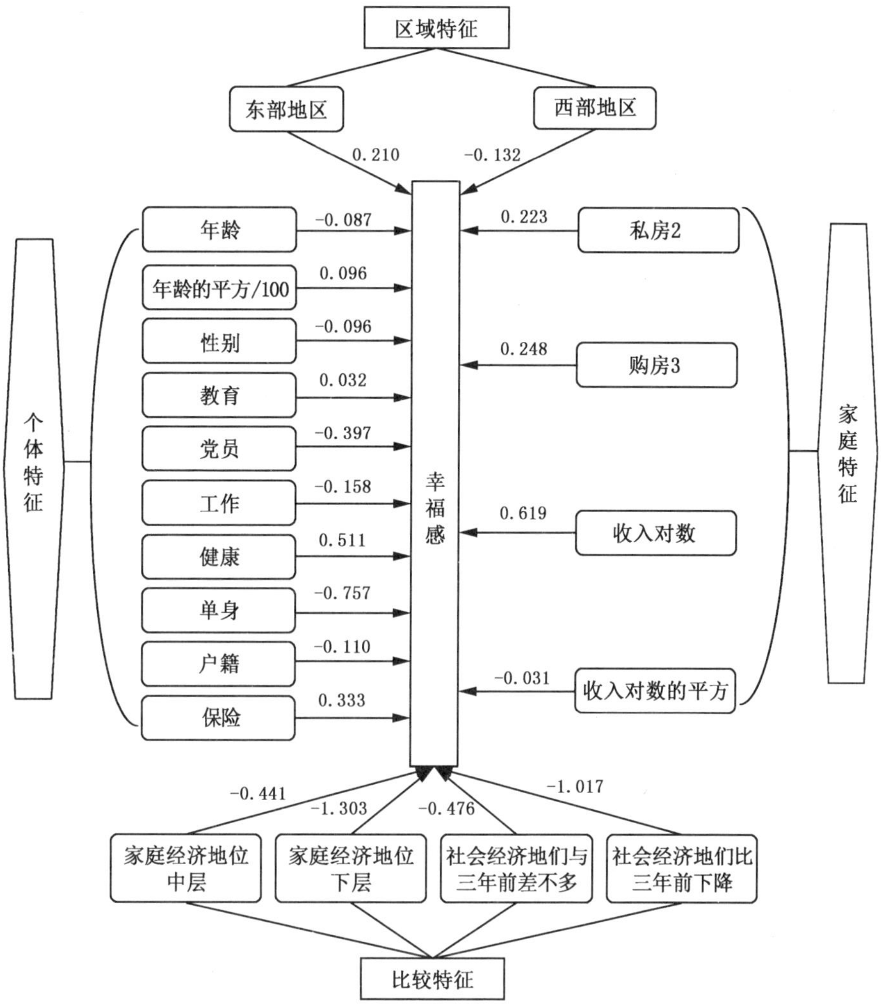

图 6—3　幸福影响因素有序 Logit 模型分析结果

第七章 “空心病”现象存在吗？

“空心病”现象的提出，引起了社会的高度关注，也折射出部分青少年全体缺乏生活意义感与动力的问题。本章通过对“空心病”现象的特征描述、学理探讨及其造成的负面影响来展现出其全貌，并围绕“空心病”现象的产生原因提出若干可能的应对之法。

第一节 “空心病”现象的特征

“空心病”现象主要是指部分青少年群体缺乏自我价值感、人生意义感以及生活动力的状态，由于这一状态涉及价值观与心理，顾而也可理解为因“价值观缺陷所致的心理障碍”。

那么，“空心病”现象存在吗？其根源何在呢？

专栏 7－1

你有“空心病”吗？

请结合以下内容，来看看自己符合几条。

1. 我会感到沮丧，缺乏兴趣和缺乏快乐。但这些情绪表现并不非常严重和突出；

2. 我会有强烈的孤独感和无意义感。这种孤独感来自这样一个事实：与世界和周围的人没有真正的联系，所有的联系都变得非

常虚幻;

3. 我不知道我为什么活着,也不知道生活的价值和意义是什么。即使我得到我想要的东西,我的心仍然空虚,我有一种强烈的无意识感;

4. 我有较为良好的人际关系,但我非常在意别人的看法,希望在别人心目中建立良好“人设”,但做得非常辛苦且疲惫不堪;

5. 我有强烈的自杀念头,这种自杀念头并不是因为现实中的困难,痛苦和挫折;

6. 上述问题不是一两天;

7. 针对以上这些问题,我尝试过传统心理治疗,但疗效不佳。

如果上面七条你都符合,那很不幸,你可能就存在“空心病”现象。但幸运的是,我们将要共同开启一段探寻“空心病”现象之旅,让我们一起发现:什么是“空心病”现象?其所表现出的主要特征有哪些?其严重后果有哪些?

一、“空心病”现象的阶段性探讨

“空心病”现象一词在网络传播后引起了舆论热议,根据中国教育舆情监测系统显示,2016年11月28日~12月4日这一周,关于“空心病”的话题,舆论已发酵成为一个热点。围绕此事件设定的情绪占正面信息的14.68%,负面信息的60.09%和中性信息的25.23%。在信息来源方面,微信资源排名第一,占45.19%。随着“空心病”一词的提出,无论是网络舆论还是学术研究均对青年群体精神世界现存的问题进行了讨论。

(一)“空心病”现象的阶段性网络舆论

通过网络进行文章检索后,发现关于“空心病”现象的网络舆论主要呈现出三种倾向:

一是对“空心病”现象涉及群体人数之多表示震惊,并呼唤社会、学校及家庭做好相关教育及引导工作。在名为《中国青年的空心病,为什么心理学的道路变得越来越狭窄?》或《是谁掏空了中国精英大学生的心》等文章中,一方面引用钱理群教授在“《理想大学》专题研讨会”上的发言(谢湘、堵力,2012),将“空心病”现象归因于学生个体“想要成功的精致的自我利益”,而造成这一问题的则是社会、学校及家庭；另一方面也将矛头直指中国“最高学府”，而高校学生则表示学校“没给我们空心病，而是教我们活成自己希望的样子”。

二是对“空心病”现象的研究数据表示质疑，并反对其随意提出的疾病名称。名为《空心病：我不是想要去死，但我不知道为什么活着》《被孤独感、无助感包围，不知道为什么活着，你可能得了“空心病”》或《“空心病”到底是不是病》等文章中，对调研数据有所质疑，同时也表示“‘空心病’，严格说来并不在专业的精神病名单上”，但可解释为“习得性无助”“无动力状态”、2.0 版本“过渡迷茫期”或“价值观缺陷所致心理障碍”等心理学的公认名词。若随意地提出其为一种病症，不仅无法采取有效的治疗手段，也存在着随意“贴标签”之嫌。

三是对“空心病”现象背后所反映出的问题进行归纳，以“青年价值观”的冲突与调试进行深入解读（范雷，2017）。在网络舆论爆发的初期，《中国青年报》于 2016 年 11 月 29 日在“青年话题”专版进行了讨论，在《空心病：在枷锁中迷茫》一文中认为“改变社会对年轻人的过分期待与僵化的价值评价，才是对‘空心病’最好的治疗”；在《我不想活在所谓优秀的固定标准里》一文中表示“摇滚与美拯救了我的‘空心’”；而在《寻找人生意义不要落入虚无的陷阱》一文中认为“学校、家庭和学生们应该关注生命意义的教育”，而“研究和发现人生的意义，不能停留在认知的解读和回答上，也不能停留在奋斗的目标和价值观上，它一定要和我们的感受、感觉和感情联系起来。当我们对人生意义的认知解释、价值目标和感情体验三者完美统一起来之后，我们才真正找到了人生的意义。”而后，《中国青年报》于 2017 年 4 月 17 日在“思想者”专版以《告别“空心病”：青年价值观再探》为题，对“空心病”现象进行了讨论，并希望通过外部环境的改变来减轻青年群体价值观自我调适的压力。

综合以上，网络舆论在讨论“空心病”现象的基本趋势表现为：从最初的民众震惊甚至恐慌，到官方媒体的正名与解读，再到最后趋于理性的讨论。“空心病”现象的提出虽有“夸大化”与“标签化”，但却让民众与青年自身能够认识到这一现象，并能理性对待这一无意义感的状态。

（二）“空心病”现象的阶段性学理探讨

“空心病”现象可以描述成一种消极的心理状态：有些像抑郁症，常常感到失去兴趣与缺乏快乐，如果你去精神病院，你也可能会被诊断为患有抑郁症，但问题是所有的药物治疗都无效。为更深入地分析“空心病”现象，学界主要从“习得性无助”“无动力状态”以及“人与社会关系”等三个方面进行了学理描述和解读。

1. 对“空心病”现象的“习得性无助”理论解读

国家卫生和计划生育委员会主管的《健康报》[①]认为,“空心病”其实应是一种“习得性无助”现象。所谓“习得性无助”(Learned Helplessness),是指有机体经历了某种学习后,在情感、认知和行为上表现出的消极、特殊的心理状态。也就是当有机体接连不断地受到挫折后,会感到自己对一切都无能为力,从而丧失了信心、产生自暴自弃的心理状态(温清霞,2014)。

“习得性无助”现象在当今社会中并不少见,也不仅仅存在于大学生中。早在20世纪60年代,美国心理学家马丁·塞利格曼(Martin E.P. Seligman)在动物身上发现了类似的心理现象。后来,塞利格曼将“习得性无助”的概念引入人类心理学研究,并对学生中存在的“习得性无助”现象进行了广泛的研究。对学生来说,“习得性无助”是一种适应不良的状态。如果一个学生努力奋斗或苦苦挣扎之后总是不能获得理想的结果,他就会出现“心理失控状态”,其中既包含对个人能力的否定,也包含对环境控制感的丧失。

“习得性无助”的产生经过了四个阶段:首先是机体在不可控的情况下体验到各种失败和挫折;其次是机体在体验到自己的反应和结果没有关联时,产生“自己无法控制行为结果和外部事件”的认知;第三是机体形成将来结果不可控的期待;最后是认知和期待对以后的学习产生影响。习得性无助产生后通常会表现为:动机上的损害(动机水平降低,表现出被动、消极和对什么都不感兴趣的倾向);认知上的障碍(形成外部事件不可控的心理定势);情绪上的创伤(情绪失调,最初表现为忧虑和烦躁,之后变得冷淡、悲观,陷入抑郁状态)(周国韬,1988)。

综上所述,大学生中的“空心病”现象也可以理解为“习得性无助”的现象。大学生,特别是那些学业成绩优秀的学生,往往在高中阶段,在对自己和世界的理解中处于领先地位。他们的自尊和自信,他们的目标和动力往往是基于“鹤立鸡群”的感觉之上。然而,进入大学特别是进入重点大学后,学霸如林,强中更有强中手,如果这些天之骄子不及时调整目标定向和动机状态,依旧将“名列前茅”作为自己努力的方向,就很容易产生“怎么努力也无济于事”的心理失控状态,最终产生“能力不足”的归因偏差,进而放弃对世间事物的牵挂和对未来的期待,陷

① 刘惠军. 避免“空心病”,需打破“习得性无助”[N]. 健康报. 2017.05(006).

入"习得性无助"境地。

2. 对"空心病"现象的"无动力状态"理论解读

《健康报》也提出了另一个观点，即当人们处于"无动力状态"时，他们会变得困惑和空虚。处于这种状态的人会毫无目的地做着别人分配给自己的工作或任务，他们对追求现实世界中公众追求的目标不感兴趣，整个人呈现出了无生机、不在乎的状态。

"无动力状态"一词来源于自我决定理论，由20世纪80年代由美国心理学家爱德华·L. 德西(Edward L. Deci)和理查德·瑞安(Richard Ryan)创立的动机理论派生而出。在过去的40年里，该理论已渗透到教育、医疗、管理、体育和临床等许多领域。自我决定理论认为人的动机可以分为三种形式：内部动机、外部动机和无动机。内部动机是一种专注于所从事活动的动机状态，快乐和满足来自学习、探索本身；外部动机关注的是学习和行为之后的奖赏、等级评定、他人评价和外在标准；无动机就是类似于"空心病"的"无动力状态"(赵燕梅，2016)。

应当说，个人的动机状态取决于个体基本心理需求的满足程度，自主、胜任和归属作为人类最为基本的三种心理需求在得不到满足时，人们就容易表现出无动力的状态。在自我决定理论看来，人对自主、胜任和归属的需要就好像人对于阳光、水和空气的需要一样，缺失了人就会枯萎甚至死亡。

3. 对"空心病"现象的"人与社会关系"理论解读

由于"空心病"现象聚焦于青年群体，故有学者从人与社会的关系进行了学术性回顾，并提出自19世纪中叶开始，社会理论家就开始围绕人与社会的关系进行了广泛探讨。

无论是舍勒(Max Scheler)提出的"人心之需"的现代性问题，还是表面与其相反，实则有着惊人相似提法的弗洛伊德(Sigmund Freud)，所构建出的反省与解决"现代性心理病态"问题的精神分析理论(解读了现代社会个体心理压抑的机制，并引向了对西方文明的批判)；无论是马克思(Karl Heinrich Marx)从政治经济学的唯物史观出发，从经济劳动的价值分配的视角，论证人之异化的问题，还是齐美尔(Georg Simmel)笔下所雕刻的市民的情感与心灵世界，以及对文化核心观念缺失的警醒，所有这些，无不积极地回应了一个主题，即人们的精神生活之根基是现实的社会实践，当传统的欧洲精神被资本主义瓦解后，生活在欧洲世俗社会的人们应当如何在道德世界、价值标准和精神世界寻求归宿的问题。

而这样一种将群体精神生活与社会环境互动关系进行的探讨一直在延续。

埃里希·费洛姆(Erich Fromm)曾经提出人在“物欲”的支配和驱使下精神心理的异化现象,他用“社会交换型”的社会性格一词,表达出“异化”在20世纪演化成了一个表面拥有科技理性、但实则缺乏灵魂依托的现实际遇。20世纪50年代,心理学家马丁·赛里格曼在《认识自己,接纳自己——达成自我完善的经典心理指南》中贡献出了重要的一句话,即“每个时代都有其特定的情绪”,揭示了一个主题,即在变迁的时代中,人类的精神世界将会呈现与之呼应的面貌,或者成为社会存在的一种反映。对大学校园“空心病”现象的分析和认识,也可以借鉴这样的思路,探究该现象的存在背景和发生机制,信任“人与社会”二者之间的互动机制,以此更好地认识青年的精神生活(张楠,2017)。

总之,“空心病”现象的出现与“转型期”中国的发展密切相关,社会、学校以及家庭的外部正向引导不足是一个重要因素,而青年群体自身精神世界的匮乏也成为引发“空心病”现象的重要原因之一。同时值得注意的是,“空心病”现象尚不能称之为“病”,而是更多凸显出青年群体在面对诸多外部因素时,自身容易出现迷茫与困顿,但一个人的发展过程中,均会或多或少地经历这些情况,在理性面对自身问题的同时更应积极、有效地进行自我调节。

二、“空心病”现象的特征描述

“空心病”现象常常会出现在相对优秀的学生群体身上,他们的家庭关系并非恶劣,也拥有较好的人际关系。其在自身学习过程中,会努力维系他人眼中良好的“自我人设”,但却未发现自身存在的价值与意义,此种孤独与无意义感可能从小就有,并随着时间的推移衍生出强烈的自杀念头,传统的心理咨询和生活治疗无法有效解决。那么,让我们一同看看存在“空心病”现象的群体可能会呈现出的“画像”吧。

(一)努力成为“别人家的孩子”

在每个人的成长过程中,似乎都会有一个“对手”,即“别人家的孩子”,从小到大,“别人家的孩子”总是与自己分不开。而且无论你再怎么努力,“别人家的孩子”总能比自己强。

在家庭教育中需要设置一定的“标杆”,而这一“标杆”并不应该将所有“别人家孩子”的优点来衡量自家孩子,家庭情况的差异性、孩子天性的区别性与学校教育的不同性，都是造成每个孩子独特性的来源，也正是因为不同才产生出更多样的生活方式与职业选择。也许许多家长不愿意承认以下事实：自己培养孩子时很少是为了孩子，而是为了自己。许多以爱孩子为名的父母，实际上是为了减轻他们内心的焦虑，发泄他们的不满，满足他们的期望和需求。

在儿童时期，家庭教育具有绝对的主导地位，孩子将努力按照父母的要求发展。但往往就是因为"标杆"与"别人家孩子"的概念混淆，易产生"人无我有、人有我优、人优我特、人特我专"的价值导向，自身的"标杆"始终以追赶与超越他人为向度，长此以往，孩子若能经常达成目标虽有些许的成就感，但此种满足感也易快速消失，因为下一个追赶目标已至；若经常达不成目标则挫折感较多并且自信心不足，"别人家的孩子"始终成为自身难以克服的梦魇。

"标杆"虽有对照之意，并具有显著的外部性特征，但"标杆"的内核仍应遵从于自身的兴趣、目标与意义取向，因为纵然"标杆"是如何的优秀、光鲜或者成功，若与自身没有任何关联性，那这个"标杆"也就只适合于"远观"。同时，"标杆"不应仅仅指某个具体的人，而应是在这个人身上所蕴含的特质、精神境界与行为方法等，而这些才能易于被观察、归纳与学习。而在"别人家的孩子"身上，我们往往只能看到结果性的表现，易忽略其达到结果的过程，这可能导致出现执迷于学习成绩的"天才"。

(二)执迷于学习成绩的"天才"

家庭教育注重结果而忽略过程的价值导向，一方面源于社会对成功标准的物质化、结果化以及功利化，另一方面，它也源于"独苗"的愿望，"望子成龙，望女成凤"，于是"造就"了一批执迷于学习成绩的"天才"。

应当说，高考仍是当前中国社会阶层流动及社会分层较为主要的途径之一，在高考以成绩为主要衡量标准的前提下，高考前的教育也往往以提高学习成绩为导向。学习成绩的好坏不仅取决于学生及其家庭还取决于学校及其师资，于是这一条自上而下的、以成绩为线索的价值链便形成了：要进入一所好大学，你必须被录取到一所好的高中；为了获得一个好的高中，你必须在高中入学考试中获得高分。于是好初中的入学需求就呼之欲出，好初中现阶段多为私立学校，在公立学校就更要多去参加补习班，因为私立学校的学生都还在补课，于是家长们不遗余力地为孩子谋求各类教育资源；如果要在初中阶段上私立学校，那就得准备学习能力与综合素质强的面试简历，于是大量的辅导班在小学期间就开始了；

好的小学与初中的情况类似，于是孩子们在学前教育时就已经开启了漫漫“辅导班生涯”。

社会焦虑已是当前家长们或多或少均会出现的情绪，往往也是因为自身成长过程中有了个“别人家的孩子”，无形的压力感也会转嫁到自身对孩子的教育之中。对一些孩子而言，学习成绩就成为他与家人沟通的核心内容，也成为其在家庭中个人价值的表现形式之一，好的学习成绩就变成了家人的赞扬、物质的奖励与家庭地位的体现，于是，执迷于学习成绩的“天才”便产生了。然而，人生并不是百米跑赛，而是一场马拉松比赛。起跑线的位置不仅要看终点的位置，也要看前往终点过程中的努力与坚持，在马拉松比赛中，也往往是运动员自身的意志在支撑着最为困难的身体极限期。应当说，意志的坚定源于意义的清晰，意义的清晰源于自身的目标定位，学习成绩并非是人生的终极目标，而追求幸福可以成为具有普遍意义的终极目标。

执迷于学习成绩易使人产生价值的疑惑与意义感的缺失，一旦孩子产生无法超越“别人家孩子”的心态出现，也就容易出现自暴自弃、随波逐流的心态，于是一切随缘的“佛系”少年便出现了。

(三)一切随缘的“佛系”青年

2016 年日本著名管理学家大前研一所写的《低欲望社会》一书引起社会关注，他在这本书里感叹道：日本年轻人没有欲望，没有梦想，没有热情，日本已陷入“低欲望社会”(杨栋，2018)。而在 2017 年底，朋友圈被《第一批 90 后已经出家》一文刷屏，佛教界的朋友、佛教旅客、佛教爱情、佛教健身……一大波“佛系”概念汹涌袭来。而后《人民日报》也刊文表示“云淡风轻、浑不着意好不好？太好了，但必须守住一条：总得有走心的地方”(刘念，2017)。

应当说，中国社会转型期虽然仍是进行时，但阶层固化的“天花板”初现，许多青年可能会感觉到：纵使自身“逆流而上”“奋斗不止”，其结果或许与“随波逐流”是一致的，这就易产生“放弃”理想的想法。而在“别人家孩子”影响下所导致的迷失感，也使一部分青年丧失了独立的人格与自我意识，习惯于接受而非思考后的行动，于是一切随缘便成为一种逃避现实的借口。

没有了自我的价值追寻、没有意义的不断探究、没有了目标的努力奋斗，有的或许只是忽闪而过的念头并快速消散，而带来的却是无病呻吟。由此产生的“丧”文化成为一种“猎奇”式的思想表达方式，并表现为对未来的无信心状态、对前途的无目标状态、对事物的娱乐化态度以及期待自身被关注的心态等。进而，有学者表示应以“上文化”消解“丧文化”（程明，2018），其实就青少年个体而言，自身可以选择消极心理或积极心理去面对一切，消极心理虽有一定的自我保护功能，但长此以往易形成思维惯性，缺乏对自身优势的认同，这将导致自身对未来的低期望与无动力状态。

无论是努力成为“别人家的孩子”，还是执迷于成绩的“天才”，亦或是一切随缘的“佛系”青年，目标缺失与价值漂移均是其主要成因，这也就是“空心病”现象的本质问题。

三、“空心病”现象的严重性

“空心病”现象的背后一定程度上折射出当前我国家庭教育的失速，很多孩子们失去了前进的动力与目标。近年来，应试教育的部分逻辑已经无法获得认同。从高考来看，拿多少分，就可以达到什么样的目标与目的，但一旦进入大学，这些具象的目标就消失了，一些孩子也就突然失去了多年来追求的具象目标。此外，中国部分大学较为松散的管理和评估系统，使得外部基础学习压力消失，导致学生们不知所措，而生活的复杂也纷至沓来。

“空心病”现象有其社会原因，我们姑且称之为“自私”。在中国式父母所产生的巨大“化学反应”下，出现了“孩子比天大”的概念。孩子的学习成为首位，家庭的运转也始终围绕着孩子。这就导致了孩子们习惯于只为自己思考，但这并非是独立的人格，而是需要“依附”于他人的自私自利，也就变成了“精致的利己主义者”。青年一代有理想、有本领、有担当，国家就有前途，民族就有希望。但当青年一代中有人出现了“空心病”现象，他可能有了本领，却少了理想与担当，如何实现我们的“中国梦”和民族的伟大复兴？

“空心病”现象的提出，很大程度上因其会导致自杀这一最为严重的后果。由于“空心病”现象的“病灶”不明，尚不能称为精神性疾病，进而在应对方法上存在一定空白。同时，“空心病”现象所涉及的青年群体，在日常生活、学习与工作中并不会表现出情绪上的明显起伏与行为上的危害性，所以也很难从外部判断青年个体是否存在“空心病”现象。总之，“空心病”现象在个体表现上具有较强的隐蔽性，难以被外界快速察觉，而个体即使自觉到问题但也苦于难以采取有效的方法来应对。

“空心病”现象也显示出青年群体价值观的迷茫,其最为凸显的表现就是:为何而活,没有自身的答案。最为直接的表现就是自身与他人的关系认知不明确,易产生人际情感的漠然状态。社会的发展离不开人与人之间的合作与分工,而这些均需建立在一定的情感基础之上才能形成长期稳定的合作与分工关系,人际情感的麻木也不利于社会的整体发展和和谐社会的构建。因此,“空心病”现象的出现应受到家庭、学校及社会的高度重视。

当然,很多人因在生活中遇到问题也会导致其产生心理问题,如困惑、焦虑甚至抑郁。然而大部分人也认同,大学阶段本就是树立价值观的时候,出现价值观的缺失或动摇也很正常。重要的是要认识到,即便出现价值观的不稳定或不清晰,也不能采取极端的解决办法。

第二节 “空心病”现象的影响因素

当前,很多优秀的孩子只知道自己必须要学得好、工作得好,但他们不知道为什么要学习和工作得好。他们的自我价值无处体现,为什么会这样?他们为什么迷失,又为什么找不到自己?

这些问题的形成原因有以下几方面:首先,在家庭教育中缺乏对孩子的精神关爱和个人尊重。由于轻道德、重应试的教育,所以无论是教师还是家长,相对忽视了树立孩子的崇高理想与正确的学习动机训练。而这些正是要从小培养并应一以贯之的内容。同时,家长也对孩子的兴趣选择并不是很尊重,包办代替的多。其次,学校应试教育的现状并没有太大改观,教育的最大成就似乎是学生做试卷并获得高分。应当说,学习是一件非常有趣的事情,但却因很多家庭作业使之变得无趣。同时,学校的道德教育内容非常丰富,但教师往往会缩短此类教育的时间,以使学生取得好成绩,长此以往便消磨了学生学习的兴趣与动力。最后是中国社会似乎越来越焦虑。在社会转型期,家长面临孩子就业难或是为了孩子将来找到好工作的焦虑,导致其不遗余力地让孩子放弃休息和兴趣去补大量的课。这让孩子的学习苦不堪言,生活的乐趣非常少,以至于对生命意义的理解出现偏差。

一、家庭教育因素

家庭是人生的第一所学校,家长是孩子的第一任老师,要给孩子讲好“人生

第一课”，应在以下几个方面努力：

1. 培养孩子的归属感和安全感，从内心去爱和接受他人；
2. 培养孩子接受自己，正确对待自己；
3. 改善孩子的利他动机和利他行为；
4. 让孩子用心去感受爱，用心去感受美；
5. 加强与孩子的情感联系。

父母和孩子之间的情感联系话题不应该仅仅是学习。在很多中小学孩子的家庭中，其观念多表现为学习是最重要的，甚至是唯一的。在这种逻辑下，父母和孩子之间的情感联系非常单薄，孩子们无法在家庭生活中体验到父母的爱，因为在家里唯一可以聊起的话题就是学习。

请注意，孩子需要在家庭中得到情感的滋养和成长，父母和孩子之间应该有许多情感联系和经历。父母是孩子最重要的老师，也是孩子人格形成的塑造者。出现“空心病”现象的大学生为什么找不到自己，往往是因为他们的父母和长辈没有能够让孩子看到一个人怎样有尊严、有价值、有意义地活着。当我们把所有的时间和精力都放在挣钱上时，我们就缺失了给孩子最好的东西——陪伴和爱。为此，家庭教育应该让孩子在家庭中找到自己的价值和尊严。

理想情况下，父母应该鼓励孩子的个性发展，以便孩子能够发现他们独特的价值。但是，由于高考的实际压力，很少有家长能够抵抗高考的压力去让孩子自由发展，但父母至少可以从保护孩子入手。例如，不要将考试成绩作为衡量和评估孩子的唯一标准；不要贬低和否认他们，总是拿“别人家的孩子”与自家的孩子相比较；接纳孩子的一切，努力帮助他们感受真善美等。

二、学校教育因素

升学压力是一个全球性问题。20 世纪 70 年代末期，教育研究员珍·安恩(Jean Anyon)在跟踪了美国各地不同小学四年级和五年级的教学情况后发现：即使在四年级和五年级这个离起跑线不远的地方，美国不同社会阶层的学生就已经在为将来的工作做准备。

以美国顶尖高中史蒂文森为例，该校一项调查显示：大约有 27%的学生为了保持清醒使用咖啡因，60%的学生晚上只睡 5～6 个小时，75%的学生会在上下学的火车、汽车或渡船上睡觉。《史蒂文森健康报》称：学生们常常抱怨头痛、脾气暴躁,感觉“要死了”,学业和考试永远是人们在门厅讨论的主题(付艳萍,2015)。

升学的刚性要求,必然以应试为其主要标准,但不应将应试简单地理解为应试教育,即以高考为唯一的目标,所有的教育教学活动都围绕着“考试”进行。应试教育的内容易侧重于入学考试科目的书本知识,忽视了学生的道德教育、体育教育、审美教育、劳动技能教育和其他方面的综合能力培养。相比之下,素质教育以全面培养学生高尚的思想道德情操、丰富的科学文化知识、良好的身体心理素质、较强的实践创新能力和健康的个性为宗旨,教育全体学生学会做人、求知、劳动、健体以及审美,使学生在德智体美劳等方面得到全面协调的发展。当然,素质教育也包括求知的教育,自然也有考试,但知识与考试绝不是唯一目的。

在“片面应试”的大氛围下,我国教育的发展模式并不均衡,基础教育体系中存在着重点与非重点学校的区隔,这种不均衡同样表现在课堂教学中,即学生同样渴求升学,但其在教学中收获的有效信息却存在着较大的差异。为什么不同的学生在一节课中收到不同的教学信息? 这主要有两个因素:一是现代社会学校的市场化和功利化越来越严重,受整个社会追求功利的影响,学校也在追求着它的升学率,升学率是学校经费的重要影响因素。二是师生关系;这一指定关系决定其是否会特别地去照顾某些学生。因此,“体制”性的约束与师生间的关系,就成为学生“空心病”现象的学校教育影响因素,需要进一步缓解师生间因升学而产生的紧张关系。

三、社会舆论因素

将学生问题归因于教育是一种相对常见的归因方法,但无论是家庭教育还是学校教育,均会不同程度地受到社会舆论的影响,因此,“空心病”现象在家庭与学校教育出现的诸多问题,很大程度上由社会舆论的功利性导向所致。

英国诗人托马斯·艾略特(Thomas Stearns Eliot)写过一首诗——“空心人”,描绘了现代人无聊、空洞、焦虑的精神生活。它被认为是描绘当时人的精神状态的杰作。1930 年,德国哲学家雅斯贝斯(Karl Jaspers)写了《时代的精神状况》一书,特别讨论了“个体自我在当代状况中的维持”“精神的衰亡与可能性”等问题。雅斯贝斯曾长期在德国海德堡大学研究心理学和精神病学,他说:“以往是少数人焦虑地思考我们的精神世界所面临的危险,而现在,大战以后,这种危险的严重性已是人人都清楚了。”1964 年，面对西方世界进入发达工业社会之后的各种问题，另一位美籍德裔哲学家马尔库塞出版了《单向度的人》一书，他阐明了西方社会中人们内心里的否定性、批判性、超越性的向度是如何被一点点侵蚀掉的，人最后如何成为“单向度的人”，即丧失了创造力，不再想象和追求与现实生活不同的另一种生活。如果我们过去认为这些东西是“西方语境”，那么随着中国社会的快速变化和发展，这些问题也已来到我们面前。“空心病”现象便是其表现之一，市场经济体制下所产生的社会结构对社会观念产生了巨大影响。

在市场经济活动中，利益取向原则是其第一原则。在市场经济条件下，人们不能没有商品意识和经济头脑，不能不正视利益，市场经济必须通过创造财富来实现最大利益。因此，在市场经济条件下，等值交换、生存竞争和利益最大化已成为经济活动乃至社会生活的基本原则。这些也在越来越广泛的范围和领域中，越来越多地发挥其在限制和引导人们的思想、观念和行为方面的作用。这些原则实际上符合人类的自然本性，于是追逐利益的原则在各个领域都具有了合法性和合理性。此外，在市场经济条件下，人们使用功利原则来衡量和评估每个市场实体的能力和价值，成功和失败。无形中加强了功利主义原则的指导作用，使其成为社会各个领域的重要原则。这些均不同程度地影响了家庭与社会教育的价值导向。

第三节　克服“空心病”现象的方法

“空心病”并不是什么顽固的疾病，它也可以理解为大学生在人生转折时期表现出的一种适应性问题。常言道，“心病还须心药医”，“空心病”现象的症结主要还是表现为缺乏了人生意义、目标、标杆、志趣及轨迹上的探寻积极性，那么，在激发动力、建立目标、分步执行、网络支持、兴趣扩展的过程中，人生便会产生意义感，这种意义感便是自身知道什么事情对自己是重要的，即使再苦再累也会愿意继续坚持下去，并伴随着愉悦的情绪，使得自身走出“空心病”现象，最终“成为你自己”。

一、设定合理目标并逐步完成

由于高中阶段的教育环境以追求名次为导向，学生进入大学后很自然地会沿袭以往竞争性的学习目标模式，所以大学生在“学霸如林”的环境中受挫是在所难免的事情。因此，大学生需要将学习目标尽快调整到对知识和现实世界的探索、理解、发现和掌握上，做到格物致知，便能够避免“空心病”来袭。当目标转向于此的时候，学习和生活就会进入到一种内部动机激励状态，而内部动机则是通向快乐、幸福、创造和健康的正确路径。

学习目标的设立是建立在为什么要学习的基础之上，即内部动机的范畴之中，那么，幸福作为人生可以追求的终极目标之一，便可成为学生确立目标的导向之一。在此，也需要回答一个问题，每个人都可以追求幸福吗？追求幸福的基础要素是什么呢？

对于第一个问题是肯定，每个人都有追求幸福的权利。那么追求幸福的能力则决定了你能否获得幸福，其先决性的能力要素之一便是对于自我存在的自觉能力。休谟（David Hume）与贝克莱（George Berkeley）关于存在既是被感知，凸显了自我存在的外部性要素，而从康德（Immanuel Kant）以先验为前提所提出的人是有限的理性存在，到海德格尔（Martin Heidegger）对存在的理解，则凸显了自我存在的内部性要素。因此，自我存在的自觉能力体现为对内外部要素均有一定的认知能力，最终实现自在自为的状态。

在理解了自觉能力之后，便可以理解目标的动态性、阶段性与局限性问题，黑格尔（G. W. F. Hegel）认为人是“绝对精神”的一种产物，而“绝对精神”则是从自身出发并在不断展现过程之后再回归自身，这一过程性描述也为马克思形成变化的、动态的哲学思想提供了启示，人的动态性变化使得目标具有动态性特征。因此，青少年在改变目标时大可不必过于的纠结与焦虑，应是认清现实、接受自己、怀抱变化，并在一段时间内为实现阶段性目标而不断努力。

二、拓宽社交网络并建立信任

网络信息时代带来了生存方式的巨大转变，不仅表现在认知、劳动及休闲方式等方面，尤其在交往方式上，互联网技术突破了社会交往所受时间与场域的限制，提高了社交的广度、效率与便捷性，但也使得青年的孤独感日益加深，形成了“空巢青年”与“独居青年”为代表的标签性话题，这也是“空心病”现象所映出的虚无主义问题。

青少年时期是价值观形成的重要阶段，其在家庭、学校与社会环境之中所产生的言行，需要一定的外部肯定或批判，以检验其言行的正当性与合理性，进而确立其所形成的价值观是否正确。青少年获得的外部肯定越多，则越能确定其言行与价值观的正确性；若是外部的批判越多，则其也会越发认为相关的言行与价值观是错误的，进而需要重新确立正确的言行与价值观。但作为外部的主体而言，每个主体的价值观念有所差异，因此，为获取相对客观的外部评价，就应建立更为多样化的社交网络。

互联网为社交网络的多样化提供了极大的便利条件与实现载体，但网络化交往始终存在着隔阂感，"表情包"的涌现是希望消除隔阂感的表现之一，但网络化交往仍不能取代面对面交往时所获得的真实情感。因此，无论是价值观的确立还是孤独感的消除，其最有效的手段还是面对面的交往。在借助互联网技术手段的基础上，应当线下建立更为稳固的社交网络，以此给予青少年以"实体感"。"实体感"不仅表现为与交往对象间所产生的真情实感，也表现为可以从交往对象处所获取的潜在资源或信息，这为实现自身目标提供了有力保障。

以上也是社会资本理论的核心问题，即社交网络、规则以及信任，由于交往具有多向与互动特征，青少年能够在社交网络中发现与不同对象交往的规则，而彼此间也会形成相应的信任关系。彼此间信任的建立，有助于青少年将内心更为深层次的疑惑与他人进行分享或咨询，交往对象的正向反馈则能有效降低青少年因疑惑所带来的负面情绪，也进一步提升青少年对社交网络的实体感，增强其获得感与幸福感。

三、培养兴趣爱好并乐在其中

学习成绩并非是人生的终极目标，那么在漫漫人生路中，就应当学习与培养一个自身的兴趣爱好，同时，这也可以作为与交往对象进行互动与分享的内容之一。在选取兴趣爱好时的重要标准之一，则是让自身感受到长期的愉悦感。

兴趣的本质特征应表现为好奇与乐趣，好奇是激发青少年探索世界、探索人生与探索未来的原动力。而在探索的过程中会发现某一件事反复做仍会感受到快乐，这便形成了兴趣爱好。"空心病"现象也往往表现为对未来没有好奇心，做某些事的情绪体验为"无感"，即使有快乐的感觉，也是稍纵即逝。

值得注意的是，互联网技术手段的不断提升带来了游戏业的高速发展，其背后也出现了青少年沉迷游戏和网络的问题。应当说，青少年在网络与游戏中所感受到的愉悦感是现实生活中无法比拟的,这也是网络与游戏成瘾的重要原因。但从大量的案例与经验来看,青少年在网络与游戏中的投入时间超过 2 小时以上时,就会出现无聊与空虚感,而且持续时间越长,这些感觉则越发强烈。因此,在多部委发布的《网络游戏防沉迷系统开发标准》中说明:电脑端游戏用户累计在线 3 小时以内的游戏时间为“健康”游戏时间,累计在线 3~5 小时的游戏时间为“疲劳”游戏时间,累计在线超过 5 小时的游戏时间为“不健康”游戏时间。这表明,虽然网络和游戏能够给人以愉悦感,但投入时间越多其获得感则越少,并在一定程度上会影响健康。愉悦性、健康性、长期性、稳定性与互动性等要素应是衡量兴趣爱好的重要标准。因此,青少年可以选择运动类、益智类、艺术类、文化类及阅读类等兴趣爱好,并可以将其作为缓解压力、释放情绪以及社交互动的有效方式。

四、成为你自己

苏格拉底(Socrates)说要认识你自己,尼采(Nietzsche)说要成为你自己,并相信你自己。“空心病”现象所折射出的仍是青少年对自身的信任危机,一方面他们很优秀,但这优秀往往来源于外部的评价,并未内化为自我的认同;另一方面,他们也很无助,无助往往因为没有认识到自己真正需要的东西是什么,所以他们以外部的“优秀标签”来填充自身。在外部一致的赞扬与掌声中,他们会扪心自问:“我真的优秀吗?我的优秀是为了什么呢?这是我想要的吗?”在没有答案前,他们只能强迫自己不断地抓取身边可以获得的“优秀标签”,长此以往而恶性循环。

好奇是人生而具有的能力之一,人生的多样性也受好奇的强弱所影响,好奇也是驱动探索的动力之一,人生并没有绝对意义上的成功与失败,暂时的失败也可以在好奇的驱动下继续探索,因此,成为你自己就应该对人生充满好奇。

每个人正是在不断探索的过程中,才会发现自身的优点与缺点,在认识自己的基础上,才能确立更为准确的目标并更有可能实现目标,而一旦实现了目标则就能形成自信心。同时,人的本质也是社会关系的总和,在人生的探索过程中总会需要与不同的人进行交往,交往的本质是情绪的释放、资源的获取、价值观的修正,这就与目标的设定与实现发生着密切联系。

总之,好奇是目标与交往的前提;目标是好奇的结果也是交往的导向;交往则是好奇的载体，也是目标得以实现与修正的重要手段。最终，好奇、交往与目标也就是成为你自己的重要推动力，也成为走出“空心病”现象并达到幸福的重要手段。

第八章　高福商群体有哪些特质?

福商是一个人感受或体验、追求或创造幸福的能力。具有高福商者懂得感受幸福,有智慧去追求幸福,有能力去创造幸福。他们遇事都持有积极的情绪,全身心地投入事业或工作中,与他人的关系和睦融洽,在自己擅长的领域取得了成功,创造了非凡的社会效益或经济效益,也因此更多地感悟到了人生和生命的意义。高福商者不仅能够认识自己,自我接纳,获得个人成长,还有积极的生活目标,能够感知、体验幸福,也能够追求、创造幸福,并且具备了积极的思维方式,理性、成熟的心理防御机制。他们既能独立自主,又有良好的人际关系,能适应环境,达到了自己、他人与环境这三者的相对平衡。

第一节　高福商群体的共同特质

一、PERMA 理论与高福商

如果说智商是衡量一个人智力水平高低的指数,情商是衡量一个人管理自己和他人情绪能力的标准,则我们同样可以把福商看作是一个人感受或体验、追求或创造幸福的能力水平的标准,具有高福商者是一个懂得感受幸福,有智慧去追求幸福,有能力去创造幸福的这么一类人。

要精确科学地衡量福商是比较困难的,因为至今没有一套全面系统的标准可以明确说明福商的概念。我们只能从一些现象或是否具备某些特征来描述或说明福商的内涵。

幸福影响因素中，我们提到了积极心理学之父赛利格曼的 PERMA 理论。他认为能够持续幸福的人一般具有这五个方面的特点，即积极的情绪（Positive emotion）、投入（Engagement）、人际关系（Relationship）、意义（Meaning）、成就（Accomplishment）。这里我们进一步深入探讨 PERMA 理论与福商的关系。

一般而言，积极的情绪包含了快乐、感恩、平静、希望、自尊（自豪）、乐趣、鼓舞人心、敬畏、爱这 9 种感觉。[①] 积极的情绪在人们的日常生活和学习工作中会带来积极的影响，会产生比较明显的愉悦感和幸福感。有很多研究表明，拥有积极情绪的人在婚姻恋爱、人际关系、健康水平和财富收入方面要比其他人更好。

衡量一个人是否全身心地投入某项事业或某个对象的标准，我们可以事后觉察一下，“我完全沉浸在这件事情当中了”“我感觉到那段时间似乎时间停止了”“我觉得忘我了”。也就是说，如果仅仅有积极的情绪，那通常是主观幸福感的一般表现，而如果一个人全身心地沉浸在某件事或专注于某个人身上，他似乎感觉不到时间的存在，达到了一种忘我的状态，而这个正是幸福感比较高的境界的体验。很多成功人士在追求事业过程中，并不看重金钱和外在的评价，而是发自内心地喜欢并沉浸其中，所以他们的幸福感也是特别强烈的。

从心理学角度来说，人是关系的存在。没有人际关系，我们甚至都不知道自己是谁。历史上曾经有些非常有名的人也做出了杰出的贡献，比如说哲学家康德，他终生未婚，孤身一人，就他的成就而言是无与伦比的，但就主观幸福感，他是缺了很多的。如果没有父母、兄弟姐妹、同学同事、好友闺蜜，那我们在遇到困难挫折的时候就缺少了很多支持的力量。我们的成功也需要和他们分享和被他们欣赏，由此产生更多的价值感和成就感。所以没有人际关系，幸福感就缺少了丰富和深刻的觉知和体验。各种人际关系会让人产生积极的情绪，也可能会产生消极的情绪，这取决于我们如何看待和别人的关系，以及了解自己想从这些关系当中获得什么，期待值有多高。

我们对事物有不同的认识、意向和观念，对这些事物赋予不同的含义和价值就是意义。人类有别于一般动物，动物仅靠本能就可以生存，而人类是需要寻求意义才能活着，或者需要探寻意义才能活得更好。物质财富可以保证人们的基本需求，大部分人会追求精神层面更高层次的满足。每个人努力进步、奋斗的很大动力也来自寻找其中的意义。生活和事业中如果有意义，人们就会热情洋溢，

① 曹瑞，孙红梅. PERMA——赛里格曼的幸福感理论新框架[J]. 天津市教科院学报，2014(2)：10.

精神倍增,感到快乐和幸福,而如果找不到生活或人生的意义,人们就会无聊、焦虑或抑郁,似乎失去了希望和未来,意义是幸福感的重要组成部分。

成就是人们经过努力获得的结果。人们可能因为天赋获得成就,也可能要经历持续的努力才会获得成就。专注地投入到某件事情的过程中,最后产生了结果和获得了成就,两者都是幸福感的来源,也就是过程和结果都可能产生幸福感。但如果我们太注重于结果,太注重于最后的成就,就会本末倒置,变得压力重重、焦虑痛苦,幸福感反而不存在了。

专栏8－1

王振义——“真正的药神”

王振义是中国工程院院士、国家最高科学技术奖获得者、世界顶级血液专家,博士后导师,多项国际大奖获得者……但他却自称是上海瑞金医院血液科的普通医生。他93岁了,依然满脸带笑、精神矍铄地活跃在医院病房边和医学院的讲台上。他在急性早幼粒细胞白血病治疗领域做出了卓越的贡献,将经过无数次失败最终获得成功的治疗方案命名为“上海方案”,被网友们称为“真正的药神”。新药研制出来后,他竟然完全放弃申请专利,全世界厂家都可以随意生产,一盒只需13元,一个疗程只需290元。

这项成就轰动了世界,王振义在BLOOD上发表的论文被引用了7 000多次。1994年荣获国际肿瘤学界的最高奖——凯特林奖,被誉为“癌症诱导分化疗法全世界第一人”。他一生获奖无数,但记者去采访时,却发现他把很多奖状随随便便塞在储物柜里。在他书房的醒目位置上,放的是一摞摞的研究资料。王振义说:“很多人说是我给了他们生命,其实这话不全面,他们也给了我生命,每治好一个病人,我感觉我就多活了几年,我今年93岁了,这些生命都是他们给我的。”

像王振义这样的老医生,就是具备满满的幸福感的人,而且是一个伟大的人。因为他不论是看病,还是讲课或搞研究,都是怀着平和的心态、积极的情绪,全身心地投入其中。他的病人、同行或亲朋好友都非常尊重、欣赏他，他和其他人关系和睦融洽，和病人的关系更是水乳交融。老人还在长期从医经历和研究领域中获得了非凡的成就，也因此更多地感悟到了人生和生命的意义，他就是典型的具有高福商的人。

二、高福商者的人格特点

人格是一个比较复杂的概念，很多科学家和心理学家对人格都提出了自己的见解，比如奥尔波特、卡特尔、艾森克等人把人格分成了不同特质与结构进行测定和分析。比较常见的大五人格理论把人格分成开放性（想象、情感丰富、创造等）、尽责性（胜任、公正、尽职、自律等）、外倾性（热情、果断、冒险、乐观等）、宜人性（信任、利他、谦虚、移情等）和神经质或情绪稳定性这五大方面。不同人格的人有不同的特点，一个心理健康的人，他的人格应该是达到了自己、他人与环境这三者的相对平衡。

一般认为，具有健全人格的人应该具备这样的几个特点：

有较好的社会适应能力。在现实社会中，无论是工作还是学习，都会遭遇许多困难、压力和挫折，这时候需要有比较稳定的人格特质来应对各种不确定性的风险，适应各种有利的和不利的环境。具有健全的人格就可能以积极、开放和从容的心态去认识社会、适应社会，关心社会，并且承担相应的社会责任，达到自身与社会环境的平衡和协调。

有和睦的人际关系。人格比较健全的人，对他人抱有基本的信任感，也有比较充足的安全感和价值感。所以在和人相处的时候，既能够考虑自己的处境，也可以换位思考，想到别人的处境，理解别人的感受。他们能够在别人困难时伸出援手提供帮助，不求回报或很少期待；在自己处于不利境遇时也懂得适当地求助，获得各种社会支持力量的帮助。在一般的人际交往当中，能够保持尊重、平等、宽容和感恩等心态，达到身心愉悦的状态。

有清晰的自我意识和健康的心理品质。具有健全人格的人能够比较全面、客观地看待自己，知道自己的优势和长处，也了解自己的不足和短处。在不同的环境下，面对不同的人，能够比较清晰地知道自己内心的需要和渴望，内心充满理想和信念，能够树立客观的、恰如其分的目标，并且有坚韧不拔的意志，有灵活而不失原则的方法策略，在实践当中不断总结经验教训，锻炼成长。健全人格者的身体和心理都能够达到比较统一和谐的状态,身心合一、言行一致、内外协调,既考虑自己的利益和发展,也想到别人的利益和要求,能够同时顾及周围的人文环境和生态环境,在某种程度上达到了身心的平衡。

具有高福商的人,他的人格是怎么样的呢?或者说,有哪些人格特征是和高福商密切相关的呢?很多研究者研究幸福感是从主观幸福感入手的。主观幸福感是指个体根据自定的标准对其生活质量的整体性评估,具有主观性、稳定性和整体性三个特点。一般认为主观幸福感由认知成分和情感成分构成。认为生活满意度高,拥有较多的积极的情感或较少的消极的情感的人主观幸福感就高(陈灿锐、高艳红、申荷永,2012)。

1989年赖芙(Ryff)等人提出了心理幸福感的概念,认为心理幸福感的多维模型包括了六个心理维度:自我接受、个人成长、生活目标、良好关系、环境控制、独立自主(王芳芳,2015)。

主观幸福感更多是从主观感觉和情绪角度来表明一个人的幸福程度,而心理幸福感则更多是从一个人的人格发展、自我实现、人生的意义以及与环境的和谐去定义幸福,认为幸福感是一个人与他真实的自我相连接,强调应具备自主性、相应的能力,能够在与他人的关系中得到需要的满足,并且协调一致、内外统一的一种状态。

学者们根据大五人格理论的五个维度对人格与心理幸福感进行了分析和探索,发现幸福感水平高的人,他们人格中的开放性、外倾性和尽责性也比较高(王芳芳,2015)。这说明如果一个人情感比较丰富,具有想象力、创造力和审美情趣,在人际交往中比较活跃、乐观,敢于冒险,并且自觉自律,谨慎而尽职,那他的心理幸福感是比较强的。

而人格中“宜人性”是心理幸福感最有效的判断因素,如果是一个人人格中的“宜人性”品质比较高,那么那他的心理幸福感一定也高。“宜人性”这个维度是评估一个人对其他人的感觉和态度,包括他是不是信任别人、亲近别人,有同情心,并且宽宏大量、善解人意、慷慨大方和乐于助人。宜人性程度比较高的人,对人性是比较乐观的。他们能够用积极的眼光去看待他人,相信自己,也相信别人,比较坦率和真诚,不会有很强的防卫心理,尊重别人,能够很好地与别人相处,乐于帮助别人,并在这个过程中体会到幸福感和愉悦感。

第二节　加入高福商群体的途径

一、能认识自己，自我接纳和成长

根据学者们的研究成果，一个人要拥有更多的主观幸福感，那他必须是一个人格相对完善，有明确的事业和生活目标的人。能够处理好各种人际关系，既能独立自主，又能适应各种环境。在心理上做到自我接纳，不断成长。因此，从这些标准出发，我们要加入高福商群体，就需要在以上这些方面做出不懈而艰苦的努力。

高福商的人能认识自己，自我觉察能力特别强，同时他们还会不断内省与反思，接纳自己。日本作家夏目漱石在小说《我是猫》中说："人们的一切研究，都是研究自我。"德国著名作家约翰·保罗也说："一个人的真正伟大之处，就在于他能够认识自我。"认识自己是我们人生的重要命题。一个人对自己了解得越透彻，越能知道自己的内心所求、内心恐惧，就越能够接纳自我，也越能够善待别人，宽容周围的一切。认识自己可以从三个层面进行，即认识自己的生理自我、社会自我和心理自我。

认识自己的生理自我，了解自己的身体、性别、年龄、容貌、仪表、健康状态等等。比如，很清楚自己的身体适应什么样的饮食？在什么情况下能发挥最佳的状态？能够形成良好的生活习惯，不抽烟、不喝酒、不熬夜，劳逸结合，适度锻炼，维护好自己身体的健康。

认识自己的社会自我，就是对自己在一定的社会关系和人际关系中的角色、地位，名望等方面有所认识。要求我们在不同的场合，面对不同的人，根据自己的身份，担当好角色，履行好职责，恪尽职守，名分相当。或者以自己的社会地位和名望，为组织、国家或社会做出相应的成绩和贡献。

认识自己的心理自我，是指对自己的能力、性格、气质、兴趣、信念、价值观等个性特征有所了解，能够根据自己的兴趣爱好、价值观及信念，从事相应的工作，在追求自己的事业中获得人生的满足，收获自己的使命感和成就感，获得人生的意义和价值。

自我意识中还包含理想自我（渴望达到的完美形象）和现实自我（对自己当

前实际状况的基本看法)。在我们了解自己的过程中,还需要把自己的理想自我建立在实际的基础之上,以理想自我来引领、促进自己,获得自我发展,收获成功和幸福。但同时,理想自我也不能够太脱离现实,因为过于空虚、宽泛、高远的理想自我,因自己的现实能力不够而不能实现,会带来非常大的挫折感和失落感,因为那是不切实际的期望,只会带来负面的影响,甚至产生心理问题。

自我接纳是指我们用一种积极的态度来对待自己的各方面特征,包括身体形态、情绪感受,以及生活经历等与自我有关的内容。知道自己拥有什么,不拥有什么,接受自己当前的状态,改变可以改变的部分,接纳自己不可改变的部分,不急不躁,以此来达到自我的整合与成长。

我们对自己有了比较客观、正确的自我认知,就要进一步的学会自我接纳,接纳自己的身体特征,接纳自己的情绪和感受,为自己的情绪和行为负责。接纳自己,就是爱自己。在此基础上,我们才有比较高的自尊和自信,才能在工作和生活中体验和感受到比较强烈的幸福感和满足感。

很多人的生活满意度和幸福感是通过比较而来。通过和他人的比较,觉得自己有优势,就很得意;或者通过和自己的过去比较,觉得自己有进步,就很高兴。前一种比较完全是以他人的标准作为自己幸福感的依据,而后一种标准,如果没有进步和变化,则会让人产生失望、挫败的感觉。那么真正的幸福感应该从何而来呢?有很多人感受到的幸福感是和外在给自己的愉悦、开心、兴奋,受到关注和爱联系在一起的。所以反过来说,如果他们没有获得外在的正面影响,就会陷入不满足、受伤、空虚或孤独的状态,或者只有得到别人的关怀和爱,才能感受到幸福和快乐。事实上,这样的观念是偏颇的,一个人真正的快乐不是来自他人和外界,而是来自自己。我们首先要做的是滋养自己,爱自己,内心富足了,才能由内而外地、由衷地感受到满足和幸福。国内有一个心理学家认为要做到“爱自己”,有这样几个层次:

第一个层次:让自己吃好、喝好、睡好,照顾好冷暖,让自己身体健康,安宁长寿;

第二个层次;讲究仪容仪表,服饰得体,吸收文化艺术、历史地理、经济金融等知识,不断提升自己的内涵和修养,成为热爱生活,有文明礼貌、审美情趣和文化品位的人;

第三个层次:接纳自己,包括接受自己的出身、自己的容貌和体态,接受自己

目前的学习、工作和人际关系等现状,在接纳自己的基础上才能慢慢改变;

第四个层次:正确对待自己的情绪,允许各种正面和负面情绪的存在,重视情绪的表达,接受情绪的爆发。用疏导、不抗拒、不评判的态度和情绪好好相处,放松观察各种负面情绪的流经情况;

第五个层次:学习用体验、沉思的方法来觉察情绪背后的原因,想办法搞清楚这些原因来自哪些原始伤痛,学习用心理学的方法来直视伤痛和拥抱伤痛。

只有学会了爱自己,才会形成自尊、自信的心理素质,也才能有能量和力量去爱别人。所以,认识自己,接纳自己,爱自己是成功人生、幸福生活的基础。

专栏8-2

小琳的幸福感为什么这么低?

小琳和男朋友小明恋爱谈了几个月了,她在家里为男友做了一顿精致、浪漫的烛光晚餐。没想到小明一进门看到红酒和牛排,却不高兴地说:“你怎么烧西餐呀?你不知道我不喜欢吃西餐,最不喜欢吃牛排吗你为什么不问问我?”,小琳听了,顿时感到非常随后沮丧和失望。她在心里暗暗埋怨自己:是啊,我应该先问问小明喜欢吃什么再做这顿饭。是我太糟糕了,所以惹得他不开心。因为这顿晚餐,也因为其他的一些不合适,最后两人分手了。

过了半年,小琳又谈了一个男朋友小周。她特地问了小周的饮食爱好,做了同样的浪漫烛光晚餐。但是小周一进门,并没有笑脸相迎,夸奖小琳的厨艺,而是淡淡地说了一句:“哦,今天吃牛排呀。”随后就坐下来吃了。小琳这个时候感觉又不好了,她想:是我哪地方做得不够好?所以小周不夸我,也不赞美这顿晚餐。是我的厨艺太差了,不合他的口味。不久,两人也分手了。

又过了一年,经人介绍,小林和小吴成了恋人。小琳同样做了一顿精致、浪漫的晚餐。小吴是一个比较会说话的人,所以他一进门看到这顿晚餐,立刻惊呼:“哎,小琳,你真是一个天才,看!这么诱人的牛排,醇香的葡萄酒,华丽的蜡烛!没想到你还有这么好的厨艺……小琳,我太爱你了,你是我的女神!”小琳听了非但不高兴,反而觉得很难过。她在心里说:我有那么好吗? 小吴,如果你真的爱我,你也用不着这么夸张地来表扬我啊,你这是在讨好我吧,你一定是在挖苦我吧……

小琳的三位男友分别用了负面评价的、中立的、积极的态度来对待小琳。但无论哪一种态度,小琳的内心她都会体验到负面的、消极的情绪和感受。即使是最后一位小吴对她的赞美,也被她也认为是在讨好挖苦她,认为自己不配得到这么强烈情感的赞美。

从这个案例中,我们可以看到,如果一个人的内心是不自信或低自尊的,遇事往往会从消极层面去认知。外界的环境、评价无论是好是坏,在他看来都是负面的。他在很多时候是体验不到积极的情感的,更谈不上幸福感和满足感。

而如果是一个自尊、自信程度比较高的人,面对小明这样的负面评价,她会说:"小明,我今天花了很多时间做了这顿晚餐,即使不合你的口味,我也希望你看到我的努力。"也许小明听了会反省自己的态度,两个人能够以平和的心态继续交往下去。面对小周这样的恋人,她会说:"小周,我今天特地为你做了这顿精美的晚餐,作为男朋友,你应该说什么呀?"也许这个时候,笨嘴拙舌的小周会说一些感谢的话。由此,这对恋人就可以和和美美地继续交往下去。在面对小吴这样热情洋溢的恋人,她会说:"亲爱的,就因为我爱你,所以我花了很大的精力做了这顿晚餐,因为你值得我这样做。我也爱你!"恋人之间这种互相爱的表达,会使这份爱情更加饱满、丰富、源远流长。所以,一个高自尊、充满自信的人无论面对何种情境,无论是消极的、中立的还是积极的,她都可以用智慧去应对,可以化平淡为激情,化腐朽为灿烂,恋人之间的幸福感和满足感也会与日俱增。

由此可见,我们要了解自己,深刻明了自己内心深处的需求和渴望,用合适的方法好好爱自己,通过提升自己的自尊和自信,才能在生活中感受到更多的快乐和幸福。

二、有生活目标,能体验幸福和创造幸福

著名作家毕淑敏在她的《破解幸福密码》书中写道,愉悦感和幸福感是有物

质基础的，人们身体当中会分泌出一种物质，这种物质叫内啡肽，这种物质可以使我们抵御哀伤和痛苦，让我们创造力勃发，充满爱心和阳光。这种物质分泌越多，人的幸福感和愉悦感就越强烈。比如，人们在跑步、旅游、探险的时候，这种物质就会分泌很多，人们因此而乐在其中。而一个人在抑郁的时候内啡肽就分泌很少，所以他会郁郁寡欢。当人们从事自己感兴趣的工作时，内啡肽会分泌很多，即使他在工作中感到非常辛苦，但仍然会感受到巨大的幸福，这也解释了很多科学家、艺术家等即使经历千难万险，依然孜孜以求追寻心中的目标和理想。反面方式，人们的有些行为也会刺激身体中内啡肽的分泌。比如，有的人一遇难过悲伤就大吃大喝，也有的人一不开心就去商场购物，成为购物狂，也有的人会用高速飙车来刺激自己的内啡肽分泌，产生兴奋和快感。但这些反面方式虽然能出现一时的快感，却可能产生长久的负面影响，损失钱财、影响身体健康，等等，所以，并不是真正的幸福来源。

一个人只有树立明确的人生目标，有人生理想，所做的事情都是朝着这个理想和目标更进一步，这样生活才有意义，才有真正的幸福感。

要树立正确的人生目标，树立正确的人生观、世界观和价值观，把外在的理想目标和自己的内心渴望相联系。只有这样，一个人活着才有希望，生活才有意义，才有激情去追求幸福，也才会有源源不断持续的推动力去创造幸福。因此，要加入高福商群体，必须找到最适合自己努力奋斗的方向，找到自己所擅长的领域，通过持续不断的努力，才能到达成功的顶峰。这样获得的幸福感，就不仅是成功的那一刻，即使在艰辛的、努力奋斗的过程中，仍然可以体会到绵绵流长的愉悦感和幸福感。

幸福是一种心理体验，也是一种感知能力，是理想或目标达成后的兴奋、快乐和满足，也是在为目标、理想奋斗的过程当中体验到的愉悦和幸福。

人们在自我实现的过程中实现自己的价值，完成自己的使命，能够获得比较强的幸福感。这是一种追求创造幸福的过程，这个过程是需要人们的主动性和创造性，它是一种能力，所以获得幸福是高福商群体的一种品质或者能力。

这些能力包括能够享受当下，珍惜身边的人和事，怀着美好的心态体验生活中的点点滴滴，专注于当下的工作和生活；也能够展望未来，用积极的、自信的态度去应对未来的不确定。在与自己相处，与他人和环境互动中感知到幸福的能力，能够在从事各种活动中体验或探索到幸福的能力，还包括获得成功、成果之后对幸福的总结、评估以及超越的能力。

要提升感知幸福的能力就需要调整自己的身体状态，在各种活动中用眼、耳、鼻、身体等去捕捉当下每一刻的情绪和感觉，感受幸福状态的存在；在各种需要的满足中，让自己的快乐、喜悦、兴奋或激动等情绪流淌出来，体验幸福的情感，同时也不刻意压抑负面情绪，在合适的时间、场合好好善待和处理自己的悲伤、抑郁、焦虑、愤怒、恐惧等情绪，知道这些情绪也是获得幸福感的必要组成部分。要成为高福商者，不仅需要积极的思维和观念，更需要身体力行，亲身体验或实践；不仅是追求物资层面的幸福，更要追求精神层面的满足；不仅追求个人的幸福，还要创造社会的幸福，营造自己与他人、与环境的和谐。

专栏 8－3

谁是世界上最幸福的人?

20 世纪 80 年代，西方媒体曾经向社会征集过“谁是世界上最幸福的人?”结果，从众多的答案中投票选出的结果认为有四种人是世界上最幸福的人。

第一种是刚给婴儿洗完澡的妈妈。一个妈妈刚刚给自己的宝宝洗完澡，怀抱着婴儿露出了满意而幸福的微笑；

第二种是目送病人走出医院的医生。一个医生给病人进行了成功的手术，不久目送着病人走出医院，充满了成就感和幸福感；

第三种是完成沙堡的孩子。一个儿童在海滩上用沙子堆成了一个建筑，面对这个创造物，孩子围着转圈，欢呼雀跃；

第四种是完成作品的作家。一个作家经过长期的创作，写完了最后一个字，为他的作品画上了一个句号，脸上浮现出满意的笑容。

我们可以看到，所有这些幸福的人，都是全身心地投入其中，经过努力，完成了他们感兴趣的工作。他们看着自己的成果，兴趣盎然或陶醉其中，感觉到深深的满足和幸福，感受到了生活的价值和意义。这就是一类能够追求幸福、感知幸福和创造幸福的高福商的人，也是具备很高幸福能力的人。

三、有积极的思维方式，成熟的心理防御机制

高福商者具备比较积极的思维方式。对同一件事情，他会从不同的角度去理解和解释，而且更多的会从正面的、积极的意义上去考量。比如竞聘某个岗位失败了，他会认为虽然失败了，但自己尽力了，而且也让别人看到了自己的努力，自己也尝试了不同的方法，知道了也许他的优势不在这个方面，这件事情的失败并不等于自己本身的失败，从失败中他还看到了自己的钻研、坚韧和勇于挑战等品质。有时候物质层面有损失，他会觉得在心理层面和社会效益层面获得的更多。所以他幸福感的来源不仅仅是物质财富，还可以从不同层面获得更多的感悟和收获。

每个国家都有国防军或国防装备来保护自己的国民，而心理防御机制类似于我们每个人心理上的“国防”。如果外界有不测、灾难或挫折，或者内心有矛盾、冲突时，心理防御机制可以保护我们，减轻内心痛苦，免于崩溃的境地。高福商者较少地使用否认、反向、被动攻击、退行、隔离等不成熟的防御机制，会运用积极的防御机制来处理内在的矛盾和冲突，更多地用升华、幽默、利他等防御机制来缓解尴尬，减轻内心的不安，保持内心的安宁和平静，能够有效地处理自己的各种心理问题。

比如，升华是把我们内心被压抑的无意识的动机或冲突，通过某些社会可接受的方式展现出来，或成为社会所赞许的创造性的成果。西汉文史学家司马迁，因仗义执言，得罪了当朝的皇帝，被判处宫刑（对男性施以阉割），在狱中，他化悲愤为力量，写出了中国历史上第一部纪传体通史《史记》，对后世史学和文学的发展都产生了深远的影响。此外，身怀抱负的孔子在动乱、困厄之时著有我国古代儒家典籍“六经”之一的《春秋》，兼具才情的屈原被放逐后写了中国古代最长的抒情诗《离骚》，战国时期军事家孙膑惨遭膑刑（削去膝盖骨）后修了《孙膑兵法》等。这些著名人物都是在饱受痛苦和屈辱之后，运用了“升华”的防御机制，内心的这种动力和智慧不仅保护了自己，使个人得以度过最艰难的时刻，他们的勇气和力量还给后人留下了珍贵的心理财富。

在现实层面，高福商者也能采取客观、科学的方法，调整或运用不同的应对机制，或调整观念、方法和策略，或求助于他人，或争取更多的资源……积极地去应对和解决现实问题。这样，他们能够变消极为积极，变被动为主动，从负面事

件中得到更多正面的、积极的感悟和体验，获得充分的愉悦感和幸福感，对人生的理解也会更深刻，更通透。

四、独立并有良好的人际关系，能适应环境

在PERMA模式中，R元素（人际关系）是其中的一个重要元素。有人曾要求积极心理学专家克里斯托弗·彼得森用两个字来描述积极心理学是讲什么，他回答了两个字："他人"。这意味着要保持积极的心理状态，就要有和谐融洽的人际关系。有研究发现，拥有朋友与良好的生活满意度和健康状况之间存在稳定的相关关系（李富业、马艳、刘继文，2010）。

高福商者能够清楚地认识到自己是谁，而且能够接纳自己，有自己独立的思维和想法，有自己的目标，不人云亦云，也不轻易地屈从于他人。在这个基础上，他们也能够认识到别人的处境，理解别人的想法，能够换位思考，能够与别人愉快相处，能够很好地适应各种环境。

要构建良好的人际关系，必须在独立自主和依赖别人之间求得一种平衡，需要在人与人的关系当中划定和坚守自己的心理边界。所谓的心理边界，是指非常清楚自己应该做什么，别人应该做什么。尊重自己的情绪，不将自己负面情绪的困扰归咎于别人，尊重自己的态度和行为，为自己的选择负责任；另一方面，也尊重他人的信念、价值观和欲望，不在这些方面干涉他人，也不为他人的伤心、愤怒和痛苦等负面情绪放弃自己的原则和立场，让他为自己负责。高福商者跟别人沟通和相处时，他们会采取这样的一些办法：

第一，他们不会纠结于谁主动谁被动的问题，他们可以主动和对方沟通，认真倾听别人对自己的要求，而且能感受到对方的需要，同时也能把自己的想法和观点明确地告知对方，尽量找到彼此的共同点。

第二，高福商者在不同领域有非常强的能力，有很多杰出的表现。他们非常独立，既能做到经济上的独立，也能够做到精神上和心理上的独立。有独立的价值观和世界观，能够自己照顾好自己，能够处理好工作和生活中的很多事务。同时，在需要帮助的时候，也愿意和懂得请求别人、麻烦别人，让别人协助自己完成某些事务，弥补自己的缺陷，也让对方体会到被需要的感觉，满足其存在感和价值感，以这样的方式来加强人际关系的广度和深度。

第三，高福商者除了完成自己的工作和事业，还能够创造条件让其他人接近

或加入自己的事业，或者以自己的事业吸引广泛的人脉，共同营造梦想，实现未来的愿景。在这个过程中，彼此磋商、互相支持，共同达到事业的顶峰。

第四，高福商者既能够顺应国际形势、国家政策、企业文化等外在条件的变化，按照法律法规、伦理道德、民俗文化等来开展自己的兴趣爱好，专注于自己的工作和事业，也能够敏锐地觉察环境中的某些变化，能够适时抓住变化中的一些机会和资源，把这些机会和资源与自己的兴趣爱好结合起来。既满足了自己的成就感和使命感，也为组织效益、国家利益、造福人类尽了自己的一份力。从而使得自己的工作、事业乃至生活有更广阔的空间，更长远的发展趋势，同时让自己的生活更丰富多彩，收获经济效益、社会效益和心理效益。这样营造出的幸福感就不是单一的，而是不同维度、不同侧面、不同层次和空间的幸福感。既有物质层面的幸福感，也有精神层面的幸福感，达到了某种至高至上的境界。

第九章　幸福的家庭是怎样的？

幸福的家庭究竟是怎样的？答案可谓仁者见仁智者见智。我们很难将幸福家庭的评判类比实际工作绩效考核般完全标准化、定量化测度，但综观大多数幸福家庭不难发现它们所具备的一些共同特质，正如托尔斯泰在《安娜·卡列尼娜》一书中的开篇语所说："幸福的家庭都是相似的，不幸的家庭各有各的不幸。"幸福的家庭是指建立在一定物质基础之上的、家庭成员内部以及与其他社会成员关系和谐、同时达到家庭成员物质与精神双重满足、自我追求与外部供给有机统一的家庭。为了对幸福家庭有更深入的了解，本章主要从物质基础和精神交流两个维度对幸福家庭的共同特质展开探讨，家庭收入、医疗保障、住房和教育资源四个方面构成了物质基础的核心要素，而精神交流则主要从夫妻、亲子以及代际之间关系的处理来解答幸福家庭的共同特质。

第一节　搜寻幸福家庭的共性

一、幸福家庭的含义

我国著名的国学大师梁漱溟曾说过，中国人的"家"决定了中国社会经济的命运，乃至中国整个文化的命运。众所周知，家庭是每一个人成长与发展的最基础且最关键的平台，它对个体的文化传承、道德教养、情感满足乃至全面发展等多方面发挥着至关重要的作用。家庭所处的阶段与状态直接影响着每一个家庭成员的意愿与行为，关系青少年人生观、世界观、价值观的树立和形成，关系着中年人的工作状态和健康状况，也关系着老年人的居家养老保障(童玉芬，2014)。在2016年12月12日全国文明家庭表彰大会上，习近平总书记明确指出："家庭是社会的细胞。家庭和睦则社会安定，家庭幸福则社会祥和，家庭文明则社会文明。"可以说，家庭的幸福与否决定了每一个家庭成员的生活状态和生活环境的优劣，更与社会的稳定发展紧密相关。

要想实现幸福家庭，首先需要对其含义有所认识。"幸福家庭"一词由"幸福"和"家庭"两部分构成。幸福的概念我们已经做了详细介绍，这里不再赘述。而关于"家庭"，马克思和恩格斯在《马克思恩格斯全集》中(2006)就曾指出："每日都在重新生产自己生命的人们开始生产另外一些人，即增殖。这就是夫妻之间的关系，父母和子女之间的关系，也就是家庭。"美国社会学家E. W.伯吉斯和H. J.洛克在《家庭》(1953)一书中提出："家庭指的是由血缘或婚姻等纽带连接起来的，个人都以父母、夫妻、兄弟姐妹等社会身份相互交往进而创造出一个共同文化的人的群体"。因此综合各家观点，本书认为幸福的家庭指的是能够实现家庭成员内部以及与其他社会成员关系和谐、同时达到成员物质与精神双重满足、自我追求与外部供给有机统一的家庭。

二、幸福家庭的共性

正如文豪列夫·托尔斯泰所说，"幸福的家庭都是相似的，不幸的家庭各有各的不幸。"幸福的家庭共性从深层次来说也恰恰就是幸福家庭内涵的具体表现。

(一)整体性和联动性

幸福家庭具有整体性。主要是因为家庭是由所有家庭成员构成，且每一位家庭成员都由紧密的家庭关系所连接，进而形成密不可分的利益共同体。因此家庭的幸福无法进行分解，也不能由某一个或某一些家庭成员的幸福来代替。虽然任何一个家庭成员的幸福都不能代替其他成员的幸福，但是当幸福的层面提升到家庭这个整体时，家庭幸福会为家庭成员所共享。与此同时，家庭成员个体的幸福也可以传递到其他成员，进而延伸成为整个家庭的幸福感受，反之亦然。例如，若一个家庭成员突然身患重病需要其他家庭成员进行照料时，与他有着紧密联系的家人就会付出相当的时间、金钱和精力来照顾他，同时给予患病成员以强大的思想和精神支撑共渡难关。所谓幸福同享，困苦共担。所以家庭中个人生活状态的好坏不仅会影响其自身感受，也会对其他家庭成员的生活质量产生影响,进而提升或拉低整个家庭的幸福感,这即是幸福家庭所具备的联动性。

(二)比较性

一个家庭的幸福往往是通过比较来实现的。而比较一般可以分为横向比较和纵向比较,横向比较指的是家庭成员拿自己的家庭与身边的朋友、亲戚乃至关联度不是很大的人群或家庭相比较,而纵向比较指的是家庭成员将家庭目前所处的状态与过去或未来某个时段的家庭境况进行比较。乐观幸福的家庭懂得如何通过对比来获取家庭的幸福感:当横向比较时,幸福家庭往往将自己家庭的长处和优势与其他家庭进行对比,"拿自己的短处和别人的长处比,怎么比怎么憋屈;拿自己的长处和别人的短处比,怎么比怎么幸福",就是这个道理。同理,当进行纵向比较时,幸福的家庭在家庭发展处于上升期时会将当前的优质生活和过去的生活进行比较,获得幸福感;而在家庭遭遇变故时,则会将当前的窘迫状态与对未来幸福生活的期盼进行对比,奋勇前行,避免消极悲观的负面情绪产生。总而言之,幸福的家庭懂得如何挑选对比对象和时段,进而获取满足感和幸福感。

(三)阶段性

幸福家庭的阶段性是指其自身发展以及自身发展标准的阶段性。就其自身发展而言,幸福家庭的建立与发展是家庭成员为维护和提升家庭利益进而实现家庭理想的一个呈现动态上升趋势的长期过程,是一个连续且持久的漫长阶段。而就幸福家庭的标准而言,随着社会经济的不断发展,人们在家庭生活水平不断提升的同时,对于物质文化的需求层次也在不断提升。美国著名心理学家马丁将家庭幸福比作"跑步机":家庭成员在过去一段时间努力创造的财富所带来的满足感只能维持一时,当家庭幸福感达到一个新的水准,家庭成员的眼光就会进一步放到更高的水平上。因此幸福家庭始终是与时俱进、永无止境的,就像跑步机一样时刻保持行进状态而不会停歇。20 世纪 90 年代人们组建家庭"三大件"便是幸福的基础物质保障,而当今家庭的重要物质基础早已升级为房子和车子,所以幸福家庭的特质是与同时期社会经济发展水平紧密相连的,呈现阶段性和时代性的特征,它是发展变化着的。因此现今幸福家庭的内涵和标准与新中国成立之初以及改革开放之初,甚至与刚过去的几年相比,都是存在差异的。

(四)差异性

幸福家庭虽具备较多共性,但这并不意味着幸福家庭都是完全相似的。由于社会经济、地区文化、家庭环境以及家庭自身的生活理念等结构性因素的不同，幸福家庭之间也是存在差异性的。如果两个家庭分别在社会、经济、文化、环境差异较大的地区居住，即使都具备同样的物质基础和收入条件，两个家庭的幸福标准和幸福程度也会因为所处地区的不同而表现出明显的差异性。例如内地欠发达地区的收入水平之于北上广深等一线城市相去甚远，内地较宽裕的一份经济收入在一线城市甚至不够支付每月的房租，因此不同区域的家庭对幸福的标准呈现明显的差异性。

三、幸福家庭的功能

幸福家庭的功能是指当家庭实现内外关系和谐、精神和物质需求得到满足、家庭成员的价值追求得以实现，即实现幸福家庭状态时，家庭所能够作用于家庭成员的能力和效果。一般认为幸福家庭的主要功能有生育功能、情感功能、经济功能、教育功能和保障功能。

（一）生育功能

在传统的中国小农经济社会中，劳动力的再生产是家庭婚姻的首要任务，古语有云“不孝有三，无后为大”便是最好的印证。即使在现代，下一代作为维系家庭关系的核心桥梁，也承载了家庭的未来与希望。从这一角度可以看出，生育功能是幸福家庭所能提供的最基本功能。虽然随着社会经济的发展和文明的进步，幸福家庭的这一功能略有弱化（如丁克家庭的出现），但是共同抚养新生命是绝大多数幸福家庭所具备的功能。

（二）情感功能

在西方对于家庭（family）一词有一种解释是将其拆分为 father（父亲）—mother（母亲）me（我）—love（爱）—you（你们），这从字面上便描绘出了一个三口之家其乐融融的形象。而这也从另一方面反映了家庭的一个重要功能：情感功能。在现代社会中，由于快节奏的激烈竞争，人们长期处于心理紧张、压力较大的生活状态。而幸福家庭的情感功能则可以使家庭成员有被爱、被重视、被关注的感受，并能使家庭成员通过彼此之间的理解与关爱化解来自工作和生活的压力，为人们提供休息的港湾，使家庭成员可以保持心理上的平衡、实现自爱、自尊和自信。根据 2012 年中国人口福利基金会与中国人民大学共同开展的“中国家庭幸福发展指数研究”显示，幸福的家庭中，家人“很少”甚至几乎“从不”感觉到沮丧或抑郁的比例分别高达 84.1%和 77.4%，显而易见，幸福家庭的情感功能对于调节家庭成员的心理感受有着不可忽视的作用。

(三)经济功能

幸福家庭的经济功能主要包含家庭生产和消费两个方面，具体来说就是通过家庭成员的生产劳动获取收入以供给家庭的经济所需，进而实现维持家庭成员的日常生活需要并规范家庭生活秩序的目标。每一个家庭成员日常的吃穿住行都需要一定的经济支撑，同时具有劳动能力的家庭成员也需要通过工作获取经济来源来支撑家庭的日常开销，即家庭的经济功能。

(四)教育功能

教育的主要来源包括家庭教育、学校教育和社会教育三个方面，而家庭教育是影响最为深远且最重要的部分。一个人自出生时起就一直深受家庭教育影响，它既不像学校教育具有阶段性和不连续性，也不像社会教育产生的是间接性影响，家庭教育相伴终生。因此幸福的家庭会竭尽所能为下一代提供最好的家庭教育环境，父母做到言传身教，同时也会不遗余力地为孩子提供好学校等外在教育资源，这样才能给下一代提供更好的人生影响。

(五)抚养和赡养功能

抚养和赡养功能是家庭代际关系中双向义务与责任的具体体现。抚养就是保护并教养，是家庭中长辈在晚辈成长过程中对其进行的教育和保护。赡养功能是指晚辈在成年之后为长辈承担一定的经济责任，为其提供必需的经济帮助的行为。两项功能是实现社会交替的根本保障，是人类和社会延续的重要保证。在一个幸福的家庭中，长辈对晚辈关怀备至，晚辈对长辈孝顺有加，倘若一个家庭中长辈在晚辈成年前对其不管不顾，晚辈对年老的长辈不闻不问，这样的家庭自然毫无幸福可言。

(六)休息和娱乐功能

工作和学习固然重要，但休息和娱乐也是生活中必不可少的要素。通常人的一生有一半以上的时间是在家庭中度过，孩提时代，家庭为人们提供成长和发展的庇护场所，成年之后家庭为人们提供休憩的港湾，老年之后家庭又成为人们颐养天年的屋檐。幸福的家庭必然能给每一位家庭成员提供放松而舒适的空间，让人能有更充足的动力投入繁忙的学习和工作当中，同时也能让家庭成员间的感情在休息与娱乐中得到提升，进而营造和谐亲密的家庭关系。随着社会经济与文化的不断发展，人们在休息和娱乐方面的需求也由单一化转向多样化，与之相应的，家庭的休息和娱乐功能也日趋丰富起来。

第二节　物质基础是家庭幸福的奠基石

影响家庭幸福的因素是多层次、多方面的，家庭幸福是指家庭在不同层面都理想地达到了满意的状态，影响家庭幸福的指标可以分为：家庭经济条件、家庭安全保障状况、家庭成员关系状况和家庭成员健康状况四个维度。这四个客观维度映射到家庭成员的主观感受，当家庭成员对这些维度的感受和评价表示满意时，家庭的幸福感较强。影响因素与家庭幸福的逻辑关系如图 9－1 所示（童玉芬，2014）。然而，如果将四个维度进行更大的类别划分，不难发现，家庭经济条件、家庭安全保障状况和家庭成员健康状况可归为物质基础保障范畴，而家庭成员关系属于情感交流的范畴，是受有形与无形的复合因素综合影响。因此，本节先从物质基础对家庭幸福的影响入手展开论述。

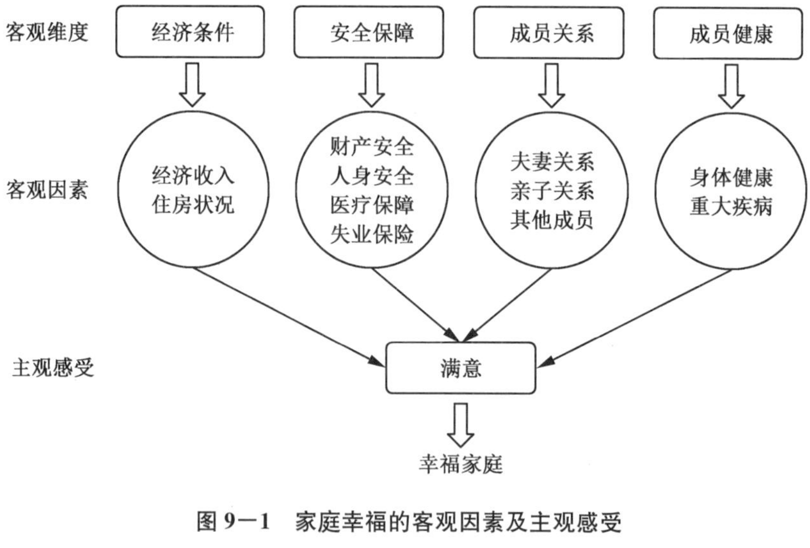

图 9－1　家庭幸福的客观因素及主观感受

从需求层次看，实现物质富有更能提升人的幸福感。管子有言："仓廪实而知礼节，衣食足而知荣辱。"与此同时，马斯洛的需要层次论中也提示：只有满足基本的物质条件，需求才会向更高层次发展。因此，物质基础是家庭幸福的奠基石,是影响人的主观幸福感的基本问题。具备一定物质基础是家庭幸福的基本前提,目前对家庭幸福影响较大的物质基础可概括为以下几个方面:家庭收入、医疗保障、住房与教育资源。

一、家庭收入

不同家庭之间的收入分配状况既患寡也患不均,即家庭收入对家庭幸福的影响主要体现在两个方面,一方面是收入高低对家庭幸福感产生影响,另一方面是不同家庭间的收入差距大小对家庭幸福感产生影响。

(一)收入水平

由于社会经济的快速发展,我国居民的生活品质也随之不断提升,居民家庭幸福感是否也随之提高成为公众关心的话题。2014 年,中国家庭金融调查与金融中心发布的国民幸福报告结果表明:幸福指数与收入或资产水平成正比,以家庭年可支配收入为例,可与和收入最低 10%的家庭平均幸福指数仅 123,远低于可与和收入最高 10%的家庭高达 142.3 的平均幸福指数,两类家庭相差近 20 个百分点(见图 9—2)。但有钱就一定幸福吗?研究结果显示不一定,根据该报告,在家庭年可支配收入最高 10%的家庭中,家中有身体不健康成员的家庭平均幸福指数只有 123,这一数值低于家庭年可支配收入最低 10%但家庭成员身体健康状态良好的家庭(其平均幸福指数达 126.7),这充分说明物质基础是影响家庭幸福的重要因素,但并不是唯一因素(陈秋玲、许玲丽、石灵云,2015)。

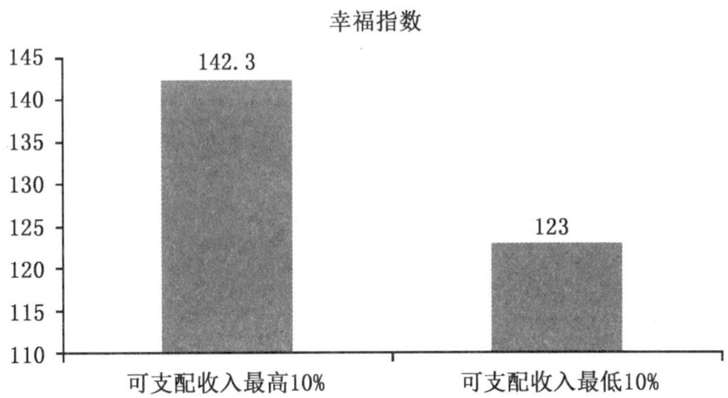

图 9—2　幸福指数与物质财富

其实,学界有关收入与幸福之间关系的研究由来已久。早在 1974 年伊斯特林(Easterlin)和理查德(Richard)就提出"收入一幸福悖论",即收入水平的提高不一定提高人们的幸福感,研究结果表明:收入水平的高低对家庭幸福感会产生重要影响,高的收入水平一方面能更好地满足人们的物质需求,另一方面通过增加人们的自信心和成就感从而提升幸福感。然而,收入水平与幸福之间并不总是正向关系,即:当家庭收入处于较低水平时,收入水平的提高会显著改善家庭的生活质量,家人的幸福感提升明显;当收入提升至一定水平后,家庭的基本需求都已基本满足,收入水平的提高对家庭的幸福感提升依然存在影响,但影响的程度已不显著,甚至可能存在幸福感降低的情况。

中国经济生活大调查(2016~2017)数据显示,年收入30万是幸福的拐点,对高收入阶层而言,幸福感会随收入的增加而下降。[①] 例如在部分较富裕的家庭,孩子会因长期处于优越的生活环境而不学无术,整天游手好闲惹是生非,导致家庭的整体幸福感降低。

可见收入水平与家庭幸福之间存在倒U形的关系,当收入在临界值之前,收入水平提高幸福感提高,当收入超出这一临界值后,收入水平提高,幸福感反而降低(俞辉、狄婷婷,2015)。李清彬、李博(2013)根据中国综合社会调查2006年数据(CGSS2006)测算出中国居民的幸福一收入临界值大致在人均月收入3 300元。中国大多数家庭目前处于第一阶段,所以,收入水平与幸福感之间多呈现正向关系。

(二)收入差距

社会攀比心理总是普遍存在着,生活中不患寡而患不均的现象比比皆是,然而伴随家庭间收入差距的拉大会对家庭幸福造成负面影响。目前由于我国城乡二元经济结构的存在,城镇收入水平普遍高于农村,城镇居民的幸福感在一定程度上高于乡村。此外,东南沿海经济较发达地区较之西北内陆地区的家庭收入也存在较大的差距,从而导致收入较低家庭的幸福感难以提升。家庭收入差距的拉大甚至诱发社会中行为偏激者产生愤世嫉俗的心理,通过在公共场所制造暴动以发泄内心不满。因此,家庭间的收入差距会影响家庭的幸福感。

二、医疗保障

马斯洛需求层次理论指出,当人们最基本的生存需求得到满足后便会追求

---

① CCTV节目官网:tv.cctv.com/2017/03/07/,最后访问日期:2018/10/08.

更高层次的安全需求，其中包括人身安全、健康保障等。完善的社会保障和医疗救助体系将有效地提高人们的安全感，满足人们的安全需要，进而促进家庭幸福。康蔚林(2016)从福利社会学的角度出发，通过对大数据的分析发现：拥有医疗保险的居民其生活幸福感比没有医疗保险的居民幸福感更高。刘瑜(2015)通过对微观数据的分析及模型检验指出，提高社会保障水平能够显著增进中国居民的主观幸福感。具体来说，当社会保障指标提高一个标准差(0.33)，能使居民感觉“很不幸福”“比较不幸福”和“居于幸福和不幸福之间”的概率分别下降0.21％、0.83％、1.42％，但却可以使居民感觉“比较幸福”和“完全幸福”的概率上升0.85％和1.61％。而丁述磊(2016)以公共服务为影响因素对主观幸福感进行研究，发现提升医疗卫生服务水平能显著提升农村居民主观幸福感，而提升基本住房保障服务水平以及劳动就业服务水平能显著提升城镇居民的主观幸福感。

2018年暑期热映的电影《我不是药神》之所以引起强烈社会反响，正因为它围绕着社会医疗保障体系与人身健康，以及与无数患病者的家庭幸福这一热议话题展开。影片中患癌老奶奶即使卖房卖地也难以承受每月巨额药费开销的悲惨经历令人唏嘘不已。有些家庭原本生活并不困难，但由于家庭成员的一场大病导致整个家庭陷入危机，为支付高额的医药费引发一幕幕悲剧。这部影片是当前社会上很多因病致穷，导致病患者家庭破裂的真实写照。没有健全的社会医疗保障体制，人生健康得不到保障，就无从谈家庭幸福了。

就现实而言，虽然我国已全面建立医疗保障体系，但由于不同地区经济发展水平存在差异，导致医疗保障的完善度以及保障水平参差不齐，而医疗保障对家庭幸福的影响存在明显差异。路建建根据中国家庭追踪调查(CFPS)2010、2012以及2014年的面板数据，构建了双固定效应模型研究居民医疗保险对幸福感的影响，结果表明：东中部地区参加医疗保险对幸福感提升有显著影响，而西部地区参加医疗保险对幸福感的提升影响并不显著。研究发现东中部地区的医疗保障设施相对完善，医疗水平较高，居民生病后能够获得较好的医治服务，因此对于生病不会有太多的顾虑；而西部地区医疗设施相对落后，医疗保障不完善，若家中有成员生重病，当地很可能因无医治救治条件而要转到外地医治，医治费用提高，甚至还可能延误治疗时间。医疗保障总体而言对家庭幸福的影响是正向的，但也会因地区之间的差异对家庭幸福的影响程度出现差异。

三、住房

在中国的传统文化中，住房作为家庭的物质载体具有举足轻重的地位，是维持婚姻和家庭稳定的基石。住房对家庭幸福的影响在于对绝大多数家庭而言，它在家庭支出中所占比例较大，也在于它是家庭生活的物质载体，更在于它给家庭成员心理所带来的象征意义和安全感。2012 年中国人口福利基金会与中国人民大学共同开展的针对我国 16 个城市共9 000多个家庭的联合调查的结果表明，没有购房的人群中只有 76.1%觉得自己是幸福的，远低于拥有住房人群的幸福比例——84.2%。陶涛等人(2014)在这一调查结果的基础上更进一步地研究发现，住房面积越大、居住条件越好，家庭幸福感也就越高。目前，由于对住房的过高需求导致住房价格居高不下，尤其在国内一线城市，高额房贷的压力已成为影响家庭幸福的一个重要因素。

(一)住房价格

近年来节节攀升的房地产价格已成为影响家庭幸福的关键因素。不仅如此，为争夺社会优质教育资源，学区房供不应求，价格直线攀升。此外，不断攀升的房价吸引了大量社会游资投入地产业，市场出现组团购房现象，而各地政府出台的限购政策缩紧了住房的供应，造成房地产供应与需求之间严重失衡，进一步拉高房价。过高的房价使众多中等收入家庭背负房贷成为“房奴”，新浪网房产频道最新的一项调查数据显示，我国 91.1%的人通过按揭买房，其中 31.75%的人月供超过收入的 50%，[①]而对于低收入家庭而言买房更是成为不可能的梦。2013 年中国家庭金融调查数据显示，各省房奴比例与各省幸福指数排名负相关。就中国目前的状况来看，大多数人都经历过或者正经历着房奴的日子，有些人甚至是挣了大半辈子钱也未必能买得起房子。心理保健专家表示，现在房奴们承受着“一天不去上班，就像是被全世界抛弃”的精神重压，时常会出现困惑、焦虑、烦躁的状态，导致个人幸福感降低，整个家庭的幸福感难以提升。

(二)住房品质

当人们拥有了居住的场所，会逐渐过渡到对住房品质的追求上。根据 2012

---

① 尴尬了，付了首付还不起月供！万万不要高估自己的购房能力！搜狐网：https://www.sohu.com/a/165522275_99972365.最后访问日期：2018/10/08.

年中山大学社会科学调查中心开展的“中国劳动力动态调查”(CLDS2012)数据进行实证分析表明:家庭幸福感伴随着住房品质的提高而上升。住房品质包括住房本身的好坏以及住房周围环境的好坏(高红莉、张东,2014)。品质好的住房冬暖夏凉,采光通风兼优,内部装修温馨舒适,居住在里面让人身心舒畅,与家人一起享受天伦之乐,幸福感油然而生。不仅如此,住房周边的环境也会对幸福感产生影响,如果居住地空气清新,环境优美,拥有较好的绿化、商业服务、物业管理等配套设施,交通便利,这样的住房比居住环境嘈杂、整天异味弥漫、采光不佳、出行不便的住房能给人以更高的家庭幸福感。

(三)住房产权

林江和周少君(2012)利用大型微观数据库 CGSS2006,首次对城市住房价格、住房产权和城市居民主观幸福感之间的关系进行实证分析。研究显示,居民拥有住房产权能增加幸福感,租房者的幸福感低于有房者的幸福感。住房除了具有居住属性,还具有投资属性,拥有住房产权的人可以用来投资,从中获取收益,也是一种幸福的来源。然而,也不乏为了获取住房产权,通过申请大量的贷款来实现,从而因为沉重的债务负担,或者房价下跌导致利益损失,导致幸福感降低的真实案例。需要清晰地认识到,住房的首要功能是实现居住的功能,实用价值大于经济价值。

专栏 9-1

房价与家庭幸福

“幸福不在于房子面积的大小,而在于房子里有多少欢声笑语;幸福不在于每天穿着名牌服装,而在于家人是否都身体健康……”这些话旨在淡化物质的重要性,然而说起家庭幸福,大多数人都会联想到房子。房子和幸福感这么密不可分吗?根据 2013 年中国居住小康指数调查,有近万公众认为住房与家庭幸福是紧密相连的,其中 59.8%的被调查者认为房价越高会降低家庭幸福感。

2014 年我国幸福感排名前十的城市分别是:哈尔滨、南京、惠州、杭州、青岛、宁波、烟台、信阳、成都、济南(见图 9—3)。

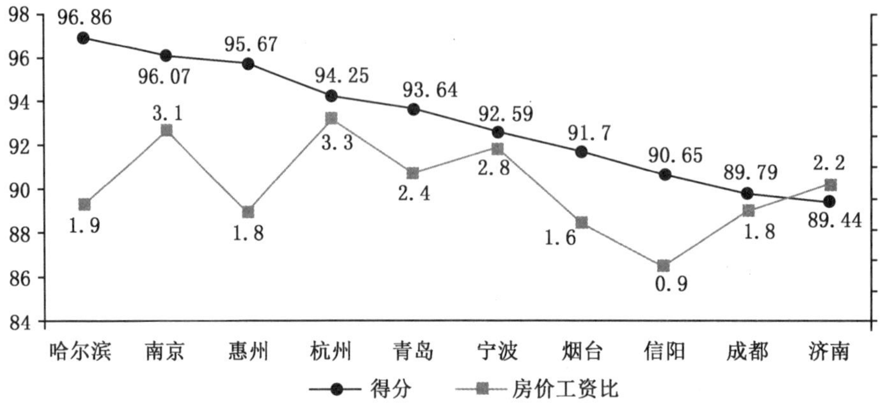

图 9—3　前 10 个幸福城市得分、房价工资比

其中,位列幸福城市之首的是得分 96.86 的冰城哈尔滨。据百城房价数据显示,2014 年 11 月,哈尔滨住房均价为7 158元/m^2,环比下跌 1.17%,较其他城市相比,哈尔滨房价下跌最多。从《2014 年最新全国 309 个城市平均工资单》数据看,哈尔滨人均工资3 731元,有 43.6%的市民工资位于2 000～3 000元,然而房价是他们工资的 1.9 倍,较其他城市房价工资比处于较低水平。

排在幸福榜次位的是得分 96.07 的南京。11 月,南京住房均价13 913元/m^2,环比上涨 0.17%,微幅上涨。2014 年,南京人均工资4 447元,59.8%的市民工资低于6 000元,然而房价是其 3.1 倍。

惠州得分为 95.67,排名第三,是广东最具幸福感的城市。11 月,惠州住房均价6 487元/m^2,环比下跌 0.86%。2014 年惠州人均工资3 493元,56.7%市民工资位于2 000～3 000元,多于一半的人属于中低收入者,房价是工资的 1.8 倍。

观察图 9—2 中前 10 个幸福城市的房价工资数据,不难发现数值基本在同一水平小幅波动,而这 10 个幸福城市的住房均价是相差甚远的,说明相对于各地住房均价,幸福感的高低与房价工资比的关联性更高。

四、教育资源

“望子成龙,望女成凤”是我国父母对子女希冀的真实写照。孩子受教育情况既关系到孩子未来的生活状况以及对父母长辈的赡养能力,又会影响到父母养儿育女的成就感。因此,无论是出于对子女未来发展的关心,还是出于对自身养老的考虑,孩子接受好的教育都有利于家庭幸福感的提升。

调查显示,对孩子受教育情况(包括学校设施、师资及孩子成绩)表示非常满意的家庭其家庭幸福感高达 90%,明显高于对孩子受教育情况非常不满意的家庭(57%)。显而易见,教育资源作为物质基础的一部分,已经越来越成为影响家庭幸福的重要因素。国人普遍认为孩子接受好的教育才能具备强大的竞争力,才能在激烈的社会竞争中获得先机和优势。于是,大多数家庭都在力所能及的条件下给予下一代最好的教育支持,不仅是家庭教育,还包括学校教育和社会教育资源的争取。

然而,优质的教育资源总是稀缺的,在重视教育的当下,也出现了诸多由于过分追逐优质教育资源以期改变孩子出身带来的命运,却让家庭背负难以承受的经济负担,孩子背负沉重学业负担,从而使原本幸福的家庭带来不幸的悲剧。电影《起跑线》、电视剧《虎妈猫爸》等影视作品用幽默讽刺的叙述手法反映了当下“鸡血”父母对教育过度重视,过犹不及,适得其反的荒诞行径,也反映了社会教育资源分配不均的窘境。国家需要不断完善教育体系,努力使教育资源达到公平分配,这有利于家庭幸福感的提升。

丰富的物质基础能给人带来满足感,提升幸福感,然而物质基础并不是家庭幸福的必要条件,只是充分非必要条件,人们不能太过依赖物质条件的满足来提升家庭的幸福感。正如霍华德金森教授所述:“任何由物质支撑而来的兴奋感是不持久的,当物质消失以后,幸福感会逐渐降低直至消失。”只有心灵上的满足才是长久的,家庭成员之间在情感上达成共识,每天身心愉悦,这样的幸福感才是真实存在的,也是值得提倡的。因此,我们不妨进一步讨论下家人之间情感的交流对家庭幸福的影响。

第三节　情感交流是家庭幸福的黏合剂

物质条件的丰富确实能提高家庭的幸福感,但这并不是必须的,并且当这些物质条件达到一定水平以后，再增加这些物质未必能增加家庭的幸福感，比如不是每一个富人都幸福，对于富人而言，不存在基本物质条件的问题，但如果他的家庭成员之间关系并不融洽，家庭氛围不良好，这个家庭未必幸福。所以，情感交流是家庭幸福的黏合剂，谈论家庭幸福还需从心灵沟通和情感交流的层面，包括家庭成员之间日常相处和情感认知维度剖析。

家庭关系依据主体不同可分为夫妻关系、亲子关系以及代际关系。幸福的家庭往往是由甜蜜美满的夫妻关系、亲密无间的亲子关系以及孝顺和谐的代际关系组成的。

一、甜蜜美满的夫妻关系

夫妻关系是家庭关系中的核心，在家庭中具有承上启下、养老育幼的作用(张杰，2003)。在所有家庭成员关系中，夫妻关系的优劣对家庭幸福起着关键甚至决定性的作用。夫妻关系对家庭幸福感的影响体现在夫妻之间的情感交流中。夫妻之间无话不谈、真诚相待、和睦相处，就能为家庭营造一种幸福美满的氛围，孩子能从父母的言行中感受到温馨和甜蜜，幸福感也随之提升。然而现实家庭由于需要承受激烈的社会竞争、残酷的经济压力、差异的风俗伦理等多方面因素的考验，离婚率逐年上升，越来越多的人开始认同“婚姻是爱情的坟墓”等消极观点。民政部《2017 年社会服务发展统计公报》司法的大数据也显示，婚姻的保质期在缩短，已经等不到“七年之痒”，离婚率在婚后 3 年出现一波高峰值。司法大数据研究院《离婚专题报告》中一项关于“亲密关系中的适应过程”的研究表明：有 45.9%的离婚夫妻是因为感情不和，原因主要是没有积极的沟通交流，妥善处理差异和分歧，部分人选择忽视或逃避问题，最后使小矛盾质变成大矛盾，最终导致离婚，婚姻不圆满的家庭幸福感自然较低。[①]

在北上广这样快节奏的城市，很多夫妻都因为“996”(早 9 点到晚 9 点，每周工作 6 天)的工作模式导致夫妻之间几乎没有时间沟通交流，相处中往往通过挑剔和埋怨对方来转嫁自身的压力。意见不合的小事日积月累，拌嘴争吵成了家常便饭，柴米油盐的琐碎消磨了夫妻间的甜蜜感，最终走向离婚。

① 离婚大数据曝光让人心寒，是什么谋杀了你的爱情。网易谈心社：https://c.m.163.com/news/a/DOMIG0340001982T.html? spsw=2&spssid=6989de530d204cc60d592491e94a7afd&spss=newsapp&from=timeline&isappinstalled=0，最后访问日期：2018/10/08.

专栏 9－2

离婚导火索——吃饭口味不合

河南焦作有一对婚前非常恩爱的夫妻，婚后由于吃饭的口味不同而经常拌嘴，两人一个口味清淡，一个无辣不欢。两人都是 90 后，结婚还不到一年。最后，这期间小两口由于口味不同争吵不断。恋爱期间两人感情非常好，婚后却常因为生活琐事发生争执，口味不同常成为争吵的导火线。最后，妻子在一怒之下，竟要求与丈夫离婚。

美国心理学家戈特曼(Gottman)在他的爱情实验室进行了一项长达 40 年的婚姻关系研究。是什么毁坏了一段婚姻？幸福的婚姻有什么共性？带着这些问题，戈特曼邀请了 700 对夫妻参与他的研究，最终给出的答案——毁坏婚姻的正是不了解，不理解，不接纳。夫妻间幸福的婚姻秘诀："因为了解，所以理解；因为理解，所以接纳；因为接纳，所以幸福。"这种了解、理解、接纳不是要求对方一定要放弃自己的兴趣爱好，来与爱人保持步调一致，而是彼此之间理解和接纳对方的需求。而他的研究还指出婚姻的"末日四骑士"：批评、鄙视、辩护与冷战。究其根本，还是不理解和不接纳所致。而幸福婚姻的共性在于妥协、尊重和交流。戈特曼认为，婚姻是两个人价值观、个性怪癖和个人思想的结合。三观一致是青年人择偶最看中的因素之一。[①] 据极光大数据的调查显示，择偶方面认为趣味相投最为重要的 85 前仅占 40.7%，85 后占 51.8%，而 95 后占 61.8%，可见年轻一代更为注重三观的符合度。当然，世界上没有三观完全相同的人，但可以求同存异，找到适用两人的准则即可，而找到双方的舒适空间就需要一定的妥协和尊重了。这种妥协和尊重是通过夫妻间长期的交流和沟通达到的。尝试站在对方的角度考虑问题，理解对方的难处，创造温馨的家庭氛围，这样才会使家庭整体幸福感提高。哈佛持续 76 年的著名的格兰特研究得出结论：只要遇到真爱，人生繁盛的概率就会显著提升。这里面就包括夫妻之间的生活状态以及双

---

① 槽值小妹.700 对夫妻婚姻实录曝光，终于明白是什么谋杀了爱情[N]. 21 世纪经济报道，2018－10－4.

方之间的相互影响和沟通，夫妻同心，其利断金，只有甜蜜美满的夫妻关系才能促进家庭幸福。

二、亲密无间的亲子关系

亲子关系即父母与子女之间的关系，从法律层面看包括父母和子女之间的权利和义务关系。[①] 子女是一个家庭的未来和希望，良好的亲子关系也是幸福家庭重要的组成。

子女们健康快乐地成长是父母最大的心愿，然而在父母培养和教育孩子的过程中常出现以下行为：偷偷翻孩子的书包、偷看孩子的日记、趁孩子不在进入孩子房间，找寻一些孩子的小秘密……很多父母认为这样做是为了了解子女的想法，希望能替子女在某些事情上做一些判断。但父母的过度关爱反而会对孩子内心造成伤害，从而使孩子对父母产生敌意，甚至会采取一些极端的措施去保护自己的隐私，拒绝与父母交流，破坏良好的亲子关系。电视剧《虎妈猫爸》中有这样的情景：女儿茜茜喜欢写日记，这是一件非常好的事情，但是妈妈却觉得看孩子日记是理所当然的，甚至还会每天检查女儿的日记，因此女儿茜茜觉得自己没有一点隐私，像泼了冷水一样心灰意冷，也采取措施"对付"妈妈的行为。她没法阻止妈妈看自己的日记，于是私下写两本日记，给妈妈看的是一个版本，真实的日记是另一个版本，只有自己知道。良好的亲子关系要从尊重孩子开始，包括尊重孩子的隐私与情绪，这样孩子才乐意对父母敞开心扉，亲子关系才会更加亲密无间，家庭才会更加幸福。

此外，亲子关系培养过程中另一个重要的要素是父母的陪伴。对于双职工的家庭而言，迫于工作压力，许多父母都将大量的时间投入到自己的工作上，孩子大多交给老人或者社会机构培养(各类晚托班、寄宿学校等)，由于陪伴子女的时间很有限，导致亲子之间的情感交流减少，孩子成长过程感受不到父母的关爱，关系自然就会疏远，矛盾随之出现。父母是孩子前半生唯一的观众，孩子是父母后半生唯一的观众，如何平衡事业和家庭是父母必须思考的人生课题。工作不是全部，家庭同样重要，多花时间与子女进行情感的交流，这样家庭才会和睦，多花时间陪伴孩子，多进行一些亲子活动和情感的交流。对于全职妈妈的家庭而言，由于男主外女主内的家庭分工，母亲大多独自承担起育儿的重任，遇到

① 百度百科. 亲子关系. https://baike.baidu.com/item/亲子关系/10637241

不陪孩子、只顾事业和自己的父亲,“丧偶式育儿”带来的是妻子对丈夫深深的怨恨。孩子会因长期缺失父亲的陪伴造成对父亲的不满。《人民日报》曾发出一条微博,让大家用一个词语形容自己的父亲,结果8 000多条评论几乎全被戾气攻占。留言的成年人骂得多狠就知道当年孩童时代的他们对自己的父亲失望有多深。有研究表明,有父亲陪伴的孩子比缺失父亲陪伴的孩子人格更健全,智力发育更完善。由此可见父母双方共同的陪伴对孩子成长的重要性。

对于处于叛逆期的孩子保持密切关注和良好的沟通尤为重要。这个阶段的孩子情绪和行为容易偏激,父母倘若倾注的关爱不够,亲子间缺乏交流,争吵自然就不能避免。对于子女的叛逆心理,需要父母给予更多的耐心,做孩子的倾听者,而不要采取强硬或者暴力的办法,关心孩子情绪的异常表现,注重沟通的方式和技巧。比如,平时若留意到子女的情绪异常,不妨问问孩子“你看起来不是很开心,我想听听你的感受”“今天看起来心情不错,可以与我们分享一下吗”之类的话。

三、孝顺和谐的代际关系

代际关系通常是指两代人之间的关系,一般一代相差 20 年,现在两代更多的是老年人一代与年轻人一代,表现为父母辈与儿女辈、祖父母辈与孙子女辈的关系。[①] 代际之间会由于两代人的成长环境的差异,导致心理状态、行为特点、价值观念、道德伦理等方面存在差异,从而会使代际之间产生矛盾。

代际关系和谐与否直接影响两代人的自我幸福感,它也是家庭幸福的重要组成部分。随着社会的不断发展,人们的思想观念、生活方式都发生了许多改变,从以往崇尚的几代同堂的大家庭生活转变到现在推崇各自独立的小家庭生活。“养儿防老”的思想在中国根深蒂固,父母年轻时有养育子女的义务,当他们年迈时子女便有赡养的责任。我国 2000 年 11 月底第五次人口普查结果表明,年龄超过 65 岁的有8 811万人,达到总人口的 6.96%,超过 60 岁的有 1.3 亿人,占总人口的 10.2%,这标志着我国人口已呈现老龄化(赵强、李玟慧,2013)。由于老年人口的增加,我国养老社会制度的发展还远不及西欧发达国家完善,子女的赡养负担随之加重,老人谁养的事件常在新闻媒体中曝光。部分家庭由于子

---

① 百度文库:代际关系:https://wenku.baidu.com/view/a222e60bf01dc281e43af053.html,最后访问日期:2018 年 8 月 30 日。

女经济实力有限无力赡养，也有部分家庭是几个子女之间互相推脱，像踢皮球一样将老人推来推去，最终导致老人无处居住，都说父母是孩子最好的榜样，倘若父母不能赡养好自己的双亲，又怎能希冀年迈后自己的孩子会妥善照顾自己的余生呢？幸福的家庭一定会处理好赡养老人的事务，让老人能安享晚年。

代际关系中除了赡养义务之外，还有就是处理好两代人的关系问题了。两代人思想观念差异大，对人对事的看法和处理方式会截然不同，容易造成矛盾和冲突，理性把握两代人的心理特点，互相理解，多换位思考才能妥善处理好代际关系。与年轻一代人相处时，上一代人尽量不要在公共场合有伤害年轻人自尊心的行为与话语，说话时要讲究方式方法，更不要通过武力去解决家庭纠纷，应该心平气和的相互沟通，富于同情心。年轻一代要尽可能理解上一代人的想法，多花时间在他们的饮食起居方面，节假日期间抽空陪伴老人，减轻老人身心上的孤独与寂寞。出门办事时应提前向老人告知，避免老人在家中担心。同时，年轻人尽量不与上代人发生争执，克制自己的脾气，耐住性子与上一代人进行沟通，心平气和地解决问题。

代际关系中最为敏感的要数婆媳关系了，都说“婆媳是天敌”，要处理好这个让人头疼的“大麻烦”，关键还得看丈夫处理得是否得当，丈夫需要在婆媳之间扮演一个沟通的桥梁。夫妻小家庭的矛盾尽量内部解决，不要将事情扩大到双方父母；丈夫更多的时候需要站在妻子的一边，而不是时时刻刻保持中立或偏向母亲，丈夫需要帮助妻子得到自己父母的尊重；长辈应该给予晚辈必要的尊重和更多独立的空间，切忌以长辈自居，对家中大小事横加干涉，即便是出于对晚辈的关爱，也难得到晚辈的理解和支持。

第十章　幸福团队是怎样炼成的?

人是社会关系的总和,是社会中最为核心的要素。团队是社会关系中最为常见的组织形态,其目标的实现必须依靠人。团队中所有人的能力素养及其协同关系构成了一个团队的整体能力。亚当·斯密的分工理论认为,劳动分工对提高劳动生产率和增进国民财富起巨大作用。通过团队成员分工协作实现团队目标,实现合作共赢,打造幸福团队。

第一节　团队构成的要素

托尔斯泰《安娜·卡列尼娜》的开篇语写道:“幸福的家庭都是相似的,不幸的家庭各有各的不幸”。幸福的团队也有其存在的共性。本节将从团队的构成要素出发,阐述专业实干的人才、和谐统一的规则、明晰的使命愿景对团队的作用。

一、专业实干的人才

专业实干的人才指拥有策划能力、协作能力、执行能力等技术能力的人。他们是高效团队的第一要素,是团队核心力量所在。不同的人聚合在一起形成团队,通过分工实现团队目标。

“千军易得、一将难求”“择天下英才而用之”,人才是团队运作最关键的因素。没有专业实干的人才,就不可能有团队的发展和崛起。这个命题,对于小到拥有个位数成员的微小团队,大到复杂多变的社会这个巨大的团队都成立。人才是最宝贵的资源。从感动中国的川航机组成员在困境中临危不惧完成飞行任务，保证了机上全体人员的安全，到嫦娥四号探月工程团队中的科学家们各司其职，执着坚守攻克一个个研究难题，一个个鲜活的案例告诉我们，拥有专业实干的人才是团队构成的基本要素。

二、和谐统一的规则

规则即章法，是团队运营的依据和基础。和谐统一的规则，既规范约束团队成员的行为，也保障成员的利益。规则不是一成不变的，而是不断丰富、发展、完善的。人人尊重规则，则团队和谐发展；人人破坏规则，则影响团队运转。树立和谐统一的团队规则对团队的健康发展尤为重要。破窗理论认为：如果一个窗户的玻璃被打碎，没有及时修理，会有更多的人打破更多的玻璃，最终所有的人都会成为受害者。因此在团队成长过程中，应及时发现和纠正违反规则的行为，纠正“纪律妨碍团结”的错误观念，消除团队成员的不安全感和团队发展的不可预测性，实现团队高效稳定的发展。

“没有规矩，不成方圆。”中国人自古以来讲究规则。对于团队的每一个成员来说，应该在规则的指引下紧密相连、利益相融、休戚相关，追求大同理想，这是团队成长和繁荣必备的智慧和力量。忠心于团队，恪守住规则，这样团队才是紧密联系，共同进步发展的。

三、明晰的使命愿景

使命是当下的责任，愿景是未来的展望。团队明晰了发展的使命愿景，就点亮了前行的指路灯，它将激发团队成员的工作热情，从而将团队目标同团队成员的个人目标相互统一。在工作中产生无限的创造力、澎湃的激情以及不可见底的潜力（陈卓，2015）。没有使命愿景的团队是没有灵魂的团队。如果团队中的每个人都只是考虑如何通过“团队”来实现自己的目标，而不考虑团队目标使得个人和团队目标的“双赢”成为不可能，这样缺乏精神内核的团队是很难成功的。只有当团队成员知道团队将要做什么、走多远时，他们才能与团队一起努力。华为公司的使命愿景是“聚焦客户关注的挑战和压力，提供有竞争力的通信解决方案和服务，持续为客户创造最大的价值”。

明晰的使命愿景是团队前行的灯塔，建立共同的使命愿景可以激发团队成员的“深切愿望”。每个人不仅知道他们在做什么，而且也知道他们为什么要这么做。只有这样，团队成员才能充分发挥潜力，积极合作，在更短的时间内实现团队的使命愿景。

第二节　幸福团队的标准与炼成

幸福的团队是一个命运共同体。大量事实证明，幸福的团队需要鲜明的思想引领、需要统一的步伐、需要责任心、需要做到使命必达、需要众志成城。

一、鲜明的思想引领

(一)和谐轻松的团队氛围——正能量的小太阳

《伦理学大词典》把积极乐观定义为人类的一种道德目标，一种不以物喜不以己悲、对周围环境保持愉悦的高尚品质。作为一种美德，具有积极乐观、充满正能量个性的人，在团队工作中能够经常保持正面思考的能力，在工作中和生活中充满阳光，成为团队中其他成员的开心果。他们能积极地帮助他人，不计较不抱怨。

(二)归属感与凝聚力的积极感受——携手并肩的幸福

在一个团队中，归属感和凝聚力是团队合作的内核驱动力。心理学家比特纳认为，大量的积极心理学确实能够在较短时间内提供快乐的体验，但是从长期的发展角度来看，归属感和凝聚力的重要性是不容忽视的。如果个人从事着自己感到有意义的工作、对所在团队有着强烈的归属感，这对于个人建立长期幸福感具有非常重大的影响①。当团队合作是出于自觉和自愿时，它必将会产生一股强大而且持久的力量。

(三)合则共赢的拼搏精神——众人拾柴火焰高

如果团队已经达成了统一的共识，团队成员有了唯一一个可以倾尽全力奋斗的目标，能否取得成功，其先决条件是能否共享未来的成果。只有通过分享结果，团队成员才能将他们的命运与团队的命运联系起来。合作产生的效益是1+1>2 的增益。据不完全统计，超过四分之三的诺贝尔奖是由科研团队创造的，其比例由 25 年前的 41%上升至 80%。在团队中，科学家们迎难直上，合作

---

①　赵士元.打造具有职业幸福感的教师团队[J].长三角(教育)，2012(02):4—5.

共赢，创造了一个个科学奇迹。他们用尽一切力量追求团队的利益，并形成自己的利益机制。一般情况下，共享成果主要从两个方面来解读：一是对信息、知识以及智慧和经验的共享。为现有的信息、文档、结果、课件、项目、测试问题、软件等建立共享资源池，使所有成员能相互理解、互补、相互支持和互利，并形成强大的团队力量。二是分享团队成果和效益。团队的成就是所有团队成员努力工作的结果。荣誉、奖金和分配是公平、公开的，每个为团队做出贡献的成员都可以公平地分享成果。宜家作为知名的家居品牌，企业文化更是印证了“众人拾柴火焰高”的道理。在宜家卖场中，我们总能感受到温馨的家的氛围，服务员各司其职，却总能在合适的时间提供到位的服务和帮助。为了让顾客得到满意的服务，公司不安排员工固定的岗位，而是让团队自己思考和安排怎么能最高效地运转起来。在这样的团队氛围中，所有员工齐心协力，在任何人忙不过来的时候，其他员工都会主动提供帮助，为顾客提供满意的服务。

二、统一的步调行动

在一个团队里面，步调能否统一，直接影响到团队的工作效率（刘晓娟，2018）。因此，团队成员应该努力确保每个人都走在同一条道路上。确立团队的目标后，需要转变关注的重点，这一重点即是“当下”，要实现团队愿景，当下最重要的任务是保持团队成员拥有统一的步调。

三、责任的共享——在奉献中创造价值

团队成员的集体荣誉感、责任感，是团队高效运作的永久动力。微软是以创造团队文化闻名的公司，它的产品是电脑软件，专业性很强，需要知识积累和不断创新，且不能出错。这就要求极其明确的分工和流程设计的周密，才能让企业立于不败之地。在微软，每一个团队成员都十分清楚自己的职责，自己的工作在整体中的位置和顺序以及时间进度。由于分工明确，而且每个人都无法被他人替代，因此彼此都互相尊重，同时敢于提出自己的不同见解。软件设计员、编程员、测试员“三足鼎立”，都有明确的共同目标：让产品按时并高质量地完成。在这样的团队中，强烈的责任意识使团队上下形成互帮互助、共同促进的和谐氛围，整个团队的成员都全心全意奔向更好的未来和前景中，为团队的建设和发展添砖加瓦、贡献自身的力量。

四、困境中的坚守——铸就坚不可摧的战斗堡垒

(一)迷茫时依然坚定

每个成员稳定自己,提醒自己团队的愿景,并向整个团队传达,将团队传递积极的思想和情感,不是为了美化事实,而是为了提醒自己长期目标是什么,并知道自己未来的方向。在当团队中的成员都感到有机会实现目标时,大家才会产生一致的行动,每个人才会朝着共同的目标前进(甘膏林等,2013)。

(二)困难时众志成城

用好职场氛围、打造团队整体作战能力、制造紧迫感是,要告诉团队成员当下的困难和障碍,激发的战斗精神,尽最大努力突破围困。我们应该善于利用常见的形式,如成绩单和快乐报告,让每个人都能感受到团队的进步从而努力奋斗,实现团队目标。

(三)冲突时理解包容

对于团队或团队中不同的成员,需要关注并及时调整其行动方向。当团队成员压力大、士气低落时,每个人都容易发生冲突。如果我们不整合行动方向,就很难认同前进的目标(杨永琴,2015)。因此,在激励每个人采取行动之后,面临的挑战是确保他们相互支持。团队成员应该理解宽容,避免冲突,多谈话,拉近彼此的关系。

第三节　幸福团队——精卫填海精神造就上海大学无人艇团队

上海大学无人艇工程研究院自2010年成立以来,在国内无人艇研制领域内始终保持着领先地位,是国内成立的第一个水面无人艇专业研究机构,是集机械、控制、通信、力学、材料、计算机等相关学科为一体的交叉研究中心。特别是精海系列自从研制以来,已获得领域内的多项殊荣,成果已交付国家海洋局东海分局、交通部东海航行支援中心等。东海、黄海、南海、南极等海域已投入使用。在国家海洋战略和极地战略以及国防建设等领域内均做出了贡献。这些成绩的取得是同无人艇团队的努力、拼搏和坚持分不开的。密切合作、团结互助、努力坚持,幸福团队是这样炼成的。

成立9年来，一代代精海人用双手和坚持见证着每一个“精海系列”无人艇的诞生，对他们来说像孕育一个个充满希望的新生命。不少学术界专家慨叹这支团队惊人的生产力，我们也看到了“一群非专业的人，干出了专业的事”的学界神话。他们每一个人都是这个神话的缔造者和创作人。

一、用善良的品德和宽广的胸怀创建一支团结友爱的团队

当我们走进这个年轻的团队，总能被他们的热情和向上的精神状态所感染。不论是线下研发程序的设计还是南沙海边海测实验的测试，不论是逆境中的反复测试还是一步步推出成熟的精海系列产品，每个人都在团队中用善良的品德和宽广的胸怀携手奋斗，在团队的成长中找到幸福感，实现自身的价值。

产品的研发无疑是艰辛曲折的，而研发过程中最乏味和单调的部分莫过于调试，这不仅要求参加调试工作的人员都必须吃得了苦，有足够的耐心，也需要大家在自然多变的实验环境中，共同为彼此提供相互的支撑、鼓励和关怀。每一次研发，团队成员们需要几个月甚至是半年以上的时间驻扎在研发海域。老师们带着团队里的学生，将前期的成果用母船搭载实验舰展开海面调试实验。为了能够尽可能的抓紧每一分每一秒，团队成员们披星戴月，同进同出，每天早晨天还没亮就出发去船厂为出海调试工作进行准备，在船上一待就是一整天，在调试当天发现有问题的地方，晚上开展商讨方案的会议并连夜抓紧修改程序，逐句梳理代码，如此以保障后续的调试工作能更有效地进行。这样的节奏带来的压力和疲惫可想而知，但是每个人都在同样的频率里跳动着。在我们常人看来蔚蓝平寂的大海，调试的时候总会让人感到波涛汹涌。出海调试的无人艇人在上船后不仅要完成相应的测试作业，还需要克服晕船、恶心呕吐等症状，但是哪怕是吐到只剩酸水，他们都依然坚持将完成所有的实验才肯下船，因为整个团队大家都在努力着，给了每个平常人不平凡的坚持的勇气。在艰苦的工作和生活环境中，为了让产品达到最优良的状态，他们轻伤不下火线，不因为任何个人的原因停下工作。这种科研精神，不仅给精海无人艇抹上了绚丽的色彩，也让我们都感受到了一只有爱的团队闪闪发光的善良品德和宽广胸怀。

二、用坚持和拼搏筑造一支充满“精海”奋斗精神的团队

无人艇“精海系列”的成功研发，实现了中国无人艇在南海巡航和南极科考

等关键领域从无到有的应用,一举夺得国家技术发明二等奖、上海科技进步一等奖和第十七届中国国际工业博览会“创新金奖”。这一切荣誉,都是由团队成员们用一种“精卫填海”般的精神换来的。他们用坚持和拼搏谱写“精海”奋斗精神的青春赞歌。

无人艇主要的功能是完成不适合载人船舶执行的危险和不适当的任务。装备了先进设备如武器设备、通信设备、传感设备等的无人艇,能够执行各种战争和非战争任务,由于涉及军事技术秘密,国外几乎没有可参考的案例。这给团队的技术研发带来的巨大的困难。无人艇人团结进取、精益求精,将工作与祖国的需求紧紧相联,经过了多次的从零开始,他们攻克了从设计到测试到应用的多项难题,这当中不知凝结了全体研发人员多少的智慧和汗水。以精海 4 号为例,经过 70 多版手绘稿和 200 多次电子改版完成了模型设计。由于精海 4 号是团队第一次研制双体艇型,研究团队为了保证开模的准确性,团队成员每天全程参与开模过程,在厂房里,虽然戴着口罩,但是船体玻璃钢的纤维仍会落在皮肤上,一到下午就奇痒无比,痒到恨不得把身上的皮给撕掉。整个无人艇团队在恶劣的实验环境中卧薪尝胆,为了研发出更加稳定、更加契合市场需求的控制系统,“精海爸爸”和“精海妈妈”们从早拼搏到深夜,反复测试、反复调试、不怕失败、不怕跌倒。他们知道,成功与否,最终标准只有一条:能不能把无人艇做出来,能不能做出符合市场需求和期待的成熟产品,完成从科学实验到工程化的实际应用。无人艇人将科学精神和工匠精神结合起来,为国家海洋战略、极地战略和国防建设做出贡献。

三、用卓越的前瞻和规划能力,奠定团队坚实的发展方向

团队成立初期的主要研究方向是机器人领域,和船舶、海洋以及军工这些与无人艇的科研应用领域关联性不高。在 2009 年的一次国际学术会议上,与同行的交流过程中团队成员深刻地感受到无人艇的研发对国家的海洋战略、极地战略的重大意义。虽然在人脉和学术资源上没有占据优势,他们毅然决然埋头苦干,攻克了无人艇若干关键技术,成功研制了精海系列无人艇。

正是这样卓越的前瞻能力,给予团队一步一脚印地坚实探索的勇气和力量。“精海系列”无人艇实现了中国无人艇在南海巡航和南极科考等关键领域从无到有的应用。随着精海系列无人艇的不断成功研发,团队在正确的目标引领和明

确的工作规划下爆发出无限的工作热情。在正确的引领下，无人艇成员都知道团队将要做什么，以及要走多远，他们在同一战壕中携手战斗，发挥了最大的协同效益，“众人拾柴火焰高”，这样坚实的团队必定能引领新的技术潮流。

四、用“伯乐”知人善用思维构建一个全方位的团队

无人艇团队从无到有，从成立至今快速成长，与管理者善用人才，善聚人才的思维能力密不可分。

为了更好地实现组织目标，无人艇的管理者与成员们保持着长久有效的沟通。通过了解每个成员的性格和教育背景，来更好地实现各项工作的分工，做出正确的授权判断：不论是性格外向善于沟通的乐天派，还是性格沉静思维缜密的思考者，都能在团队中找到合适的位置；作为下属成员，他们有着不同的教育背景，来自机械工程、电气工程、工业设计、计算机工程、通信工程等不同的专业，在积极和正确的沟通下，不同专业的成员在研发过程中思维碰撞，团队多元化全面化凸显；他们对团队目标的认知不断提升，从而不断做出更有利于实现团队目标的行为。成员对自己的责任的认识、管理者对自己的要求及期望、成员间的融洽度及团队的全面性在合作过程中稳步提升，团队架构日益完善。这个团队是由一群为打造最先进最实用海洋智能装备梦想而努力奋斗的人组成的，这是团队共同的心愿和期望：他们都希望能在实现中华民族海洋强国梦的壮阔篇章中，添上自己朴实而耀眼的一笔。

近几年在无人艇团队的通力合作和不懈努力下，结合客户的实际应用需求，持续探索、钻研，改进提升系统，在无人艇的研制任务过程里，不管是老师还是学生，都表现出了积极向上的良好风貌和坚定信念。在这一过程中团队成员们正确的世界观、人生观和价值观逐步确立，社会主义核心价值观在不知不觉中得到深刻理解(郑龙云，2016)。在不远的未来，上大精海无人艇将继续发扬光大他们所具有的团结进取、精益求精的科研态度，不断拓展精海系列无人艇的应用领域，持续不断为国家海洋战略、极地战略和国防建设做出贡献。

第十一章　为什么小康群体最幸福?

社会群体中有富裕群体、小康群体、贫困群体。这典型的三类群体中,哪个群体的幸福感最强。大量研究显示,小康群体最幸福。本章分为三部分,第一部分描绘了从古至今,“小康”始终都是社会追求的目标;第二部分分析了小康标准以及小康群体的共同特征;最后一部分对小康群体幸福感进行综合解密,主要利用具有全国代表性的微观数据,进行经济学实证分析,通过经济学角度的解密,寻找影响小康群体幸福感的关键因素,进而绘制出中国小康群体的脸谱。在社会发展的道路上,从国家到社会,到家庭,到个人都要铆足干劲奔小康!

第一节　小康是社会目标

在中国,小康群体可等价于中产阶层,他们的财富水平,无论是从精神还是物质来看都处于社会中上水平。根据马斯洛在需求层次理论中的描述,这部分群体的安全和生理需求已经得到基本满足,基本达到了社会和尊重需求,还正在追求自我实现需求。现有的大量研究都发现,居民幸福感最强的群体不是那些高收入的人群,反而是那些处于中间水平的小康群体。

一、小康的含义

小康一词来源已久,不是舶来品。小康属于中国的传统概念,不仅代表着炎黄子孙的美好愿景——民众安居乐业,斯民小康更是被古时各代君主作为天下治平的根本(高淑云,2014)。

小康的概念在我国古时候就已经出现了，传统的小康有三种含义。在西周时期，生活比较稳定可以代表过上了小康生活。小康一词最早出现在《诗经·大雅·民劳》中："民亦劳止，汔可小康"。意思是老百姓太苦了，我们要减轻老百姓的徭役和赋税负担，让他们过上幸福安乐的生活。表达了奴隶制时代先民们对小康生活的追求。

其次，儒家也存在小康这一概念，小康是相对于大同的概念，大同是指"大道之行也，天下为公"的这样一种儒家的理想社会或人类社会的最高阶段，类似我们现在共产主义的提法。而小康相对于大同这一理想社会，是比较低级的一种社会现状，但却是为了达到"大同"所必须经历的一种状态。

小康不仅可以指一种理想的社会状态，还可以表达个人或者家庭经济宽裕的状况，《辞海》中小康是指日子稳定安逸。宋人洪迈所著《夷坚志》卷一就有"(刘)痒……久困于穷，冀以小康"的话。

二、小康诠释现代化的中国

在封建阶级的统治下，这种斯民小康的最高级社会阶段最终也没能达成，但是小康已经代表了人民对幸福的追求和期盼。这种期盼源远流长，延续至今。

现代史上，邓小平同志是借用小康思想的第一人。党的十一届三中全会以后，邓小平同志立足于中国国情，放眼发展大势，提出了小康社会这一有中国特色的新概念。邓小平同志最初用小康来诠释我国的四个现代化，他对当时的日本首相大平正芳解释小康时说道："与日本的现代化的概念不同，我国提出来的四个现代化，实际相当于'小康之家'的概念"。邓小平同志还阐述了更为具体的定义，即："所谓小康，就是到本世纪末，国民生产总值人均800美元。"①

邓小平同志后来还对小康社会的含义做过多次说明，最全面的概述是"不穷不富，日子比较好过"。小康从根本上来看是从跨越温饱到实现现代化的过渡阶段。从此以后，各届国家领导人，从江泽民同志、胡锦涛同志到习近平同志，都制定了许多针对性的战略，带着坚决的信心，保证到2020年我国能够实现全面建成小康社会，全国人民都能完成从温饱到小康的跨越，人民生活更加安康幸福。

---

① 邓小平文选[M].北京：人民出版社，2001(3)：64。

专栏 11－1

脱贫攻坚赴小康[①]

习近平总书记提出要全面建成小康社会，不落下任何一个人。对贫困人口，要精准扶贫，带领大家脱离贫困，走向小康之路。

都昌县周溪镇后湖村地处县城南部偏远地区，为了实现全面建成小康社会，政府和村委书记积极制定相应政策，带领贫困家庭脱贫并到达小康标准。

后湖村民刘跃进——58 岁，一家四口人，妻子患血吸虫肝，需要经常住院治疗，医疗费用不菲。儿子刚上大学，每年需要缴纳一大笔学费，是村里常年的低保户。高昂的医疗费和学费压得这个中年男人喘不过气来。村里知道情况后，为刘跃进制定了专门的扶贫计划。得知养牲畜是刘跃进的老本行后，村里为他制定了一体体养殖计划——岸上养猪，水里养鱼，岸上的猪粪还可以循环作为鱼饲料。村里还为他申请到了猪粪沼气基金，并请技术人员专门指导他如何进行循环养殖。

这几年，通过养殖生猪，李跃进一家人的日子开始好转，腰包也慢慢变鼓，保守估计今年他的年家庭收入将达到 30 万元。刘跃进一家实现了从贫困到小康的飞跃。中国还有着千千万万刘跃进这样已完全脱贫致富的家庭，保证着我国在 2020 年全面建成小康。

第二节　小康群体标准

小康群体属于社会的中流砥柱力量，从经济、政治和社会地位上看都处于中坚群体。他们大多拥有较高的学历或者具有一些专业的知识技能，从而能够拥有一份稳定的工作。由于他们较为富裕，生活水平也比较高，在工作之余还有休闲时间，生活品质较高。大家觉得自己属于小康群体吗？如果您目前难以判断，

① 参见村镇脱贫攻坚典型案例：人才网，http://www.cnrencai.com/others/xianjin/511118.html.

那我们来看看一些具体的标准吧。

一、小康水平

处于小康水平上的人们温饱已经不是问题，物质和文化生活已经基本满足，处于比下有余比上不足的状态。我们可以从多个维度来看小康水平的基本标准，收入是比较普遍采用的标准，这一部分我们将主要从收入的角度来看小康标准。从国家统计局的数据估计来看，当前全国中等收入的人数至少超过 3 亿人。我国中等收入的人数在全球中等收入人群中占比超过 30%。同时，另一份由瑞士信贷研究中心发表的调查显示，我国的中等收入人群约占全世界中等收入人数(大概为 10.5 亿人)的 35%，大约为 3.7 亿人。不管是从国内统计数据还是国外调查数据来看，都发现中国已经跻身成为世界中等收入的大国。

下面我们分别从小家到大家，主要从收入水平角度来看看小康水平的标准。

(一)从个人水平看小康

个人收入达到什么水平时，才能算是达到小康标准呢？世界银行规定：每天收入在 10～100 美元之间的成年人，就属于达到了中等收入的水平。

根据这个国际标准，我们也可以比对一下自己在国内的收入是否达到了这个标准。依照外汇统计局数据，从 2017 年平均来看，1 美元可以兑换 6.75 元人民币，通过该汇率将世界银行规定的中等收入标准换算成人民币可以得到，中国成年人每天收入要达到 67～675 元才能算是中等收入人群，若将一年按 365 天计算，那么年收入为 2.5 万～25 万元的人群才能达到该标准。

(二)从家庭水平看小康

2017 年发布的中国财富景气指数描述了中国小康家庭的收入要求，各个区域的标准有所不同，比如北京、广州、上海和深圳这类经济发达的城市要求会高些，每个家庭至少需要达到税后 12 万元/每年才能算是标准的中国小康家庭；在成都、重庆这种新兴发展的城市，每个家庭每年则需要达到税后 10 万元以上才能称为小康家庭；其他一些比较落后的城市，大概需要每年税后 8 万元以上。但是 12 万元的收入想在北上广深这样的大城市舒适地生活，显然是不够的。还有一些其他机构也对小康家庭的收入标准进行了统计，比如小康家庭的收入标准应该为家庭每年的可支配收入达到 8～30 万元左右。该收入标准的范围与中国中低收入人群的收入范围有重合。

(三)从社会水平看小康

从国情出发,我国早就根据十个方面定义了全面建成小康社会的基本标准。(1)从国内生产总值的角度来看,人均国民生产总值需要达到20 000元人民币左右。这也是评判是否实现全面小康社会的基本标志。国家发展战略中要求到2020年,我国要实现全面建成小康社会,人均国民生产总值将高出3 000美元,达到中等收入国家的平均水平。(2)城镇家庭的人均可支配收入达到1.8万元。按照相关部门的数据预测,城镇人均可支配收入将在2020年超过1.8万元,略微超出小康标准。(3)在农村,人均家庭纯收入8 000元。预计在2020年农村也将基本完成小康建设,城乡之间的差异将进一步缩小。(4)恩格尔系数少于40%。在2020年左右,预计恩格尔系数将低于35%。(5)在2020年实现城镇居民的住房建筑面积达到30平方米/人。(6)我国的城镇率将达到50%以上,预计到2020年我国的城镇率将达到56%。(7)居民家庭计算机普及率在2020年需要达到20%。(8)到2020年大学入学率超过20%。(9)到2020年医生数量达到2.8人/千人。(10)城镇居民的最低生活保障率为95%以上。[①]

专栏 11-2

小康水平的综合评价指标体系

根据十六大制定的小康水平标准以及数据的可获得性,一般选取十个指标作为小康水平的综合评价指标体系。[②] 例如庄慧玲在《对上海城市居民小康生活水平的实证研究》一文中设定了小康水平的指标体系,并为不同的指标赋予不同的权数[③]。

目前是我国全面建成小康社会的决胜阶段,从下面几个指标来看,除了"每万人医师数"还未达标,其余指标均已符合小康水平。

---

① 参见小康生活的标准,百度文库,https://wenku.baidu.com/view/9ebac0fba300a6c30d229fbf.html.

② 本节数据来源于国家统计局官网及以下网页参见中华人民共和国2017年国民经济和社会发展统计公报,http://www.stats.gov.cn/tjsj/zxfb/201802/t20180228_1585631.html,参见经济结构实现历史性变革,发展协调性显著增强——改革开放40年经济社会发展成就系列报告之二,http://www.stats.gov.cn/ztjc/ztfx/ggkf40n/201808/t20180829_1619600.html,参见2016年全国教育事业发展统计公报,http://www.moe.edu.cn/jyb_sjzl/sjzl_fztjgb/201707/t20170710_309042.html.

③ 庄慧玲.对上海城市居民小康生活水平的实证研究[J].上海统计,1998(8):1-2.

因此，能否按时全面建成小康社会的关键点仍然在医疗水平方面。此外贫困人口发生率也是近年来才降到5%以下的，需要我们继续关注，进一步减少困难人口，扩大居民的最低生活保障程度。

小康水平综合评价

小康水平综合评价指标体系	计量单位	2014年	2015年	2016年（实现值）	小康标准**	权数	实现程度（%）*	得分
人均GDP	元	47 203	50 251	53 980	19 800	15	100	15
城镇人均可支配收入②	元	28 843.9	31 194.8	33 616.2	18 840	10	100	10
农村人均可支配收入	元	10 488.9	11 421.7	12 363.4	8 000	10	100	10
恩格尔系数	%	31.0	30.6	30.1	40	10	100	10
人均居住房面积	m^2	33.37	—	40.8	30	10	100	10
常住人口城镇化率	%	54.77	56.1	57.4	50	10	100	10
家庭移动电话	亿	12.86	13.06	13.22	12.45	10	100	10
大学入学率	%	37.5	40.0	42.7	20	10	100	10
每万人医师数	名	21.2	22.2	23.1	28	10	82.5	8.25
贫困人口发生率	%	7.2	5.7	4.5	5	5	100	5
合计		—	—	—	—	100	—	91.75

注：1978年贫困人口发生率为97.5%。

* 实现程度=（实际完成值/小康标准）×100%。

** 小康标准人均GDP3 000美元，汇率按6.7计算。

二、中国小康群体面面观

小康群体是实现全面建成小康社会的中坚力量，根据中国统计局的保守估算，我国达到小康水平的人口总数或已超过3亿人。古人在《诗经》《礼记》等典籍中通常用“小康”来描述老百姓的一种生活状态：比较富裕，不愁温饱，饮食安然。除了重要的收入，小康群体其他方面又如何呢？下面一起来看看。

（一）小康群体的生活

小康群体的生活既不会大富大贵，也不会穷困潦倒，小康生活，小福足矣。根据研究，这类群体的幸福感是最高的，而这种高水平的幸福感是要以生活质量为核心的。

首先体现在基本生活领域。(1)出行方面:他们有能力买车,习惯以车代步,拥有私车将成为他们身份的象征。他们大部分人会首先考虑汽车的价格,选择几十万元左右的舒适经济型车型,不会去选择一些上百万的高端车型。其次可能才是外形和性能,最后才是汽车品牌,说明这部分群体比较务实的态度。受共享经济的影响,年轻一代的小康群体可能更倾向于打车出行,也有可能因为他们的经济实力还不够强或是工作需要。(2)住房方面:小康群体 80%以上至少拥有一套住房,可以保证生活的稳定。他们住房面积不会太大,尤其是北上广深这样的大城市,以一个三口之家来计算,可能人均住房面积在 30 平方米左右。超过一半的小康群体会愿意投入时间和精力在住房装修、家具、日常物品的摆放上,并且会偶尔为家中添加一些新元素来布置家里。(3)衣着方面:小康群体重视个人形象,愿意在这方面多花费。但是他们讲求务实,不会奢侈消费。他们的审美水平一般较高,在购买衣服时会追求衣服的质感,能够反映出个人的社会地位和形象。这部分的消费比重不会太高,控制在 20%以内。(4)食品方面:小康群体多数喜欢在家中就餐,因为平常忙碌的工作可能使他们不能在家吃饭,因此格外珍惜在家中吃饭的机会。在外出就餐时,他们最关注的是食品卫生,其次还有菜肴风味、店内装潢及就餐环境等。

其次是教育领域。大部分小康群体都受过良好的教育,拥有较高的学历。他们特别重视教育,对教育支出也是毫不吝啬,尤其是对下一代的教育。据统计,大多数小康家庭会把孩子的教育优先放在首位,其次是男主人的继续教育,接着是女主人的继续教育,最后是老年人的继续教育。[①] 小康家庭会花大量时间精力财力在小孩的培养上,对孩子教育的重视程度高,从幼儿园就开始进行德智体全面教育。他们对孩子的教育不是漫无目的的,通常他们会为孩子制定3—5年的教育投资计划,甚至有家庭把这个计划已经延伸到了 10 年。他们很关注孩子的学习情况,除了正规教育外,他们会对孩子进行全面培养,接受其他方面的教育,比如从很小就开始学习外语,有意识培养他们的人际交往能力,学习至少一门艺术,还有体育等,而且越是在发达的地区,他们对孩子的全方位培养就越重视,所以他们的孩子大多数以后都能发展得很好。在经济能力允许的情况下,绝大多数家庭都愿意把孩子送出国外去读书,一方面是去国外能够拓展孩子的视野,另一方面也是因为在国内目前的教育和选拔机制下,孩子能够进行全

---

① 黄维德,陈欣. 上海中等收入群体的消费状况研究[J]. 伤害经济研究,2004(10):3—6.

面教育的时间很少。

再次是认知领域。他们自己也会不停地学习，并且从来没有停止过。这里所谓的学习不仅是书本上的学习，而且泛指对社会各种新知识的学习，他们可能会关注政治民生信息，一些经济咨询，社会问题的深度分析等。他们身上有着一种拼劲，不愿意落后于社会的发展。他们通常勤于思考，愿意探究问题的本质，也会关注与自身生活相关的信息，根据环境、政策等的变化调整自己生活或者家庭生活的方向，朝着更有利于未来发展的方向前行。他们的这种学习不仅是为了赚钱，更多的是提升自己的修养，提高自己的幸福感。

此外，在运动领域。由于小康群体十分重视自己是否拥有一个健康的体魄，因此一般来说，他们精神状态良好。比起其他群体，他们对自己的身材形体，身体的健康程度可能更加关注，更加提倡健康的生活方式。他们会经常去健身房，或是外出跑步，或是打球，积极参与各种体育运动，这种良好的运动习惯也会使他们从平常工作的忙碌、生活的压力中释放出来，由此获得更高的幸福感。

最后从生活态度来看。他们有能力可以找到很好的方式释放自己工作和生活中的压力，能够平衡两者。他们不只是懂得努力工作也会充分利用自己的休闲时间。虽然相对于低收入者，小康群体在经济情况下更为宽裕，但是多数都是“打工者”，工作时间固定，平常不能任性地给自己放假。虽然节假日外出旅游的人会很多，但是他们也会选择外出旅游看看壮阔山河。相比其他的一些群体，比如高收入或者低收入群体，小康群体在节假日的出行订单量比平常激增，大约会增加 2.3 倍，增长率是最高的。因此，小康群体也是目前我国国内旅游和出境旅游中的主体，外出旅游可能是放松平时工作节奏快、工作压力大的最佳途径之一，而且秀美的自然风光对久居都市的小康群体来说吸引力越来越强。由于小康群体的收入不仅能够满足温饱，还能有所剩余，这使得他们有条件去探索各类美食、追求娱乐文化、崇拜消费主义等。超过半数的小康群体都有过看剧、看展、听音乐会等经历，而且在越发达的地区，这些小康群体的平常休闲方式也会更多样，他们会根据自己独立的审美情趣选择自己喜欢的方式来进行平常的消遣，当然他们平常也可能为了交际外出活动。

总体上，小康群体的基本消费需求已经满足，虽然生活水平相对富裕，但是他们的消费行为比较理性，而且比较注重消费的品质。他们的恩格尔系数相对较低，用在必须支出的花费越来越少，用于改善生活质量、提高生活水平的支出越来越多。

（二）小康群体的工作

由于小康群体多数教育水平较高或者拥有一技之长，他们多从事的是专业性较好的工作，工作环境较好，工作满意程度较高。相比低收入群体来说，他们的工作更加忙碌，压力也更大，而且小康群体工作也会更加努力。从小康群体的出差记录就可以显示出他们忙碌的工作，13%左右的小康群体每月都会至少出差一次，并且其中有5%每月出差超3次。老板随时都可能安排他们去出差。

从整体上看，小康群体在工作上都很勤勤恳恳，在某一个领域一干就是几十年。无论是做房地产的，外贸的，还是教育的，媒体的，可能他们都换过公司换过环境，但从来没有跳出过他们的领域，也就是说他们不投机。所以只要勤勤恳恳、踏踏实实做你喜欢的事情，进入小康群体看起来并不是那么难。

（三）小康群体的共同特质

第二部分中对小康群体的方方面面进行了描述，小康群体不用在基本生活方面费心和焦愁。工作环境好，有充分的升职空间，有稳步增长的收入；家庭幸福美满，生活稳定。小孩上学不用担心择校问题，家中老人生病不用担心就医难，真正做到了老有所养，小有所学；家中有房有车，住房环境好，周边治安稳定。总的来说就是“富有仍嫌不足，温饱已经有余”的状态。

小康群体由于拥有较好的工作能力，中等水平的经济基础，良好的教育背景及品味，不管是在生活还是工作中都具有较强的自信，独立判断能力强，不愿随波逐流，人云亦云，因此受他人影响较小。他们的生活模式不张扬，也绝对不简朴。不会吃几千元一顿的豪华西餐，也不会天天喝路边摊的稀粥。没有必要每天骑自行车，也不会去买超过百万元很招摇的车子。他们的生活不是通过物质包装来体现的，他们拥有的阅历、涵养、知识会让他们在这个急躁的社会中找到属于自己的幸福。

第三节　解码小康群体幸福感

在现代社会中，人们越来越关注自己的幸福程度，大家开始意识到幸福才是一切行为的终极价值和目标。中国梦、幸福梦的提出也让人们不断思考着影响幸福的方式行为，希望能有更多的人模仿这些行为，从而提升自己的幸福感。小康群体作为幸福感最高的群体，他们的幸福感就值得研究。本章第二小节已经从多个方面对小康群体的形象进行了刻画，这一部分，我们将把一些刻画具体化、数字化，利用经济学分析方法，将这些方法应用到具有全国代表性的微观数据，从而解密小康群体幸福感，在影响小康群体幸福感的诸多因素中，孰轻孰重，这一部分将给出答案。这对全面提高我国民众的幸福感具有现实意义。

一、数据统计分析

我们采用利用CGSS（中国综合社会调查）最新一年的数据（2015年），进行实证分析。我们首先从总样本中把小康群体的数据找出来，根据对小康的描述，我们分别从收入、职业、教育综合角度挑选小康样本：收入方面，选取家庭人均可支配收入与人均可支配收入2.5倍之间的样本定义为收入小康个体；职业方面，剔除务农和无工作的群体定义职业小康个体；教育方面，将高中（包括职高、中专、技校）及以上学历的样本定义为教育小康个体。

找出同时满足收入小康、职业小康和教育小康的样本，最后可用的样本量为670个。本节将通过经济学研究方法来讨论分析小康群体幸福感的影响因素。影响小康群体幸福感的主要因素，根据上面的分析，以及数据的可得性，我们最终选取表11－1中的相关变量，如收入、年龄、婚姻状况、党派、对社会保障的满意程度、住房等等。表11－1中还给出了各主要变量的均值特征。

表11－1　　主要变量说明

变量名称	变量定义	均值
幸福感	主观幸福感：0，不幸福；1，一般；2，幸福	1.185
收入对数	家庭人均收入的对数	10.73
男性	二元变量：1，男性；0，女性	0.521
单身	二元变量：1，单身（包括已婚分居）；0，有配偶（包括未婚同居）	0.230
教育	受教育年限	14.79
年龄	年龄	40.67
党员	二元变量：1，加入中国共产党或民主党派；0，其他	0.209
社保满意度	对社会保障的满意程度：打分1－100	66.46
户籍	二元变量：1，非农户籍；0，农业户籍	0.801
住房	二元变量：1，拥有一套以上住房；0，无住房	0.899

续表

变量名称	变量定义	均值
保险	拥有社会保险(养老或医疗):1,有;0,无	0.799
孩子	拥有孩子数	0.822
健康	健康:1,不健康;2,一般;3,健康	2.309
社会经济地位	本人及家庭的社会经济地位属于:1,上层、中上层;2,中层;3,下层、中下层。	2.128
地位变化	与三年前相比,您的社会经济地位是:1,上升;2,差不多;3,下降。	1.701

二、中国小康群体的脸谱

小康群体中,感觉到比较幸福或者非常幸福的群体,占比接近85%。小康群体的平均年龄在40岁左右,这与他们社会资本已经积累到一定程度相关。年龄与幸福感呈现U形,个人的主观幸福感随着岁数的增加先下降,达到最低点后,随着年龄的增大又开始上升(许玲丽等,2018)。小康群体个人幸福感达到最低阶段时,他们的年龄约为47岁。小康群体的收入在本样本范围中为3.2万元～7.7万元。样本中绝大多数个体已婚,平均学历大专以上,90%的个体拥有一套以上住房,80%的个体具有非农户籍。

有序Logit回归估计结果见图11－1。出人意料的是,小康群体的收入与幸福感的关系没有遵循伊斯特林悖论,从回归结果中可以看到,收入与幸福感的关系是U型关系,但收入拐点几乎与零点接近。由此可见,中国小康群体中,其收入与幸福感的关系是显著的正相关关系。即家庭收入越高,小康群体的幸福感越强。这是小康群体有别于总体的鲜明特征。

小康人群中大部分人都接受过良好教育,因此看不出受教育程度与幸福感比较显著的关系。就两性差异来看,发现相比于女性,男性相对幸福感更低。历来由于男女分工的不同,导致两性的关注点也不同。男性在为家庭生计而奋斗的同时,也承担了更多隐形的责任。孩子对这部分群体幸福感的促进作用并不明显。多数家庭只有一个孩子,说明抚养孩子的压力对小康群体而言还是比较大的。

年龄与幸福感在47岁时呈现出了拐点。年龄与幸福感呈现U形,个人的主观幸福感随着岁数的增加先下降,达到最低点后,随着年龄的增大又开始上升

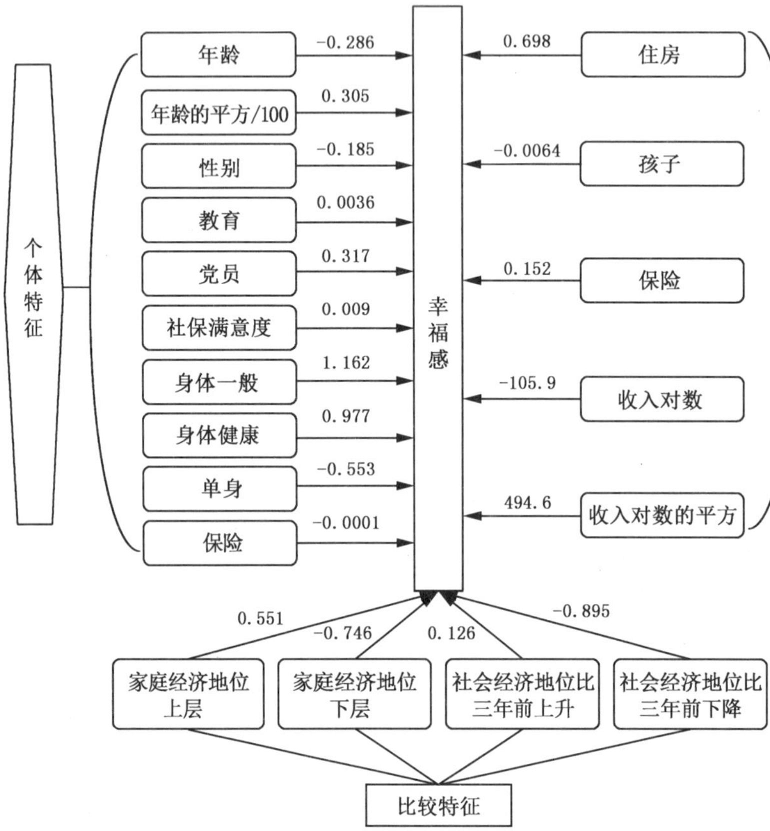

图 11—1　幸福影响因素有序 Logit 模型分析结果

(许玲丽等,2018)。小康群体个人幸福感达到最低阶段时,他们的年龄约为 47 岁。

婚姻能够积极促进这部分群体的幸福感。通过分析小康群体的婚姻状况观察到超过八成的人都已婚,根据回归结果,小康群体中已婚人群的幸福感显著高于单身人群,婚姻是促进幸福的有效途径。

结果显示,加入中国共产党或民主党派的个人主观幸福感更高,说明政治信仰对于提高个体幸福感也是重要的。

国人普遍认为安居才能乐业,住房能给他们带来比较稳定的生活,提升幸福感。个体拥有住房无疑显著增加幸福感,当下住房消费已经越来越在居民家庭消费中占更大比重,成为生活成本所要考虑的硬物质,这对于小康群体也同样适用。

常说拥有一个强健的身体是一笔最大的财富。回归结果显示越健康的身体素质，幸福感越高，并且发现，小康群体普遍拥有良好的身体素质，生活状态积极向上，精神面貌焕发活力，消费层次已经从满足温饱转变为更注重自己的生活状态。

社会地位也明显影响这群人的幸福感，个人目前的经济状态对个人的主观幸福感均有重要的影响。而那些通过自己的努力奋斗使得社会地位上升的个人会有更高的幸福感。当社会经济地位处于社会下层，或者较以往有下降的趋势，对个人的幸福感提升明显是不利的。

综上所述，幸福小康群体的脸谱是：处在年富力强的青年时期，或者生活安逸的老年时期、身体健康、有党派身份、有社会保障、已购房、个人社会经济地位在当地属于中上层、或较之前有明显上升、有配偶，从家庭人均收入来看，在小康范围内，收入越多越幸福。[①]

英国哲学家休谟(Hume)曾说：“人类所有努力的伟大目标在于获取幸福。”所以国家发展的目标也应该是为了获得幸福，小康群体作为社会中幸福感最强的群体，具有带动全社会共同幸福的作用。在深入了解小康的基础上，让我们一起铆足干劲奔小康。

① 从经济学角度来看，每个特点都是在其他因素不变的情况下得到的。

第十二章　为什么美食能带来幸福？

尼采说，有个问题比神学家的古老玄学更能引起我的兴趣，即饮食问题。民以食为天，人类对食物有本能的需求，“食色性也”，“仓廪实”而后才能“知礼节”，中国的智慧先人也早已把人的这项本能体悟得十分透彻。食物如同空气、水、睡眠等生存需要一样不可或缺，在饥饿的条件下，“本我”会让我们不择手段地去获取食物，如此才能不被物竞天择、适者生存的世界淘汰，吃乃人类天性。也有人说，饥饿是最好的调味品。的确，在饥饿面前，任何能够充饥的东西都能带来满足感和幸福感，更何况是美食的诱惑呢？幸福就是要吃爱吃的美食，美食比我们想象的更有吸引力！

第一节　美食伴随幸福的体验

亚里士多德将人生的幸福分为三类，来自外面的幸福，来自灵魂的幸福，以及来自肉体的幸福。对我们来说，吃即是一种“来自肉体的幸福”，在享受幸福的过程中，我们体会到的是美食带来的吸引、新奇以及感官的诱惑和心理上的满足。

一、美食带来满足和新奇感

美食带给人的满足感首先是来自感官的：色、香、味、温、声以及烹饪效果：火、水、雾、气，还有时下流行的“熔岩”等。色：比如热气腾腾的米饭，颗粒饱满、晶莹剔透；蒸屉里待出锅的白馒头冒着香气；焦糖色的红烧肉、鱼颜色浓重，而清炒的时蔬则多保留着蔬菜原生的色彩；鲜红的虾汤，乳白的鱼汤，黄澄澄的鸡汤，这些都是色味俱全的美食。香：煎、炸、烹、炒都可以使食物散发香味，不管是蔬菜、肉类本来的香味还是经过调和后重新迸发出的香气，即便是榴梿、臭豆腐、臭鳜鱼的臭味，经过人的鼻腔，都会唤醒我们的嗅觉，会让人情不自禁流口水，忍不住想要食指大动。味：在经受了香气的吸引之后，能够享受到美食与味蕾的亲密接触，才真正满足了人们对美食的欲望，充分体会到由美食带来的满足感，俗称"解馋"。温度：适合人体的温度是最为适宜的，当然，在炎热的夏天我们会想要喝一杯冰饮，吃个雪糕，而寒冷的冬天我们会想要喝杯热茶，吃顿热乎乎的饭菜，这些都会为我们带来幸福感。除此之外，时下越来越流行将菜品的烹饪过程放在食客面前，比如蛋糕店用透明玻璃展示奶油蛋糕的制作过程，糖果店展示糖果的揉制和切割过程，日式餐馆将三文鱼刺身的切片过程，以及铁板烧的制作过程摆在等待的食客面前供大家欣赏。此外，声，有铁板烹肉发出的滋滋声；火，有牛排淋酒瞬间包裹的火焰；雾，有液氮制作的美食展现出云雾缭绕的效果；汽，有烹饪鲜鱼的汽锅在食客面前喷着水气……这些都会为食客制造出兴奋、享受的饮食环境，进而为食客带来更丰富的幸福体验。

此外，还有新奇感。心理学认为，好奇心带来幸福感，在美食方面也是如此，比如人们喜欢追逐新颖的食材、菜品、菜谱、口味；全球各地都有人尝试挑战重辣、魔鬼辣；东南亚一些国家的居民会选择食用多种昆虫；英国探险节目主持人"贝爷"被称为"食物链顶端的男人"，他所拍摄的虽然不是美食节目，但他却因在野外食用各类未经加工的动物和虫子而闻名于世。这些行为既是挑战，也有生存下来的成就感和自豪感，因而"贝爷"赢得了无数粉丝。

二、品味美食的新鲜和诱惑

追求新鲜有两层含义：一个新鲜是上文说的"新奇感"，在探索食物的路上，尽管每位食客都会有难以忘怀的老味道，但也都会有求新求变的新需要；另一个新鲜是指食物、食材本身的新鲜程度——这对食物的要求已不仅仅是以之果腹。食不厌精，随着经济的发展，在满足温饱的基础上，人们对食物最终的追求是达到以之审美的程度。吃饱有吃饱的幸福和满足感，吃好也有吃好的追求与愉悦感。

（一）感官的诱惑

美食特别能勾起人的通感能力，冬日里咕嘟咕嘟冒着热气煨在砂锅中黄澄澄的嫩鸡，肥瘦相间的红烧肉挂着酱汁也难掩晶莹的焦糖色泽……美食的香气和诱惑，就算是透过电视屏幕、美食照片，甚至是人们对话的字里行间，都能带来视、听、味等全方位的感官冲击，能够让人获得一种满足的幸福感。面包房总是喜欢开在路边或者有玻璃橱窗的商圈里，因为一阵阵烘焙的香气和略微焦黄的面包能让本来不觉饥饿的你闻香而去，脑洞可以补足香气带来的口感，让你垂涎欲滴。英国作家吉卜林说："气味要比景象和声音更能拨动你的心弦（阿克曼，2007）。"诗人顾城也有一句含着"香味"的诗："在玫瑰停止的地方，芬芳前进了。"这种美的气息溢出了字里行间，能让阅读的人瞬间被带入意境，感受美好。所以说人们对美味的追求本身就是一个享受的过程。

（二）渴望与补偿

寻味、回味、品味，人们常常把带有美好感受的幸福记忆用"滋味"来表达，反映出美味常常是伴随着幸福体验的，也表达出人们对美食的追求是带有心理和精神层面内涵的，这种内涵凝结成一种渴望，有时还是一种补偿。

渴望美食，特别是甜食，能给人带来幸福感。据称，糖分在人体中的释放会产生多巴胺——一种让人兴奋的神经传导物质，能够传递幸福的信号。其实，不仅是甜食，很多刺激都可以使人体分泌多巴胺，但糖摄入过多对人体的影响往往是不好的，具体的原理将在下文"饱食的安全"部分进行阐释。人类祖先就被甜味吸引，因为彼时自然界中甜的食物大多是无毒的，因而从人类进化的角度来说，人类被甜味（包括富含能量的碳水化合物）所吸引是历经世世代代自然选择后形成的一种趋利避害的生存机制。而另一种喜好糖的解释，可能是由于糖在物质匮乏年代是稀缺品，人如果幼年时曾接受糖作为奖品，那么就有可能形成安慰剂心理，而在成年之后养成了喜食糖的习惯。假如要改变喜食浓缩糖味食品的坏习惯，就需要多食用天然的瓜果蔬菜粮食，因为未经精加工的原生态食材才是最容易被人的生理结构所消化的食品，添加剂少，有利于身体健康。

补偿心理常在生活中常常是与美食或购物相伴的。对于女性而言，吃和买往往具有安慰效应，也就是网络上俗称的"逛吃逛吃"的幸福。每个人都会有补偿心理，但是因为境遇不顺而借酒浇愁、暴饮暴食或过度消费都是消极的行为，不仅不利于身心健康，反而从长远来说会带来更多的负面结果，与幸福背道而驰。因而在生活中要多建立积极的心态，面对境遇不顺利时多想想"塞翁失马，焉知非福"，多选择阅读、运动、唱歌、跳舞等健康的方式来增加多巴胺，获得幸福和认同感。对于自身的不足,选择用积极的方式修正,选择擅长的方向制定目标,这些才是正向而积极的补偿。

第二节　美食创造幸福的哲学

众所周知,拥有健康的身体才能追求幸福的生活,然而人食五谷杂粮,生病在所难免。因而古往今来,依据时令,人们通过饮食的经验教训总结出很多需要遵循的道理,成为健康的准则,也是幸福的保障。此外,无论持有何种生活态度,人世间唯有美食和爱不可辜负,两者都是幸福生活的必需品。今天,在家庭生活中,一日三餐粗茶淡饭,看似平凡,人们却能体会分享的满足。而家乡的美食能够寄托离乡人的思愁别绪,也逐渐成为人们精神上的需要。

一、饮食的安全

从人体的需求而言,科学营养、安全健康的饮食策略才是值得推崇的。古人云,民以食为天,而食以安为先。现代生活中,不安全的因素越来越多,饮食安全已经成为人们生活中不能忽视的重要部分,因为饮食不当而引发疾病会直接影响生活幸福指数。同时,科学、健康的饮食准则也越来越引起大家的关注。

首先,“不时不食”“不善不食”。在中国传统饮食文化中,讲究按照节气时令饮食,不符合的不食,称为“不时不食”。现如今不善不食也是中国饮食文化流传至今的一个准则,比如孔子认为“色恶不食,臭恶不食”,他认为食物的颜色和气味如果发生了腐败等变化,就不适宜食用了(邢金芳,2017)。

其次,科学饮食。其实从生理机制而言,人作为生物从自然界获取食物也并非“不择食”,人类会根据自身营养和消化的需要在食物中进行选择,当然还要考虑到获取和加工这些食物的能力和效率。比如,过多的糖分会引起人体血糖的波动,能够让血糖迅速升高之后又降低,当血糖水平偏低时,人会出现烦躁、疲乏、注意力不集中、紧张、出汗等问题,长此以往,血糖平稳功能受到损伤,一年以后体重就会增加并伴随精力的减退。不仅如此,形成生活习惯后,每当血糖水平降低,人们为了平衡不适,还会摄入更多的葡萄糖,或者选择摄入刺激物,比如茶、咖啡或香烟进行补充。当下社会快节奏的生活方式本就容易让人产生紧张和压力感,所以更容易提升人体中皮质醇的分泌来对抗压力和烦躁,而皮质醇又会加重肥胖的症状。长此以往,人更会嗜糖,产生对甜味的渴望,得不到的时候会焦虑,导致身体产生恶性循环。这种恶性循环对人的精力和情绪都有恶劣影响,并可能形成“压力型肥胖”,又称“过劳肥”。

抵制上述影响身体健康的方法有很多,比如游泳、慢跑、快走等有氧运动,配合无氧运动都可以增强人的基础代谢,不仅减脂还能强健体魄。同时,“三分练七分吃”,运动的同时也要注意饮食安全,建立健康的饮食习惯,多食用燕麦等慢速释放糖的食物,多食用新鲜爽口或只经过轻微加工的蔬菜,多食用水果等膳食纤维。只有饮食安全才能身体倍儿棒,吃嘛嘛香,才能品味幸福。

二、家庭的幸福

家是幸福的源泉、爱的港湾。父母的辛勤哺育、爱的浇灌,以及谆谆教诲常常是从餐桌边开始的,因而有人说长大离家之后,会常常回想起妈妈做的美食,把对家的思念用“妈妈的味道”储存在记忆之中,因而背井离乡的游子对家乡美食常常倍感思念,美食是家的味道、幸福的味道和爱的记忆。

在中国的家庭文化、纲常伦理之中,食物常常扮演了重要角色。《三字经》有云:“融四岁,能让梨”,揭示出中国人的家庭观念是从幼年起,就用食物教育孩子长幼有序、孝敬长辈,先人后己。此外,有不少影视作品也曾用“家常菜”为“日常生活”穿针引线,比如大陆电视连续剧《家常菜》,描述的是一个男人对爱人以及爱人的家人的包容和照顾,从年轻到年老一路面对家庭的各种坎坷,却始终有担当,对爱人不离不弃,该剧以“家常菜”比喻了家庭生活的苦辣酸甜和歌颂了主人公的高尚品格。20 世纪 90 年代由李安导演,张艾嘉主演的《饮食男女》,将传统家庭的伦理关系用做饭、吃饭这样的隐喻来表现,贴切地体现出剧中家庭成员之间的微妙感情,在平凡的食物里品尝不平凡的百味人生。

三、生活的态度

美食常常能反映人们的生活态度,灯红酒绿、活色生香、天南海北、吃不相同。从吃不吃得饱到吃不吃得好,从敢不敢吃到愿不愿意吃,再到“深夜食堂”和“向往的生活”,美食能够使本来从事不同的工作,过着不同生活的人成为朋友,一种价值认同扩大和延伸了幸福的范围。谈到美食的时候,人们会有一种饱含幸福的感觉,一起庆祝生命的美好,一起结伴同行,所以美食能营造一种拥有共同生活态度的人际氛围。中国有酒桌文化,西方有 party 社交,美食满足了人们的"社交需求",让人能够在轻松惬意的环境中更自如地应对社会交往。饮食习惯能够把人们联系的更紧密,并能区分不同人群的人生经历、教育背景、宗教信仰、爱好和价值观。

有的人注重低卡路里、低糖分的健康饮食,有的人喜欢可乐汉堡、薯条奶茶等"垃圾食品";有些人喜欢浓油赤酱,重口味的大鱼大肉,有些人喜欢味道清淡不见荤腥;老年人喜欢养生的饮食,而年轻人喜好辛辣的口味;有些人对百元一只的梭子蟹、千元一顿的分子料理兴趣盎然,有些人却觉得百元千元可以换算成多少斤粮食而觉得铺张浪费,无关乎消费能力。的确,不同的年龄、地域、职业、性别、身体状况,大家对美食的喜好都有所不同,这也就从美食中映射出一种生活态度。没有哪种生活态度是绝对正确或错误的,只要饮食满足了自身的需要,让我们对生活充满热情,体会到活着的快乐和价值,生活就是幸福的。当然,饮食习惯最好是健康的,唯有这样才能对自己、对家人尽到责任,毕竟只有健康才能拥有长久的幸福。

四、分享的满足

美食能为人们带来分享的满足感,爱和归属感,无论东方还是西方,人们都可以通过制作和分享来拉近人与人之间的关系。

曾有畅销书取名"爱就是在一起,吃好多好多顿饭"。会做饭的人都希望别人喜欢自己做的菜,因为分享美食是分享一件美好的事情给别人,有一种利他悦己的满足。现在市面上很多商家会开"自助烘焙"等工作室,吸引情侣、家庭前来体验,或者办公室同事一起来"团建",让大家在分享美食之前先分享共同的制作过程,在这个过程中相互配合,协同合作,然后共同分享"胜利果实",以美食作为奖励,体会分享的满足感。国内有一档《向往的生活》的综艺节目,由何炅和黄磊两位影视明星于乡间农家耕种并烹饪美食招待朋友,其中受邀的大多都是两人在现实生活中的好友,比如何炅邀请的歌手张杰是何炅同事谢娜的先生,何炅知道张杰爱吃辣,所以在美食中准备了辣子,又知道张杰刚刚做了爸爸,所以给谢娜带了农家土鸡蛋补身;黄磊则邀请了自己的朋友兼邻居——国际知名小提琴家吕思清来做客,并在席间透露,平时吕就经常吃自己烧的菜,彼此的妻子也是闺蜜,孩子还是朋友等。因为是朋友,所以对彼此的口味就非常了解,因为平时常常在一起分享美食，所以彼此之间的感情日渐深厚，相互间也有了更多的了解和信任。美食用于分享，而情感在互通和加固，分享美食不仅满足了口舌之欲，更重要的是满足了人们对于友爱、付出和奉献的需求。

五、时令的趣味

西方的幸福观认为，健康比其他幸福重要得多，所以有人说，宁做健康的乞丐，不做多病的国王。在中国，最早的中医典籍之一《黄帝内经》就非常重视“治未病”，提出要加强饮食的滋养作用，因为饮食对人体的滋养有着重要的保健作用和疾病预防作用[①]，只有合理饮食，才能保证人体获取所需的营养，五脏功能才能旺盛。中西方都有重视健康的观念，毕竟健康才能幸福，而合理饮食才能健康。

何为合理饮食？中医认为养生需要讲求天人合一，讲究一天之中要日出而作日落而息，一年四季要顺应节气、司岁备食、不时不食，此外生病时应注重食疗、讲究药食同源等。

何为节气时令？古人认为一年有二十四节气，分别是：立春、雨水、惊蛰、春分、清明、谷雨、立夏、小满、芒种、夏至、小暑、大暑、立秋、处暑、白露、秋分、寒露、霜降、立冬、小雪、大雪、冬至、小寒、大寒。为了方便记忆，民间还有“二十四节气歌”：春雨惊春清谷天，夏满芒夏暑相连，秋处露秋寒霜降，冬雪雪冬小大寒。二十四节气正好是地球绕太阳公转一周 360 度的时间，每个节气刚好是公转 15 度，因此中国的节气是有科学依据的。一年分为十二个节和十二个气，每月之中都有一节一气，确为一种民间智慧。中国人自先秦就发现了节气的规律，到汉代基本确立节气规律，并且以此来指导农耕和饮食。节气流传至今与中医一同成为中国百姓四季养生的规律，《黄帝内经·素问》以“司岁备物”，主张人们应该在时令的自然规律下准备食物以及药材。比如，“立春”是二十四节气之首，南方有吃春饼（又称春卷，不过春卷多是卷好馅料后炸制，而春饼多以烙饼为外皮卷蔬菜而食）和芝麻汤圆的习俗。很多人知道立春吃春饼但不知道为什么吃，实际上是因为人体经过一个冬天的“蛰伏”，到了春天受到温度回暖的影响开始活络起来，这个时候容易肝火旺，因而此时宜食用补肺养胃的蔬菜比如萝卜、韭菜、蒜苗以及时令蔬菜春笋等。古人运用食厨智慧发明了烙饼卷起几种蔬菜来吃，既顺

---

① 《图解经典》编辑部. 图解黄帝内经[M]. 长春：吉林科学技术出版社，2017：120.

应了节气养身体,又吃起来味道可口,成为一道经典的时令点心小吃。此外,春笋可以炖汤,也成就了今天的一道沪上名菜“腌笃鲜”。其他的节气里面也分别有合时宜的食物,比如秋季有红薯、山药、无花果、核桃、红枣、葡萄和各种粮食,冬季有年糕、羊肉、大白菜、龙眼、冬枣等时令食材。

专栏 12-1

沪上名菜——八宝鸭

八宝鸭是一道沪上时令名菜,其制作方法复杂,但口味绝佳。1 000克左右鸭子去毛洗净开背除去内脏,沸水焯出、沥干、抹酱油备用;另备猪肉、火腿、虾仁、鸡肫、笋、香菇、莲子、栗子若干,还可依口味加入胡萝卜、枣等食材全部切成丁,再准备糯米、白糖、食盐、绍酒、味精、酱油拌在一起制成馅料填进鸭肚,上笼屉蒸制 3～4 小时;炒菜锅烧热后放入猪油,滑炒笋片、冬菇片,添加酱油调味后加入少许蒸鸭子的汁水,烧沸后放入单独滑熟的虾仁和熟青豆并勾芡、淋猪油,得此汤汁均匀浇在蒸好的鸭子上,即为“八宝鸭”。以1 000克左右鸭子为例,以上食材中糯米约需 100 克,酱油和绍酒各 15 克,猪油约 10 克,其他调味品按自己口味适量添加。这道菜选取温补的鸭子为主要食材,搭配了诸多包括肉、海鲜、蔬菜以及干果和粮食作为辅料,既吸收了诸多原料的鲜、甜香味,去除了鸭腥,同时又富含营养,食材搭配科学合理,既进补还不油腻、不上火、不生痰,在秋冬季节食用,正是美味的时令养生佳肴。

在中国,佛教等宗教场所比如寺庙,也会根据传统节日制作相应的饮食,此习俗流传至今。比如,有许多道场会在中国农历腊月初八制作腊八粥施舍给穷苦百姓,用以纪念释迦牟尼成道的日子。尽管现在普通家庭都不一定知道腊八与佛教有关,但在农历腊八吃腊八粥的风俗却被保留下来。小学语文教材中有一篇课文是冰心写的关于腊八粥的故事,说腊八这一天是因为临近年末,家里会清理厨柜,把余下的各色粮食杂果煮在一起给孩子吃,所以有了腊八粥,流传到今天,还成为健康搭配、营养饮食的代表美食。

被称为日本饮食文化研究第一人的日本文化人类学家石毛直道，在《日料的故事》中解读："文化人类学的分支'生态人类学'擅长研究受自然影响强烈的文化问题，一直把'饮食'作为重要的研究课题"。"日本饮食文化的形成期是吸收中华文明中形成的，然后将其日本化，从而构建自己独特的饮食文化基础，直至16世纪接触西方文明为止，中华文明是日本的标准（石毛直道著，关剑平译，2017）。"通过相同的历法，同一文明圈的人们采用了相近的宗教活动，日本在17世纪前一直使用中国的"阴历"，因而在饮食方面也与中国有类似的岁时活动，并且依时令食用相应的食物，这种在特定时节吃特定食物的饮食习俗起源于中国。此外，时令饮食也跟节日和谷物收成的时节相关，比如基于节日风俗，日本也会在新年时吃年糕，在五月端午吃粽子，以及七月十五盂兰盆节，在家里祭祀供奉水果、年糕等贡品，且吃素和不杀生；基于谷物的收获，会在九月满月吃芋头，十月吃毛豆，既是因为这两个月份收获这两种谷物，也是因为像中国的中秋节一样带着满月的祝福，一边赏月一边团圆。除了中国和日本以外，其他各国也都有节日食品：比如圣诞节，法国人吃木桩蛋糕，英国人吃圣诞布丁和肉馅派，德国人喝热红酒吃辣姜饼，意大利人吃潘多尼蛋糕，等等，因而世界各国都有属于自己的节日时令饮食文化。

重视礼仪的中华民族，自古以来认同"仓廪实而知礼节"，除了讲究时令以外，更讲究饮食文化的礼仪。逢年过节、生辰忌日、红白喜事，亲戚友邻之间都会互相走动，客人带着礼金或贺礼，而主人则备下饭菜招待，有些地方民俗中至今还保留着"流水席"待客的方式，这种风俗可能流传了千年，但至今仍被当地人家恪守，也彰显了中华民族的饮食文化与尚礼之道。

第三节　美食塑造追求幸福的品格

传统的地方美食对于一般老百姓来说，可能就是旅游时顺便尝鲜的小吃，对于本地人而言，就是日常茶饭和点心。但对于很多以此为业的美食制作者而言，这可能就是他们的事业、生活、毕生追求，而代代相传。中国的饮食文化源远流长，很多美味因为制作工艺复杂、时间长、耗费人力物力而逐渐失传，因而在联合国教科文组织关于《保护非物质遗产公约》的推动下，我国也出台了《关于加强文化遗产保护的通知》，建立了国家、省、市、县4级非遗保护体系，再加上"世界非遗保护项目”,我们共有五个层级共同保护、抢救、传承和发展我们面临失传的美食制作工艺。在这些美食工艺的背后都会有一个传承人,用品格担保着品牌美食的质量。

一、美食是幸福的驱动力

民以食为天、食以安为先、安以质为本、质以诚为根。从这句民间口诀中不难看出,食品安全和食材质量的保证是个良心活,要以做美食的人的品格作为担保。美食可以带来很多机会,但美食制作者要面临更多挑战,需要有信念、有毅力、有原则、有坚持。

对非遗传承人而言,他们既要保证美食的经典口味,又要力图使其传承下去,就要不断花费精力去琢磨自家美食的特点,不断发掘传统美食工艺的价值,才能在竞争激烈、快速变化的饮食行业中生存下去。如同任何一份职业和追求一样,每个人都希望自己能够干称职的工作,受到尊重、感到快乐、努力实现自身潜力,最终达到实现自我价值的目的。因此,非遗传承人在对待美食的时候就要坚持自己的良心,坚持选用上好的食材和传统的工艺,坚持把美味保存下去。可以说,是美食锻造了他们追求幸福的坚韧品格。

专栏 12-2

“非遗”美食背后的故事

国内有一档《非遗美食》的系列片,专门讲述我国获评非物质文化遗产的特色美食,以及美食背后的故事。其中一期讲述了如下几个地方风味:江西九江有喝茶配茶饼的习惯,69 岁的非遗传承人梁启标老先生传承了父亲制作九江桂花茶饼的手工技艺已有几十年了,并将这一技艺传给了自己的儿子和女儿,老先生认为:“对待食品就像对待人一样,只要诚心对待,就能做出最好的茶饼。”扬州富春茶楼的三丁包已经有一百多年的历史了,第三代传承人叶千金说:“每个三丁包一定要有 32 个褶子,包子嘴要像鲫鱼嘴,身子要像荸荠的鼓,在我们眼里,包子就是一个精美的艺术品。”脍不厌细就是扬州美食人所认定的传承方式。广州成珠小凤饼的老板薛锐明一直坚持全手工制作小凤饼(又称鸡仔饼),他也尝试过机械制作,但发现除了外形相似以外,其他重要的元素都变掉了,风味都没有了,口味都过不了他自己这一关。他说:“要想把一件事情坚持下来很不容易,我就是怕这么好的东西在自己手里失传了,所以一定要手工做。”因小吃闻名全国的福建沙县其实已经有1 600多年的历史,原本有200多种,但因为制作复杂,需要起早贪黑,现在沙县本地的师傅都不太会去做芋饺这类工序繁复的小吃了,在全国各地经营沙县馆子的师傅就更加不会去做这种费时费力、价格便宜的美食了。然而非遗传承人陆玮强继承了沙县人“实说实干、敢拼敢上”的精神,将沙县美食传承下来,在食材上也精工细作,比如做馄饨馅料需要加工扁肉,除了需要使用成本较高的黑土猪大腿肉作为食材外,还要用木槌持续击打肉。做扁肉,手工制作的师傅手会起泡长茧,却坚持不用机器制作,因为那样的话口味就不会Q弹,很多小吃品种实际上没有走出沙县,所以如果没有非遗保护,没有这些品格坚毅的传承人,也许这些地方美食早就失传了。

长年从事传统烹饪技艺的非遗传承人,只有对食材要求高,对工艺要求高,对自己要求高,踏实勤勉,才能胜任非遗传承人的角色。这种传承不仅是一种技艺的传承,同时也传递幸福的味道和坚毅的品格。西方人认为“饮食符码就是具有传递信息的功能:自我尊重的信息、自豪的信息、快乐的讯息与伙伴的信息。它能够消弭显著的社会差异,甚至能让人避免落入声名狼藉的境况之中(艾琳娜·库丝蒂奥科维奇著,林洁盈译,2016)。”中国的非遗美食师傅们带着中国的匠人精神,在遇见更好的自己同时,也传承了中国文化,从中获得满满的幸福感和自豪感。

二、美食是审美的对象

各国的美食与各国家和地区的文明、文化往往是一同发展的。时至今日,食物越来越脱离人们的温饱需求,逐渐发展成为美食艺术品,成为审美对象。如今,很多人都在心中总结出自己认同的美食哲学。

(一)美食哲学

关于美食的哲学,要从品尝美食的人——食客说起。食客的品级,也就是食客对食物的辨别能力是有一套说法的。唐振常撰写的《中国饮食文化二题·文人与美食》认为:食有三品,上品会吃,中品好吃,下品能吃。“能吃无非肚大,好吃不过老饕,会吃则极复杂,能品其美恶,明其所以,调和众味,配备得宜”。此文把食客分为三个品级,夸赞“会吃的人”品级最高,“爱好吃的人”品级居中,“能吃的人”品级最低。下品的被戏称为“肚大”;爱好美食的被冠以“饕客”,这类人也算是对吃比较讲究,见多识广的;然而在食客里面最受推崇的上品被视为会吃的行家,这类人把美食钻研得很透彻,能够品尝出常人难以品出的好吃与不好吃,并且还能说得清好与不好的原因,能够知道各种味道之间调和、搭配的道理,也就是所谓的美食家。能够品味别人体会不出的美味,想必也是很幸福、很骄傲的。

西方国家同样如此,在信奉有造物主的国家中,美食家认为“好胃口”也是造物主的恩赐。著名饮食哲学家布里亚·萨瓦兰认为,以食物为主题的对话是生命中最大的快乐:“创造者让人类必须吃东西才能活下去,让人有胃口,也以饮食乐趣作为回馈(艾琳娜·库丝蒂奥科维奇著,林洁盈译,2016)。”

总而言之,关于美食哲学,对于一般人来说,吃无非就是品尝美食带来的各种诱惑和借助咀嚼释放压力,吃让人感受到了快乐和幸福的信号;而对于美食家来说,他们对食物的认识是有深度和内涵的,他们认为美食是能够不断继承、创新和发展的,美食不仅能让普通人觉得好吃,还能吃出文化韵味来。

(二)审美趣味

在审美和通感的作用下,美食借助视觉、听觉效果的帮助,可以使食客获得除了味道以外的更多美的感受。随着经济、文化的发展,人们不仅对美食提高了要求,同时对用餐环境的要求也越来越高。高雅或富有创意的餐厅、酒店因提升了食客的审美体验而受到欢迎,因而乐于追求幸福的人们一定会把美食放在审美标准中,从而不断推动美食产业的发展。时下,摆桌艺术、华丽餐具、炊煮器具都在满足了烹饪的基本功能的基础上向着美的方向发展,今年某电商平台甚至出现了价值200万的天价铁锅,美食审美一发不可收拾。

曾经有些美学家认为美感不同于舌、鼻等生理快感,而是更高级的精神愉悦,区别在于:其一,美感是超实用、超功利的,而生理快感则主要满足诸如渴、饿等生理要求;其二,美感的实质是情景交融、物我同一,美感必须有一个审美意象,而生理快感不可能出现情景交融,而是完全来自外界刺激,不可能有审美意向(叶朗,2009)。然而,随着饮食文化、美食艺术的发展,当下的美食除了人们满足口腹之欲的香和味等需求外，在品相(颜色、造型、构图)、文化构思以及餐桌艺术等方面都已经有了更长足的发展，再也不仅仅是满足生理快感的必需品，而是被赋予了更多内涵、营养和韵味的艺术品了，就像服装已经不再是“可蔽体”的必需品而升级为“服装艺术”一样，人对吃与穿的需求和创造都已进入了“高级的精神愉悦”范畴。

此外，现在越来越多的人开始注重美食营造的仪式感，更有美食作家表示：人生需要不断地庆贺，在生日、节日、纪念日等特别的时刻，要“认真地对待”才能让普通的食物不再普通，平凡的日子也发出光芒(曾焱冰，2016)。美食也许不一定非要“美”，但以庆贺的名义而组成的美食派对却可以给平凡的生活增添幸福感，这才是人们想要的。

(三)美食与性爱

中国古人云：食、色，性也。在西方国家，如意大利，美食文化之中常常也有“性”的元素，相互共鸣。“人们不会直截了当地说，不过当对话步上美食的正轨，空气中会弥漫着一股欢愉的电流，轻轻地挑逗着所有的谈话参加者。一点点贪吃，加上性冲动，就成了爆炸性的组合，而这种结合很早就出现在文学之中，比如薄伽丘的作品(艾琳娜·库丝蒂奥科维奇著，林洁盈译，2016)。”这种联系来源于宗教背景，因为笃信天主教的意大利人会有很长的斋戒期，会被神父要求禁欲，禁止性行为以及从早到晚都禁食某些食物，所以意大利人特别容易把美食与性爱放在同一个维度去思考，毕竟受到禁止的事情反而更具有吸引力。于是，原本描绘禁食禁欲的语汇转而用于表达淫秽的言辞在食客之间传递，“比如用‘鱼’(pesce)或‘甘蓝’(cavolo)来称呼性欲很强的男性，因为鱼和甘蓝都是斋戒期吃的食物。”

在影视作品中，人们也常常会把美食与性爱放在一起，比如法国著名女演员朱丽叶·比诺什曾主演了一部爱情电影《浓情巧克力》，就是把美食与爱情结合在一起，碰撞出幸福的火花。

第四节　美食传递幸福的文化

既然美食都可以被欣赏，那么美食能够传递文化气息也就不足为奇了。我国的美食文化大致是通过历史传承、地域差异以及中国独有的文化现象展现出来的,而美食还可以让不同的国家和民族跨越语言障碍进行沟通和交流。

一、历史传承、地域差异、文化韵味

从古至今,中国老百姓在美食的制作、保存、经营和发展方面积累了很多智慧方法,而中国地大物博,南北方气候、气温的差异又造就了地域饮食风俗习惯之间的差异,但无论是美食的历史传承还是地域差异,中国美食文化的发展都展现出中国文化独有的韵味。

(一)传承历史智慧

纪录片《舌尖上的中国》就是把中国各地的传统美味与当地的历史发展、风土人情与百姓生活结合在一起展现出来,受到广大观众的喜爱,甚至在国外媒体上也是风靡一时。这部纪录片尽管拍了若干集,却仍然只是中华饮食文化中的一个缩影,中国的老百姓对于饮食实际上是倾注了更多的灵感和智慧的。

中国人自古以来在食物的制作和保存方面就动了很多脑筋,比如渔民为了防止新鲜的鱼变质,使鱼能储存更长久,会用红曲和食盐把鲜鱼进行腌制处理,称为"鲊"。《齐民要术》记载:"鲤鱼切片,撒盐,压去水,摊瓮中,加饭(已拌有茱萸、橘皮与酒)于其上,一层鱼,一层饭,以箬封口(古人很潮,2017)",可以让鲜鱼保存更久,以备物产缺乏的季节食用。

两宋时期,随着经济的发展,城市居民逐渐提高了对饮食口味和数量的需求,据称在北宋汴梁城中比较大的油饼店就有烤炉五十多座,饼的种类繁多,包括蒸饼、糖饼、门油、菊花、宽焦、侧厚、髓饼等(古人很潮,2017),食客每天大排长龙,而饼店日日都能将饼售罄,供不应求。此外,还有"瓠羹"(南宋,吴曾《吴氏中馈录》),是一种配有各色浇头的面,浇头包含肉、杏仁酱、酱瓜、黄瓜丝和腌韭菜等,内容丰富,以现代人的口味来看,仍觉滋味诱人,想来也是这种烹面方式沿用至今,逐渐形成了今天北方的打卤面、南方的盖浇面,遍布中国大地。

专栏 12-3

古代名人与美食趣事

今天,以苏轼(东坡)的名字命名的菜品众多,有东坡肉、东坡鱼、东坡豆腐、东坡肘子、东坡茯苓饼,等等,传说皆是出于苏轼本人对吃的执着追求。为了吃，苏轼曾写过《老饕赋》，称“先生一笑而起，渺海阔而天高”，按照今天的话来说，苏轼就是一个认为吃能让人幸福得飞起来的吃货。尽管他一生为官不顺，曾遭遇数次贬谪，但心情豁达喜欢吃的他，每到一个地方都能找到新的美食。比如，他从京城被贬入杭州，杭州就有了东坡肉；被贬去岭南，就有了荔枝的美味；再被贬到海南，竟然在不毛之地发现了鲜美的牡蛎。苏轼这种酷爱美食、自寻幸福、笑对挫折的人生态度也是很值得后人学习的。

清代的袁枚也是个在美食方面颇有造诣的雅士，相传他对于吃的观点主要是“用料讲究、食材新鲜”。比如烹制燕窝，不能用河水而要用泉水，更不能混入油腻，烹制出的燕窝才能色泽如玉。海参因为腥味较大，就要用其他食材的味道加以配合才能遮盖腥味。就凭着对美食的爱好，袁枚还撰写了一部《随园食单》，其中就有我们上文中提到的沪上名菜八宝鸭。

(二)留存地域差异

我们可能会喜欢某种食物，而不喜欢另一种食物，这不仅仅是因为个人口味不同，还可能是因为成长环境不同所带来的地域饮食差异。抛开宗教信仰的因素，我们会选择的食物实际上往往是父母在抚养我们过程中给我们开出的“食谱”，因此中国南、北方饮食就有诸多不同，比如南方人喜食咸粽子，而北方喜食甜粽，冬至，北方习惯吃饺子而南方多食汤圆。“对于个人，饮食偏好和对食材的接受能力多半在童年期便已形成，儿童尝试并接受各种食材的学习窗口在三岁时就关闭了，从小没吃过的东西长大了就很难再接受(辉格，2015)。”由此看来，人们的口味是会受到地域差异的影响而代代相传的。

饮食习惯尽管存在地方差异，然而随着经济的发展和人口的流动，全国各地饮食也开始交流、融汇，而经济能力和价值观的认同促使饮食文化的差异有了新的区别。也就是说，从一个人吃些什么，你越来越难猜他是哪里人，而越来越容易辨别的是他属于哪个阶层，持有何种价值观。现在，饮食差异常被赋予价值含义，“当人们抱持欣赏和体验的心态时，它是新鲜、惊喜和异国情调，而当人们需要标榜自己的文化特性，寻找优越感或感到威胁时，差异便成了歧视和取笑的对象。比如‘什么都敢吃’也就由对多彩饮食文化的赞美变成一种异样的目光了

（辉格，2015）。”

（三）饱含文化韵味

世间百味，生活有滋有味，这句话虽然说的是生活，但借用的却是饮食元素。有人说，饮食是所有文化的基础。的确，饮食是人类赖以生存的基本需求，没有温饱，何谈文明与发展？中国是文明古国，有上下五千年灿烂的历史，在历史文化的长河中，饮食也是重要的组成部分，时至今日，就连语言文化中都常常能反映出“饮食”的重要存在感。比如人们常用“京味儿”形容老北京的文化；上海话有“吃定你”表达“认定你，喜欢你”的情感；此外，还有用“吃得开”形容别人“混得好”，更多人赞同“吃苦也幸福”，因为终会“苦尽甘来”，等等。这些民间俗语已经是语言文化中的约定俗成了，也许，这些俗语的发展也是通过历史传承和中国独有的饮食文化现象逐步衍生而来的。

二、让不同国家和民族建立沟通交流

既然美食可以代表一种历史文化、风土人情，那么用美食作为媒介，抛开语言障碍，全世界的人都有可能建立起沟通交流。

试想，傍晚，徜徉在东南亚某国热闹喧天的小夜市上，身边是摩肩接踵的当地人或者来自世界各国的背包客，夜色难掩浓郁的生活气息，大家顺着人流的方向，沿着街边品尝各色小吃、饮品，购买香料、本土服饰、皮革制品……在街边小胡同口坐下，要一碗当地的特色虾肉云吞，云吞的汤清澈微黄，喝起来鲜美爽口，没有一星半点油腻，云吞半透明的皮包裹着一整只大虾隐约可见，咬一口汁水满溢、肉质弹牙，配着隔壁家刚烤出的榴梿包子，咸甜搭配，别有一番风味。就这样沿街一路刷到底，让背包和肚子都圆滚起来，不得不说是一种别有滋味儿的幸福，回味起来都会感到十分惬意。

专栏 12－4

上海大学的美食文化活动

2018 年 5 月 10 日，中新网上海新闻网发布了一则“上海大学留学生展国际文化风情”的报道，这是上海大学举办的第六届国际文化节暨第十二届国际文化风情展活动，由在校各国留学生作为活动的表演者，展示自己国家的饮食、服饰、歌舞及游戏活动。每年这类活动对于上海大学师生而言都像一次欢乐的大型派对，来自 20 多个国家的留学生都身穿自己国家的服饰，在各自的展台前介绍本国的传统饰品、风俗习惯以及美食，希望通过美食这种易于被大家接受的方式，吸引大家对自己的国家多些了解。美食常常成为风情展的亮丽展品，很快就被品尝一空。通过这样的活动，中国的大学生也能有机会了解世界各国的优秀文化，足不出户就开拓了视野，学会了文化包容，也增强了对自己国家民族的文化自信。

此外，上海大学外国语学院日语专业的学生每年也会有机会参加一些食育活动，自己动手制作日本美食。比如手工制作三色井，用肉松、玉米、番茄、黄瓜、鸡蛋、豌豆、胡萝卜、培根，配上芝麻、海苔丝，佐以酱油、沙拉酱等作料，经过精心摆盘，制作成颜色丰富、营养搭配均衡的菜品。参加这类活动，同学们不但通过美食了解了别国的传统文化，提升了跨文化交际能力，同时还学会了协同合作、分享成果，以及收获友谊。

第十三章　艺术能带来幸福吗?

何谓艺术?古希腊时期,柏拉图把艺术称作模仿,这是由于那个时代的雅典还没有模仿之外的东西被认为属于艺术范畴;18世纪,美学出现了,认为艺术贡献了美,从而给那些有品位的人带来愉悦;19世纪,黑格尔认为艺术是理念的感性显现,也就是说艺术是感性的,与人的需求相关。马克思把艺术看成意识形态,在《剩余价值理论》中把艺术归于"自由的精神生产",认为艺术是一种尚未异化的劳动。20世纪,艺术理论家埃伦·迪萨纳亚克则认为艺术以人的身体感官为基础,应该服务于人类利益的最终福祉。在中国,传统美学中主流的看法是:"艺术的本体是审美意象。艺术品之所以是艺术品,就在于它在观众面前呈现一个意向世界,从而使观众产生美感——审美感兴(叶朗,2009)。"黑格尔认为:"艺术的真正职责就在于帮助人认识到心灵的最高旨趣",那么艺术本身就是人们追求幸福美好生活的载体。艺术可以带来幸福感,本章将解码艺术与幸福之间的深层关系。

第一节　为什么艺术可以带来幸福?

艺术可以满足大众的审美需求。同时,艺术还可以使创作者获得高峰体验,如入忘我之境,满足最高等级自我实现的需求,随之获得幸福感。

一、艺术能够满足普罗大众的审美需求

何为审美?古人云"羊大为美",那时美的标准主要在于满足人的生存需求,

从中也可以看出自古以来，人的审美标准就与追求幸福生活息息相关的。

“美，狭义指‘优美’。广义指多种审美形态，除了优美，还包括悲剧、喜剧、丑、荒诞等，广义的美是审美意象，而艺术的本体是意象世界，因而艺术的本体接近于广义的美，从本体的意义上可以说，艺术就是美（叶朗，2009）。”西方美学思想中还认为，美学就是美的艺术。综合上述概念，艺术与美，进而与幸福之间都存在着联系。

人运用审美能力创造艺术，艺术作品又为人带来了审美体验，审美能够使人获得以愉悦为表征的幸福感受，而幸福感又会促使人获取灵感而进行艺术创作。由此而来，艺术与幸福是互为因果的存在关系，而审美是重要的中间环节。艺术之中蕴含幸福的基因，而对幸福的追求又促使人们对艺术不断登高创新、表达自我、审美体验。审美本身就是人类追求幸福的一种行为活动。

(一)艺术展现幸福生活的题材

在中国古代，艺术作品常常描绘五福主题，包括福、禄、寿、喜、财，基本上涵盖了中国传统思想中对幸福生活的全部定义。古时候，人们有五福捧寿、高官厚禄、人丁兴旺等希望，民间还有关于人生八大幸事之说：久旱逢甘露；他乡遇故知；洞房花烛夜；金榜题名时；升官又晋爵；财源滚滚至；家和体魄健；尽享天伦日。针对这些幸福主题，人们创作了各式各样的艺术作品，比较有代表性的如下：

年画是指流行于民间的、木版印制的年节装饰画。它以富于民间乡土气息和年节民俗的喜庆色彩而具有独特的风貌（中央美术学院美术史系中国美术史教研室，2002）。年画在明清年间尤为盛行，著名的以天津杨柳青年画为代表，多以生活风俗、历史故事、风景花卉、戏曲小说、神佛造型、胖娃娃像等为题材，旨在祈求新年好运、生活美满。这些年画往往色彩艳丽、精工细致，颇具民俗情趣。

风俗画，指反映城乡生活的作品，著名的有宋代张择端的《清明上河图》。画中呈现了北宋都城汴梁郊外河道及部分城区清明时节的繁荣景象，绘制了包括船运、手工、商贸的繁忙交易和街道纵横、店铺栉比、车水马龙的场景。作者细心地选择了喧闹而富有生机的人物事件，画面中展现了很多有趣的生活细节，被有机地融合在了一幅画卷中，堪称宏伟之作。在2010年世博会中国馆中，《清明上河图》还被制作成动画展品呈现给全世界。无论是年画、风俗画，还是其他绘画、石刻、雕像作品，那些幸福的故事都是通过这些艺术作品才得以记录和流传至今的,是宝贵的中国故事和历史记忆。

在西方美术史中,同样也有很多表现人们幸福生活的风俗画。比如17世纪德国画家鲁本斯就创作了很多以历史、风俗、风景、人物肖像和动物为主题的画,他的木版画《乡村节庆》(又称《甘尔迈斯》)表达的就是乡村生活中欢快、质朴的民间节日场景,作品形象生动、色彩明亮,具有装饰性,场面动势澎湃,富有幸福欢动的代入感。

(二)艺术蕴含深刻的思想内涵

艺术品在被创作的过程中,往往被赋予深刻的精神内涵,而这些精神内涵是艺术品的灵魂,体现了创作者的思想,更是审美者最感兴趣和艺术品最具欣赏价值的地方。东、西方艺术家都注重在作品中表达生命、真善美、自由、快乐等思想内涵。

对于真善美,孔子主张艺术要"尽善""尽美""情欲信,辞欲巧""言之无文,行之不远",其中"信"即"真",孔子的观点中已经有了艺术应当追求真善美的意思;孟子主张人应当"可欲之谓善,有诸己之谓信,充实之谓美",明晰了真善美应当有机结合的思想。艺术美是由人创造的,创作主体的思想决定了艺术作品的境界,因而对艺术的要求与对人的要求是一致的。

关于自由,在中国古代哲学思想中,道家"追求心灵的自由流动,把自然看为最高理想"(冯友兰著,赵复三译,2017),希望在大自然中表达身心自由。因而中国古代绘画作品的构图中常常在远景展现云山雾罩,于近景或中景之中安排一个人物,表现此人身处天地大美的意境中,享受一份宁静的幸福感,同时也体现创作者对自由自在心境的追求,"领会超越于自然和人生之上的妙道"(冯友兰著,赵复三译,2017),就像陶渊明的诗句:"采菊东篱下,悠然见南山。山气日夕佳,飞鸟相与还。此中有真意,欲辨已忘言。"

对于生命,儒家有"知命"思想,是指当知道"命"所代表的宇宙一切存在的条件和力量不是人力所能控制的之后,人就对外在的成败不计较了,因此也就能保持快乐和幸福感,因而孔子曰:知者不惑,仁者不忧,勇者不惧(冯友兰著,赵复三译,2017)。这种看待生命的态度其实用现代心理学观点来看,也是一种心理防御机制,可以解脱烦恼,减轻内心不安,恢复心理平衡,面对自己无力改变的生命重大问题可以采取顺其自然的态度,不过分计较,这种思想也常常反映在国画作品中。

关于快乐，庄子在《逍遥游》中主张，快乐有不同的层次，基础的层次是人的本性，而“至乐”是更高层次，需要对事物本性有更高了解，当人或万物得以并自由发挥天赋才能时，感到至乐。中国古代的这种“自由充分发挥天赋才能，便感觉到快乐”的思想与马斯洛需求理论中最高层次“自我实现”和“遇见更好的自己”的思想有异曲同工之妙。

(三)艺术带来身心的舒适愉悦

艺术能够把原本不相识的人用“兴趣”联系在一起，让人们产生共鸣和认同。在被艺术品“带入情境”的时候，人们可能会由自己过往的经历产生移情、投射、镜映等心理状态，可能会不受控制的心跳加快、莫名激动、不能自已，或感到似曾相识、如梦如幻、如痴如醉，充分体会到内心对艺术作品的回应，进而感到身心愉悦。

移情在艺术活动中是指将人的主观感情移到客观的事物上，反过来又被客观事物影响了自身主观情绪，使物人一体，能够更集中地表达强烈感情。以诗句为例，苏轼的《水调歌头·明月几时有》中所言“不应有恨，何事长向别时圆？人有悲欢离合，月有阴晴圆缺，此事古难全……”词中就把词人别离的感受移情到“月亮”这一客观事物上，然后又受到月亮圆与缺的影响，词人抒发情感赞叹“月亮为何偏在人们离别时才圆呢?”表达了强烈的希望人月两团圆的情感。除了诗词以外，在绘画和音乐作品中都有很多移情的例子。

共鸣在物理学上也叫共振。宋代沈括在《梦溪笔谈·补笔谈》中称，“声律高下苟同，虽在他琴鼓之，应弦亦震，此之谓正声。”其中“正声”就表明了音乐中的共鸣，指合乎频率要求的声。人在面对特定艺术作品时也会产生“同频共振”，常常可以使人为之激动，产生愉悦感。康德在谈论音乐艺术时称，当他听到音乐的时候，听到的是一种组合：“某些东西开始了，发展了，并且各部分保持一种‘统一性’。这种统一性并不存在于音符中，而是我知觉的产物，是因为我具有想象力(斯克鲁顿著，刘华文译，2013)。”康德所说的这种“统一的”经验如何产生愉悦呢？他说“经验这种统一时，我也感受到了我的理性能力和它的应用对象(声音)之间的和谐，这种我自己和世界之间的和谐感既是我愉悦的源泉，也是这种愉悦的普遍性的基础(斯克鲁顿著，刘华文译，2013)。”康德也明确表示了，他所说的“统一性”的东西不存在于音符中，是他自身知觉的产物，也就是说，康德也把自己过往的经验融入到客观存在的音符里，融入过程中对音乐产生了共鸣，感觉到自身和声音之间的和谐和愉悦,整个过程中有移情,也有共鸣。在中国古代哲学思想中,对这种艺术体验印证最多的就是“情景交融”。

投射的心理学概念是指人将情感好恶转移到外在的人、事或物上的心理现象。这个概念在文艺作品里有很多经典的例子,如“一千个人心中有一千个哈姆雷特”“才子佳人读红楼梦看到的就是才子佳人,厨子读红楼梦看到的就是菜谱……”这些都是典型的投射,强调的是每个人在面对同一件艺术品时往往投射了自己的想法和情感在其中,因而关注到的也是自己最想要感受到的东西。

在自体心理学中,镜映的核心感觉是感到自己的主观经验在另一个人那里引起了相应的身心反应。在孩子与母亲之间,镜映是孩子内心体验到的东西,母亲给予注意、确认、印证和欣赏;在朋友之间,这种感受是心有灵犀和感动。面对艺术,人们同样可以获得这种心有灵犀和感动,或者有的时候只是舒服、愉悦和恰到好处。比如当下风靡的治愈系、萌系图画,很多人认为看到这些美图的时候,心里是一种放松、舒服、“心都融化了”的感觉,这些美图给观看者一种被“深深的理解”的感受。实际上,观看者是从图片中看到了自己,图片照出了人自身的一部分,人们感受到了抚摸和关怀,当然其中也可能包含投射,幻想自己就是那个萌态可掬的小猫咪,等着有人来摸摸头,夸赞可爱。歌德说:当人们在别人身上再度找到自己时,便开始知道自己的存在。

艺术就是拥有能让人身心愉悦的力量,细细回想,我们在艺术作品中都曾多多少少感受到上述心理体验,并为此产生情绪的波动,当然有些时候这种情绪是愉悦,有些时候也可能是悲伤(从悲剧的文学、戏剧、影视、音乐和美术作品中获得的),但这种力量不可忽视,它甚至可以在我们不自觉的时候帮助我们思考、认同和获取带有幸福元素的生命、自由、真善美的能量。

二、艺术可以满足创作者的自我实现需求

在艺术创作过程中,人与自己对话,通过对自己的身体(肢体艺术,如舞蹈、表演)、声音(歌唱)、手法技巧(绘画、雕刻)的控制达到自己想要表现的艺术效果。在这个过程中,艺术的创作者一方面会运用自己内心的想法进行创造,另一方面融情于景进入忘我境界,收获高峰体验,并最终达到自我实现的状态,体会到创作的幸福和满足。

创作者本身有很强的审美和创造能力,帮助其即景生情,因情生景,更容易

进入艺术创作的忘我之境。唐代文学家柳宗元曾说,“美不自美,因人而彰”,说的就是美是不能离开欣赏者的,美是创造、发现、生成的过程。擅长画竹的郑板桥体会出,园中之竹、眼中之竹、胸中之竹、手中之竹,各自反映了审美创作的不同境界。那么,在经历这几重境界的时候,艺术家能体会到何种快感呢?马斯洛的研究表明,当一个人的心理状态充分满足了自我实现的需求时,会出现短暂的“高峰经验”,这是人能体会到的最美好的时刻,生活中最幸福的时刻,是对心醉神迷、销魂、狂喜以及极乐的体验的概括(马斯洛,1987)。高峰体验通常都是在执行一件事情时,或是完成一件事情时,才能深刻体验到的感觉,比如艺术家、音乐家创作表演时所感受到的忘我体验,或者在创作过程中灵感乍现的体验等。当然这种神奇的感受在日常之中也会发生,马斯洛曾举例:母亲清晨忙于准备早餐,当看到穿戴干净整洁的孩子与丈夫在餐桌边说笑,母亲突然陶醉在了这种幸福之中,这也是一种高峰体验,其实也就是一种幸福的感觉。

第二节　艺术为人类带来哪些福祉?

美学史上曾有观点认为,尽管艺术到处都显出它的令人快乐的形象,但究竟,艺术不过是“精神的松弛和闲散”;“纵使玩赏美可引起心灵的软化,不是一种有害的使人软弱的影响,艺术究竟是一种多余的东西(黑格尔著,朱光潜译,1979)。”然而此后,随着人们认识的改变,特别是意识到艺术与道德和宗教的关系之后,西方的哲学家们逐渐开始为艺术“证明”,寻找艺术严肃目的性的方面,而后赞许艺术是“可以调和理性与感性、愿望与职责等相互斗争和冲突的因素(黑格尔著,朱光潜译,1979)。”实际上,对于大众来说,不管艺术是属于科学、哲学,还是道德、宗教的范畴,艺术只要能为人带来愉悦感、幸福感就够了。

一、身临其境、美不胜收——美术中的幸福

美术的魅力在于能够满足人们的审美需求,让欣赏者有如身历其境,获得美不胜收的身心体验。凭借绘画作品等载体,美术能够传达饱满的视觉力量并传承文化记忆,为人类带来福祉。

(一)美术作品传达饱满的视觉力量

美术作品载体本身就蕴含着力量,通过视觉对人的感官带来刺激,比如色

彩、构图和其他绘画语言。苏格拉底说:“真正的快感来自所谓美的颜色、美的形式……在缺乏这类事物时我们并不感觉到缺乏,也不感到什么痛苦,但是他们的出现却使感官感到满足,引起快感,并不和痛感夹杂在一起”(柏拉图著,朱光潜译,2013)。

色彩富有表现力,对人的视觉有冲击力,是能够引起我们共同审美愉悦的,最为敏感的形式要素,其基本特性包括:色相、纯度(又称彩度、饱和度)、明度。从人们的生活经验来说,色彩也是富有感情的,比如黑色庄重肃穆,白色纯洁典雅,灰色大方稳重,红色活泼跳跃,绿色清新有活力。而色彩之间的搭配也成为艺术创作中追求表现力的重要手段,比如黑与红、灰与紫、白和灰白和蓝,等等。通过颜色对比显现出的情感色彩更有冲击力,现代感和活泼感加强了。国内一度热播的影视剧《延禧攻略》的用色就曾在网上引起了一番讨论,这个色系风格,是在纯色之中添加了白色和少许灰色,产生持重、高雅的色彩感,并提升了该剧整体的艺术效果,衬托了人物形象,丰满了人物性格。有人说这种色是国际知名的莫兰迪色,也有人说它是土生土长的中国色,撇开这两种争洽,单看画面中的颜色带给人的感觉的确是美,有凄凉之美,也有喜悦之美。刚入宫的小宫女着装用桃红色,显得俏丽天真;正宫娘娘的裙装以杏黄色为主色,显得亮丽贵气;夕阳斜映下皇城宫墙的酡红映衬着老北京秋林落日之美,以及紫禁城宫闱女子些许道不出的悲凉;漫天飘雪的牙白色用天地的苍茫衬托了女主角瘦小身影的悲壮和倔强。上述这些服饰色彩既让剧中人物举手投足都被美丽的颜色包裹着,同时也让整部剧的每一帧画面都像水墨画作一般赏心悦目。此外,在中国古代的诗词佳作中,也有很丰富的色彩呈现,如苏轼《将之湖州戏赠莘老》云:余杭自是山水窟,仄闻吴兴更清绝;湖中橘林新著霜,溪上苕花正浮雪;顾渚茶牙白于齿,梅溪木瓜红胜颊;吴儿鲙缕薄欲飞,未去先说馋涎垂;亦知谢公到郡久,应怪杜牧寻春迟;鬓丝只好封禅榻,湖亭不用张水嬉。在诗词中有“牙白”、有“木瓜红”、有“鬓丝青”,更有“霜色、“雪色”和“春色”的季节色彩感,用颜色映衬了人物、静物和景色,以色言情、寓情于景,营造了如画意境,令人神驰。西方美术中也有色彩大师,除了莫兰迪以外,更为人熟知的有梵高,他是色彩主义画家,善用高明度、高纯度、高亮度的色彩描绘光影,对人的眼睛产生刺激,画出五彩缤纷、璀璨炫目的视觉感受,能把需要向观赏者传达出的情感效果充分表达出来。

构图是指根据画家的构思结合绘画题材和美感效果,将所要表现的形象构成一个协调画面，西方叫构图学，中国较知名的构图法有金字塔结构和黄金分割古代画论称构图为经营位置，是为了增强艺术感染力，衬托主题之用。金字塔式构图是绘画创作者把画面中的人物按照金字塔的形状布局安排，使画面稳定和平衡，画面中的人物之间通过肢体语言相互呼应，形成一个有机整体，更便于传递人物间的内在情绪。达芬奇的岩间圣母就是用了金字塔式构图，使人物之间位置错落有序。黄金分割是指一个整体一分为二，小部分与大部分的比值等于大部分与整体的比值，约等于 0.618。黄金分割法广泛应用于人物、绘画、雕塑和建筑作品中，流传至今成为一个公认的美感构图比例。历史上很多著名的画作都符合黄金分割定律，比如《蒙娜丽莎》，有人把她的头身构图和面部构图用黄金分割线做出标注，体现了美的标准。在中国画论中，南朝绘画理论家谢赫的《画品》中的六法，也是构思、设计画作的重要标准和美学原则，包括气韵生动、骨法用笔、应物象形、随类赋彩、经营位置和传移模写。六法之中既包含对意境的要求，还对用笔技巧、形象、色彩和临摹都有要求，其中经营位置就是对构图的要求。在经营位置方面，国画有近景、中景、远景之分，对景致讲求层次感，画面有纵深感而非单一平面，而描绘的人物无论是孤身垂钓还是在山中拾级而上，或是两人对酌、对弈，画家都会构思出巧妙的位置，展现画中人物置身群山掩映之中的出世意境，同时也能把作者的心理活动投射在画中人物身上，借画喻己，用绘画语言传递中国古代文人画的意志情趣。

不同的绘画语言往往源于不同的国家、民族和不同的历史背景及文化传说，但绘画者却都能运用自己的智慧表达相同的主题。如表现飞的主题在中西方画作中都有大量作品，西方人常常为神话故事中的小天使画上翅膀使其飞翔；而中国绘画中往往用衣裙和绶带在空中飘逸来展现飞的姿态，敦煌莫高窟中大量的飞天形象便是如此。此外，对于衣带、衣裙等服饰细节的刻画，中西方画作也各有特点。中国以吴带当风“曹衣出水”来表达吴道子和曹仲达两位画家描绘人物服装的笔法不同，前者笔势圆转飘逸，后者衣褶紧窄犹如刚从水中出来一样，两者风格迥异但各有美感。而西方 17 世纪佛兰德斯绘画作品中复杂的女士裙装也能展现出画家对细节的极致追求。综合上述例子，不管是东方还是西方的画家，绘制的画作都离不开美，也都是为人们的幸福生活而服务的。

(二)美术历程承载丰富的文化记忆

人类通过美术载体留下了丰富的文化记忆，这些记忆可能是产生于蒙昧时期的原始的集体无意识，也可能是文明社会中被列入物质文化遗产的文化产品。无论哪一种，都是为了表达当时人们对美好生活的向往。

艺术来源于人类生活。考古发现，我国自原始社会起，先民就留下了不少艺术作品，比如钻孔的石坠、兽牙和磨孔的贝壳等。原始人在劳动过程中逐渐萌发审美诉求，也就是说人类在蒙昧时期，未受过教育，仅通过劳动实践就逐渐具备了欣赏和创造美的能力。此后，人们的审美需求逐渐从生存需要中剥离出来，成为人们追求的目标和动力源泉，人们从中获得满足和愉悦，感受到幸福，进而继续创造艺术产品。这种原始的审美意识逐渐积淀下来，通过集体无意识成为人类脑海中的烙印。集体无意识是一种不明确的记忆形式在人脑中的积淀，它是原始的、本能的，并且是在一定条件下能被激活和唤醒的意象。心理学家荣格称，集体无意识所沉淀的原始意象是艺术创作源泉，人们看到和听到某种意象，并产生美感和顿悟，往往是源自人类的原始意象和意识。西方美术在起源过程中，也有大量岩画出现，比如法国拉斯科洞窟壁画，西班牙阿尔塔米拉洞窟壁画都描绘了野牛、野马、野鹿等动物形象，栩栩如生。这些由原始人创作的绘画作品在 2010 年上海世博会西班牙国家馆的展厅里，同“弗拉门戈舞”片段一起剪辑成视频，命名为从自然到城市，投射在起源主题的岩洞布景上，让参观者仿佛置身岩洞，感受到西班牙原始而野性的生命力和艺术美。这种对原始和野性欣赏、追逐的审美意象仿佛通过集体无意识被保留了下来，形成了西班牙的国粹——斗牛和弗拉门戈舞。

在中国，很多文化艺术记忆包括绘画、建筑、雕塑、音乐、民俗、饮食、服饰等，艺术形式通过物质文化遗产的形式保存下来，让今天的人们能感受到久远的超群技艺所带来的视、味、嗅、听的美。央视有一档关于故宫博物院日常工作的纪录片《我在故宫修文物》播出以后受到很多观众的喜爱，因为这个节目不仅让观众看到了北京故宫博物院难得一见的藏品，还让观众了解到了这些藏品的背景、内涵、构造，以及修复工艺的复杂，还有修复工作者不怕吃苦的工匠精神和精湛技艺。在故宫博物院修复文物的专家、匠人为了让老祖宗传下来的艺术珍品再现往日光芒，让更多的人能够感受到中国古代的艺术智慧而辛勤工作。这档节目也让观众在了解艺术品的同时，产生出对中华民族传统文化的自信感和幸福感。

如今，很多国产影视剧都展现了中国文化的巨大魅力，比如在前文提到的

《延禧攻略》剧中，观众不仅被中国色冲击到了，还感受到中国传统服饰的魅力。据说此剧中的服饰涉及多项非遗工艺，比如点翠、绒花、缂丝、香云纱、手推绣、盘金绣、打树花等，引发了爱好者的热议，以至于某电商平台还推出了剧中女主角魏璎珞的同款饰品，在网络上热销，受到追捧。

上述纪录片和影视剧为何会引起热议？除了剧情外，还因为里面有打动人心的内容：观众体会到了文化珍品带来的民族自豪与文化自信，学习到了中国的历史和灿烂文化；观众对自己做不出但先人却做出来、外国人做不出但中国人能做出来的艺术珍品赞叹不已，更满足了好奇心。心理学认为，好奇心带来幸福感，无论创作者还是欣赏者，幸福才是真正的原动力！

二、余音绕梁、耳朵怀孕——音乐中的幸福

余音绕梁，语出《列子·汤问》："昔韩娥东之齐，匮粮，过雍门，鬻歌假食，既去，而余音绕梁欐，三日不绝。"余音绕梁一词作为成语，描绘了乐曲的优美，能够激荡人心，令人难以忘记，仿佛回荡在耳边很长时间都不会消散。古有余音绕梁之说，而今有让耳朵怀孕的网络语言，现如今在网络中常常有网友用"让我的耳朵怀孕了"来形容听到的乐曲美妙或者演奏者演绎得动听。耳朵自然是不能怀孕的，但这种通感的修辞方式将欣赏乐音的美妙感等同于怀孕，自然是想要表达出同样幸福的感受。

(一)妙音本体之美感

音乐如何打动人？首先，依靠节奏，比如进行曲节奏快，而催眠曲节奏慢，前者激昂而后者缠绵；其次，依靠高低音的起伏变化，如大众广为传唱的民歌《青藏高原》，结尾飙高音的部分是否演绎得完美，成为听众审美的焦点；再次，声音的大小强弱，如贝多芬的《命运》交响曲开篇的几个乐句由强到弱交替转换，扣人心弦；此外，音色的浑厚或尖细的区别，以及乐器的声音质感的不同，都可以营造不同的听觉感受，如作曲家普罗科菲耶夫在交响乐童话《彼得与狼》中，就用多种乐器分别诠释了多个不同的人物和动物形象；还有，演唱家嗓音的沙哑或清澈的区别，比如我国民歌手腾格尔和英国歌手莎拉布莱曼的嗓音就对比鲜明，前者沙哑但苍劲有力，而后者清澈婉转，常常被誉为天籁之声；此外，器乐演奏者技巧的熟练程度，比如克罗地亚青年钢琴家马克西姆所弹奏的《野蜂飞舞》以超出常人的演奏速度而令人震撼；最后，对作品独到的理解和演绎，比如小提琴家俞丽拿和

吕思清演奏同一部作品《梁祝》的风格就各不相同。以上述各元素来打动听众,达到余音绕梁、让耳朵怀孕的效果,这就是音乐的动人之处了。优美的音乐可以直击人的心底,引起共鸣,甚至疗愈创伤、荡涤心灵,当然,对每个听众而言,乐曲带来的感受也未必相同。比如圣诞歌曲"铃儿响叮当"对于圣诞节团聚在一起的家庭来说,是幸福欢快的乐曲,但对失去家庭的人而言,则感觉迥异。如同其他艺术形式一样,我们感受到的是投射了我们自身经验的音乐,但无论审美意象是欢乐还是悲伤,妙音之美是一定存在的。

(二)欣赏妙音之快感

美妙的乐音是否能给人带来幸福感?如何产生幸福感?相信我们每个人都有自己的体会。其实,不仅美术构图中有"黄金分割",音乐也是有其和谐的规律的,具体可以通过节奏实现。传说古希腊时,数学家毕达哥拉斯偶然路过铁匠铺,通过铁匠击打铁器的顿挫声发现了节奏传达出的美感,他把这种和谐之声用数学方式演算出来,发现了美的规律,而这种和谐美就是能够使听众身心感到愉悦的元素。当然,妙音还包括上文中提到的很多其他重要元素,都是能够引起身心愉悦的。现代科学通过对音乐和心理的研究发现,"音乐有助于促进身心安康、满足不同心理需要,以及增强幸福感(张卫东,2014)"。

音乐是情绪的语言,因而"无论文化背景如何,人们在聆听音乐时都会出现面部表情的变化,会有顿足、点头、摇摆身体等反应,无须经过专门的音乐训练,这是人体对音乐的自然反应(张卫东,2014)。"有人说欣赏音乐可以刺激大脑释放多巴胺,直接带来兴奋、愉悦等感受,也有人通过科学实验证明音乐加工可以诱发脑的结构与功能方面的变化。不管音乐带来幸福感的生理依据是哪一种或哪几种,重要的是"带来幸福"的结论是公认的,无论是作曲家、表演者还是欣赏者。同时,乐器作为妙音的发声体在感染情绪方面也各有不同,比如击打架子鼓可以发泄情绪;而钢琴家马克西姆少年时曾居住在战火纷飞的环境中,他回忆自己曾躲在地窖中用弹钢琴的方式来对抗轰炸所带来的恐惧感。因而音乐不仅能够带来幸福感,也具备一定的疗愈功能。

(三)妙音的传播与接受

荀子《乐论》称:"礼乐之统,管乎人心矣。穷本极变,乐之情也;著诚去伪,礼之经也。"荀子说的"礼"指"善","乐之情"即音乐所引起的美感,"诚"就是"真",如果三者具备,音乐就可以"管乎人心",发挥"移风易俗""天下皆宁"的作用。

音乐在传播过程中，借助合适的媒介可以营造出作者想表达的意境。中国名曲《高山流水》《渔舟唱晚》等都是借助民族乐器营造出山野清泉和泛舟湖上等优美闲适的意境，乐起之时尽管我们没有身处山野湖中，却好像身临其境，这些氛围的带入都是通过音乐实现的；再比如教堂管风琴的声音让人对教堂的肃穆产生敬畏感，进而在这样的氛围中对上帝更加笃信和虔诚，若再配以男声合唱的“格里高利圣咏”或宛如天籁的童声唱诗班的歌声，会让身处于此情此景中的教徒认为是天使在歌唱，精神受到感化、灵魂受到净化而更加虔诚。在音乐的影响下，人们的心灵受到约束，甚至风俗观念发生转变，世间都会更加宁静和谐。

音乐的力量还不仅于此，运用音乐的特性，当下医学中正在探索和应用音乐来治疗失语症、阿尔兹海默症，经实验研究发现，用音乐可以唤起患者同音乐相关的记忆或感受，激活大脑与语言和记忆相关的区域。运用音乐对情绪的唤起，还可以辅助治疗一些情感障碍，比如抑郁症，或是自闭症，音乐的传播与接受能够用于身心的疗愈，更说明音乐对接受者的巨大影响力。

第三节　艺术可以造福人类

艺术既然拥有为人们带来愉悦感，帮助人们实现自我的特性，那么我们就可以运用艺术为人们建立积极影响、排除心理困难和净化心灵，以及美育大众。

一、用艺术巧妙建立积极影响

尼采认为，“真正的快乐在于生命力紧张化的过程，而忧伤则源于生命力的削弱，能够把握这些生命力的和谐化引发的快乐——它让我们感到生活的自由和紧张。在艺术创造中，存在这种生活——范式的最终尺度，因为人们可以无穷尽地激活人的生活中的种种片段（费里著，杜小真译，2017）。”也就是说，艺术所特有的“范式”和“尺度”，能够改变人的生活。具体如何实现呢？

（一）释放内心压力

释放压力是艺术最常见的、为人们带来帮助的一项功能。比如在工作、学习繁忙的时候，听一首轻松动感的乐曲或者约几个好友唱唱 KTV，或者看场电影来缓解焦虑情绪，既简便又有效；又如，临睡之前，一边泡澡一边听一首节奏舒缓的乐曲可以褪去一天的疲劳，帮助睡眠；再如，健身房常常会用节奏感强且快的音乐增加人的兴奋度,让人保持运动欲望,进而能在挥汗如雨的过程中发泄情绪,卸下身心的负担。如今,在大城市快节奏的生活中,年轻人无论是学习还是工作,都常常处于压力大而焦虑的状态,长此以往不利于身心健康。学会在这样的环境下调适自我,对每个人都非常重要。用合适的艺术产品作为释放压力的手段,无疑是低消费、高满足的优质选择。

(二)享受二度创作

对艺术家而言,二度创作是指在原有艺术作品(诗词、歌曲等)的基础上,进行(朗诵和演讲)再创作,需要在表演过程中既保持原作者的精神内涵,同时又对艺术作品进行再加工,形成新的创作,在准确揭示作品内涵的同时,又塑造鲜明的新作品。

二度创作在生活中很常见,对于普通的受众(欣赏者)而言,欣赏某种艺术品,并感受到自己内心不同于这件艺术品的新变化,不管是否表达出来,实际上都可能在内心已经对原作品进行了再创作。比如一首用诗词曲牌改写的打油诗、一副临摹的字画、一首重新填词或编曲的流行歌曲、一部重新翻拍的影视剧作品,等等,都属于二度创作再创作如今在 App“抖音”上比比皆是,并且还成就了很多“网红”。毋庸置疑,这对于“再创作者”而言是愉悦的、享受的,在抒发自己情感的同时如果收获了粉丝、知己和欣赏者,收获了关注和认同,会是相当幸福的。

(三)进入忘我之境

王国维在《人间词话》中称诗词创作有“有我”“无我(忘我)”两重境界:有我之境,以我观物,故物皆着我之色彩;无我之境,以物观物,故不知何者为我,何者为物。通俗地说,“有我的境界”是“我”感受到景物的美,富有“我”的感情色彩;而“无我的境界”是“我”完全沉浸在外物中,忘记我自身的存在,与外物融为一体的境界,这种“境界说”也适用于各门类的艺术创作。

沉浸在艺术创作中而完全忘我的境界,实际上是一种专注而排他的、心无旁骛的境界。这对于深受生活、工作压力或者患有所谓“空心病”的青年人来说,是一种难得的可以放下包袱或者找到自身价值的境界。如果能够通过艺术创作或其他兴趣爱好进入这种境界,实际上也是建立对自身的积极影响的好方法,进而逐步实现压力释放并找到自己存在的价值。

二、用艺术创作帮助澄清自我

艺术能够帮助人了解自己的潜意识,描绘出内心的真实感受,提高自我觉察力，澄清自己内心的真实需求。对于人自身来说，自己想要的往往不是自己真正需要的。因而，通过一些艺术与心理相结合的手段，可以帮助人们澄清自我，特别是达到个体人格的和谐统一。常见的用艺术手段“澄清和疗愈”的方式有：曼陀罗绘画和沙盘。

曼陀罗绘画是一种心理治疗方法，最初指修行者通过在“神秘圆圈”中描绘图案，以表达禅思的心理体验的过程，同时也是一种以象征性的语言，传达“宇宙和神性力量的联系”的方式（荣格著，张举文，荣文库译，1988）。荣格认为通过曼陀罗绘画，人们能够减少内心的紊乱，因为曼陀罗经常出现在心里紊乱的状态下。绘画者从一个无序的状态中开始进行绘画，然后逐渐进入有序、规则的状态，通过象征的方式展现并整合绘画者内心的冲突，绘画过程没有规则或范本，规则由绘画者根据自己的感受建立，因而便于绘画者在绘画过程中整合自己的内心，疗愈心理问题，缓解心理压力。绘画过程也就是绘画者整合内心、呈现于画面上的过程，绘画者的内心秩序和平衡在绘画过程中得以重建。曼陀罗绘画包括“结构式”与“非结构式”，结构式有限定的图形模板，非结构式只要求在规定尺寸的“圆”的内部进行绘画。曼陀罗绘画不仅适用于心理咨询关系中来访者表露心迹，也适用于其他非咨询环境，只要是绘画者能够感到充足安全的环境即可开展绘画。并且，曼陀罗绘画操作简单，不要求绘画者有绘画基础，没有专业限制。由于是“绘画创作”，因而曼陀罗绘画可以运用色彩、构图、主题等信息对绘画者进行分析，分析的元素很丰富。曼陀罗绘画方式也很便于在教育工作中使用，或是我们每个人自行领悟，是整合和澄清自我的内心，或帮助他人进行澄清和疏导的非常好的艺术与心理相结合的手段。

沙盘游戏也是一种心理治疗法，又称箱庭疗法，是让来访者从摆放各种微缩模型（玩具）的架子上自由挑选小模型，摆放在盛有细沙的特制的容器（沙盘）里，创造出一些场景，然后由治疗师运用荣格的“心象”理论去分析来访者作品的心理治疗方法①。沙盘游戏最早是基于心理学家对儿童心理的关注而设计的，因为心理治疗主要依靠语言交流，但是这种方式不适用于儿童，所以心理学家通过运用沙盘游戏作为沟通媒介，与儿童建立有效沟通并以此发展开来，儿童不仅能够通过沙盘游戏表达攻击行为和愤怒，还能通过沙盘这种虚拟空间演示并释放负面情绪，从而消耗了攻击性心理能量，达到治疗目的。目前，沙盘游戏已经广

① 百度百科：https://baike.baidu.com/item/沙盘游戏/9592142.

泛运用于成人的心理诊断与评估中,成年人的压力、焦虑情绪也能通过沙盘得到缓解和疗愈。尽管沙盘游戏不是直接通过语言作为媒介进行沟通,但通过艺术创作之后,沙盘也可以“说话”。比如沙盘的创作者放置一棵树,那么这棵树的表面意义、象征意义,树的位置及其与其他沙盘模型之间的关系,还有在沙盘中出现的次数、变化、消失等,都能够展示出创作者的内心变化和疗愈进程。

此外,沙盘作为艺术与心理的综合技术,适用于各年龄阶段,并且可以绕开咨询过程中的阻抗,避免了思想交流的局限性,运用其艺术表现力与创造力帮助维护人们的心理健康,促进人格发展以及心性完善,因而从实践来说既可以“澄清”,也可以“疗愈”。

三、用艺术方法协助疗愈创伤

众所周知,戏剧、影视、音乐和绘画等艺术门类的作品中都会设置矛盾冲突,艺术创作者会把在生活中比较有性格特点的人物形象整合到一个作品中,共同完成戏剧冲突,向受众表达作品主题和深刻含义。同时,影视剧中演员们的表演富有张力,是为了更真实地刻画剧中的人物性格特点,从而创作出源于生活而高于生活的艺术作品。这样的艺术手段同样也可以运用在心理工作中。

心理剧是艺术与心理相结合的一种心理工作方法。心理剧是由治疗师担任“导演”,“演员”包括需要帮助的参与者及工作人员。治疗师首先要大体勾画出“剧情”,明确参与者需要通过心理剧解决的问题,并及时引导剧情向目标方向发展。参与者大胆表演,“卸下面具”表达自我,表现内心感受,再现生活中的矛盾冲突,通过上演“离婚”“母子冲突”“家庭纠纷”等“戏码”,演绎与实际情况相似或换位的“剧情”,或者扮演陌生人甚至治疗师来体验“苦辣酸甜”。总之,“心理剧疗法是指一种集体心理治疗技术,以演剧方式帮助患者自由地表达自己,宣泄情绪,澄清问题,从而看到自己的症结,发现自己的潜能(林崇德,2003)。”例如,有些青少年与家人之间关系不好,时常发生冲突,可以根据这种情况让一家人合演一场心理剧,让每位家庭成员把各自的问题暴露出来,并由治疗师给予指导,由此缓解家庭成员之间的矛盾和敌对情绪。

音乐也有疗愈功能。有研究称,历史上的很多伟大的音乐家比如莫扎特、贝多芬等也是通过运用自己在音乐方面的特殊才能,用符合社会要求的建设性方式表达自己的心理防御机制,称为“升华”(指被压抑的不符合社会规范的原始冲动或欲望)，“升华”是唯一真正成功的防御机制，用得越多，自身越强(吴曾林，2016)。也就是说，音乐具有缓解作曲家心灵伤痛的作用，能帮助人建立有效的心理防御机制。此外，音乐还有“记忆功能”，我们常常可以通过播放某些特定时期所特有的音乐，唤起关于那个历史环境的记忆，虽时过境迁，却历久弥新。

美术的疗愈功能更加显而易见，前文已经讲述了美术的很多特点，此处不再赘述，举一个例子印证美术的疗愈功能：据《南史·刘真传》记载，尚书吏部郎刘真的妹妹是鄱阳王的妃子，夫妻情深，可后来鄱阳王被人所杀，王妃因过度哀思而病倒，于是擅长绘画的刘真就绘制了一幅画通过旁人不经意地拿给妹妹看，画中是鄱阳王与其他宠妃调笑共寝的情景，王妃看到栩栩如生的画作瞬间被“带入”到情景之中，因妒忘却了悲伤，由此医好了相思的心病(邱鸿钟，2014)。

四、用艺术美静化人们的心灵

艺术可以展现人们的品格，并且能够“融美于心灵”。柏拉图认为，一切艺术都有音乐节奏的道理在里面。美与不美，就要看这音乐节奏是否和谐匀称，它是否和谐匀称，就要看它所表现的心灵品质如何，所以艺术的根本是人格的表现，艺术既能表现人格，又能影响人格，所以它在理想国里应该受到最认真的考虑。柏拉图认为，环境经过美化或艺术化，使身处其中的人们不知不觉地受它的陶冶，不但知道爱好美，而且“融美于心灵”，形成完美的性格，心中存着一个极准确的美丑标准(柏拉图著，朱光潜译，2013)。

艺术可以净化人们的心灵，陶冶欣赏者的审美情趣。因为有些艺术作品可以通过它强有力的节拍、丰富的色彩、深刻的思想让每一位审美者产生共鸣，为之动容。比如国内有一档综艺节目，其中一期是在壶口瀑布边上拍摄的，节目组邀请了中国青年钢琴家李云迪、西安交响乐团，以及西安音乐学院合唱团，与几位影视明星嘉宾共同演绎了大合唱《保卫黄河》。在黄河咆哮的景致中，胸怀保家卫国的信念，应和强有力的节拍、扣人心弦的旋律和铿锵有力的歌词，现场所有人共同合唱，这对每一位参与者来说都是震撼的。所以，现场担任报幕员的男嘉宾在欣赏完大合唱之后禁不住洒下热泪。这就是艺术的美育作用，它能够荡涤灵魂，升华心灵美。

第十四章　爱情、亲情、友情是否与幸福相伴相生？

爱是人类永恒的主题，爱也和幸福密切相关。人世间最稀缺的资源是爱，从嗷嗷待哺的婴儿，到垂垂老矣的老人，爱是不可或缺的必备要素。无论是爱情、亲情还是友情，其中都包含了不同成分的爱的元素。在漫长的人生中，有了爱，我们才能健康成长，才能走入社会创造未来。童年时被父母所爱，青年时与自己的恋人、伴侣相爱，年老时爱子女、爱家人、爱朋友。美好的爱情、恩爱的婚姻让我们成为“最好的自己”时，也是人生到达了精彩的阶段，我们的生命体验也抵达了幸福感的较高层次；家庭中亲人的关怀、照顾和抚慰，让我们能度过灾难、意外和艰难困苦；好朋友陪伴我们，温馨的友情滋润了我们的心田。活在爱里的人，能够在生活、事业和情感等方面得到巨大的满足，爱是我们获得长寿、富足和幸福的最重要因素。

第一节 爱情与幸福

一、爱情的构成要素

爱是人类永恒的主题，爱情是人类进化以及文明发展的产物。爱情往往和激情、浪漫、忠诚、责任等联系在一起。古今中外对爱情的论述不计其数，但要对爱情做一个确切的定义，则很不容易。因为爱情很大程度上也是一种主观的体验和个人的感受。科学家和心理学家对爱情做过无数的研究和实验，有很多理论。比如爱情激素理论、爱情测量理论、爱情三角理论、爱情故事理论、爱情投资理论、爱的艺术理论，等等。一般来说，比较完整的爱情的内涵包括身体、心理和灵性这三个层面。

身体层面的爱情包含激情、性、生育、健康、愉悦、安全等因素。两性之间的亲密关系有生理与现实层次的交流，有接吻、拥抱等身体的接触和性的交流。如果生活在一起，生病了相互照顾下，有困难了相互帮助下，仅限于现实层面的交流。双方彼此比较独立，不怎么依赖对方，如果恋人或伴侣之间的亲密关系仅止于这些，那这种爱情多少有些悲哀。

心理层面的爱情包含温情、亲密、信任、理解、接纳、认同、尊重、包容、谅解、关怀、责任、感恩、安全感等因素。两性之间能够在情感层次上进行交流，彼此能够说说知心话，累了能给予温暖，在外面受委屈了能给予抚慰，受挫了能给予支持，走到哪都不会觉得孤单与无助，感觉到自己并不是一个人，而是还有一个人可以给予你足够的安全感。

灵性层面的爱情包含信仰、价值观、独特、超脱、成果化等要素，还有一种亲密关系。他们除了有身体的激情、心理的温情，还有着共同或相似的信仰、价值观，共同或相似的理想、兴趣和爱好，甚至有共同或相似的人生使命感，他们在关系里相互依赖，在专业领域里互相支持，互相补缺，彼此成全，共同为信仰为使命而奋斗，并有爱情的成果呈现出来，比如小说、乐曲和其他物化成果等。并在此过程中彼此塑造，获得心理的成长和人格的整合，有自我实现的追求和趋势。这样的爱情就接近于完美的爱情了(陆瑜芳，2018)。

二、爱情与幸福

毫无疑问，身体层面的爱情会给人带来非常大的愉悦。从两人产生朦胧的好感，四目相对、脉脉含情，再到感情日渐浓厚，伴随着牵手、拥抱、接吻，以及性的交往，身体当中的愉悦感会愈加浓厚，而性高潮则让这种愉悦感和兴奋感达到了顶峰。从某种程度上说，人类的幸福感是和身体层面的性的愉悦、性的满足紧密联系在一起的。

与孟子同时代的告子说过："食、色，性也。"爱情中的性和人类的生存繁衍密切相关，也是幸福感的一个源头。科学研究也证实了，当人们相爱时，激情澎湃之中，身体会产生很多化学物质，比如多巴胺、苯基乙胺、去甲肾上腺素等。这些化学物质会给人带来愉悦感、兴奋感。当热恋中的人见到自己爱人的照片时，大脑中的某些区域会被激活，产生激情、愉悦和快乐的感觉。深陷热恋中的人们，这样的化学物质的分泌可以长达两年左右。由进化心理学得出的结论，人类进化出爱情，就是为了保证原始的男女两性像一个团队一样怀孕生子、养育子女，以使得后代绵延不绝。有些夫妇在热恋期的激情过去后还会产生其他一些化学物质。比如，内啡肽和催产素，这些激素会让人在婚后的数十年间产生相依相偎、亲密温馨的感觉。无论是热恋时还是平淡的婚姻生活中，这些因素都是幸福感的重要组成部分。

很多研究证明，爱情可以给人带来非常多的好处。陷入热恋中的恋人们身体中的神经生长因子水平会处于增高的状态，使得免疫能力增加。科学家做了一些有趣的实验，比如在 42 对夫妇的胳膊上人为地弄一个小伤口。结果发现，如果这些夫妇的交流是非常正面和积极的，那么这个伤口的愈合速度就会大大增加。还发现与爱人拥抱的时候，身体内会释放催产素，能起到止痛和减压的作用。还有些实证研究也证明了爱的关系对健康的影响要远远超出不抽烟、不喝酒以及运动饮食等良好的生活习惯。所以，人们感受到的爱是我们身体健康、情感幸福的基础。

心理学有些理论还探讨了人们为什么需要爱情。认为人从本质上是孤独的，每个人都需要被别人看到和了解才有存在的意义和价值，而爱情就是一个人能够从内心深处包括潜意识里“看到”另一个人的存在。因此，恋爱的作用之一，就是我们可以从另外一个人那里看到自己，可以从对方身上感受到自己的存在。爱情另外的意义还在于，相爱的两人在一起互相关注、欣赏、爱慕和支持，彼此成为生命中最重要的人，陪伴对方走过人生的一段旅程或大部分时光。这样的经历，既是作为一个生命被欣赏和赞美、亲密和依恋的需要，也体现出一个人的存在感和价值感。两个陌生人从相识、相恋到相爱，逐步培养发展了爱情，在此过程中也是了解自己和自我成长的过程，当我们不断追求、探索，成为“最好的自己”的时候，也是人生到达了精彩的阶段，这样的生命体验毫无疑问达到了幸福感的较高层次。

第二节　婚姻、家庭与幸福

婚姻是达到法定结婚年龄的男女、根据法律规定结合在一起、彼此达成的一种契约。婚姻是组成家庭的最基本的单位。通常,家庭当中除了夫妻以外,还会有孩子,或者祖辈会和小夫妻、孩子共同生活在一起。他们之间的情感连接,除了夫妻之间的爱情以外,主要是亲情。下面我们来探讨一下,婚姻、家庭和幸福有哪些联系。

一、家庭中爱的元素与幸福感

从1938年开始至今,哈佛大学开展了一项持续时间长达76年的成人发展研究——格兰特研究,这项研究的主题和幸福感有关。研究者挑选了700多位男性(后来加入了90位女性),从他们的幼年一直到老年,不断地进行跟踪调查和评估。格兰特研究的主要研究者乔治·范伦特在追踪研究中发现了一个共同的成人发展路径,就是首先要掌握亲密的任务,然后是职业巩固任务,最后是繁衍的任务。他通过一些统计分析得出结论,在大多数情况下,如果一个人没有先在亲密关系中有所成果,那么他在工作领域中是很难成功的(范伦特,2016)。

研究者还试图发现,有哪些人或他们的哪些行为保证了他们是世界上最成功、最幸福的人?他们选择的指标是:到人生的80岁以后仍然能够保持身体健康,耳聪目明,拥有良好的婚姻,与伴侣和子女关系和睦,与亲朋好友的关系紧密,收入居整体的前25%。结果,研究的结论归结为这样几点:如果在80岁以后仍然具备以上的状态,那他必须具备的条件是:

(1)个人生活健康有规律,不抽烟,不酗酒;

(2)能够经常锻炼;

(3)能够保持健康的体重;

(4)在幼年时能够得到父母的很好的照顾,获得充足的爱;

(5)情商很高,共情能力强,也就是有很好地感受别人情绪情感的能力;

(6)青年时期就能够建立比较好的亲密关系,尤其是在30岁之前,能够找到自己的真爱。

研究者还发现,如果与自己的母亲关系很好,平均每年要比别人多挣8.7万美元;如果跟自己的兄弟姐妹关系好,一年要多挣5.1万美元。"亲密关系"得分最高的58人的平均年薪是24.3万美元,而得分最低的31人,他们的平均年薪则低于10.2万美元。

这个研究给我们的启示是:在人生的漫长阶段,要获得真正的幸福和满足,必须充满爱这个元素。童年时被父母所爱,青年时与自己的恋人、伴侣相爱,年老时爱子女、爱家人、爱朋友。温馨的爱情和友情、恩爱的婚姻才是人类抵御艰难困苦,获得长寿、富足和幸福的最重要因素。

二、原生家庭、童年经历与幸福

我们一生有两个家庭,一个是从小长大的,有父母、兄弟姐妹或其他亲人的家,还有一个是自己结婚以后和伴侣的家。前者称之为原生家庭。原生家庭对一个人的影响重大,它会影响一个人的性格和人格,会影响一个人的人生观、世界观和价值观,更会影响一个人的婚恋生活。子女会从父母的婚姻中学到如何应对人际关系冲突,如何处理自己的各种情绪,如何对待另一半。有很多研究证实了:如果一个孩子从原生家庭得到的爱和幸福比较多,那么他在未来的人生中感知、体验和创造的幸福也会很深厚、很丰富。

心理学认为,依恋是婴儿出生以后,对他的养育者产生的一种强烈而深刻的情感连接。当婴儿感到不愉快或有压力时,他会从养育者那里寻求爱抚和安慰。20 世纪 60 年代,英国心理学家约翰·鲍尔比提出了他的依恋理论。认为婴儿与父母的关系开始于一套内在的信号,他们把成人召唤到婴儿身边,随着年龄增长,在新的认知和情感能力、温暖而具有反应性的关怀的支持下,依恋——这种真正的情感联结就形成了(伯克,2014)。从出生到两岁左右,通常婴儿会与养育者建立起这种持久的情感链接,并把它当作安全基地。

心理学家做了很多实验,很出名的叫陌生情景实验。研究者招募一到两岁的幼儿和他的抚养人进入游戏室,观察这些幼儿在妈妈离开以及妈妈回来以后他们的反应。结果他们发现存在着四种不同的依恋类型,分别是安全型依恋、回避型依恋、焦虑型依恋和混乱型依恋。安全型依恋的孩子当妈妈离开时,他们会伤心哭泣,但当妈妈回来时,他们会积极地寻求拥抱,停止哭泣。回避型依恋的孩子,当妈妈离开和回来时,都没有太大的反应,他们不会主动去接近妈妈。焦虑型依恋的孩子当妈妈离开时,他们会大哭,妈妈返回时,他们表现得非常生气,会推打妈妈,而且不容易被安抚。混乱型依恋的孩子,无论是妈妈离开还是回来,他们会出现很多相互矛盾的行为,也就是既想靠近妈妈,同时又表现出退缩、茫然等表情和行为。

研究证实,童年期儿童的依恋类型会影响到成年以后的亲密关系。安全型依恋的孩子成年以后处理亲密关系时，他们认为自己是值得爱的，别人也是值得信任和爱的，他们与恋人相处比较从容和放松，可以和恋人心心相印，离得很近，同时也允许恋人暂时离开自己，他们并不担心被抛弃。回避型依恋的孩子成年后处理亲密关系大多也依然是回避和退缩，经常要求恋人给自己足够的空间和自由。焦虑型依恋的孩子长大后处理亲密关系时表现为非常紧张，希望和恋人保持非常紧密、长久的关系，但常常担心恋人并不真正爱自己，自己不值得被爱。混乱型依恋的孩子成年以后处理亲密关系则会非常混乱，经常会以极端情绪来对待恋人，有时会自残或伤害别人。

研究者们发现影响儿童期依恋类型的因素，除了和每个孩子天生的遗传气质、特征有关以外，很大程度上与养育者对婴儿的养育方式有关。这四种类型的依恋类型反映出养育者对待婴儿的不同养育态度和方式。当婴儿因为饥饿、身体不适，需要安慰而哭闹时，养育者能够对婴儿的这些要求做出准确的判断，迅速地予以回应，饿了喂奶，拉屎拉尿了及时换尿布，并且能够温柔、耐心地抱着和安抚他们，这些婴儿就会形成安全型的依恋。回避型依恋的婴儿，他们的母亲要么经常漠视、忽略它们，要么对婴儿有过多的刺激和干扰。比如孩子要睡着了，母亲还在不厌其烦地跟孩子说话，婴儿想通过回避母亲来逃避过多的交流。而焦虑型依恋的婴儿的母亲对婴儿的哭闹和要求不敏感，婴儿会追随、关注母亲的变化，对母亲的不回应和不当照顾感到非常生气，而混乱型依恋的母亲可能对孩子有身体虐待和情感虐待。

我们可以看到，如果父母对待孩子的态度，有时是过于溺爱，而有时是忽略、冷淡不理睬，就可能对孩子以后的人生造成很大的影响。研究证实，要养育一个安全型依恋的孩子，父母应该比较恩爱，家人之间的关系比较和谐，家庭气氛比较温馨，不会经常吵吵闹闹，母亲的情绪也应该是比较稳定和积极的，而不是对孩子的反应时好时坏。如果一个孩子从出生开始就在一个温暖、包容、平和的家庭当中，则基本奠定了他未来幸福人生的基础。我们前面谈到的高福商者普遍具有“宜人性”这样一种人格特质，这种特质是必须在父母关系和谐、家庭气氛温馨的环境下才能够培养成。

从依恋类型看，安全型依恋的人无论在人际关系还是婚恋方面会更幸福，更容易获得稳定的亲密关系。我们可以这么说，如果一个人的童年经历比较幸福，那他是比较幸运的，他未来的工作、生活、情感和亲密关系会比较顺利，人生的幸福感、满足感也会比较强。相反,孩子长大后也可能获得财富、地位等一般意义上的成功,但他的幸福感不会很强。

专栏 14-1

乔布斯的临终感慨

苹果公司总裁史蒂夫·乔布斯 1955 年 2 月 24 日出生在美国的旧金山,56 岁时去世。他的父母亲都是未毕业的大学生。他刚一出生,就被母亲送给当时的加州蓝领工人保罗·乔布斯夫妇领养。虽然养父母给了他几乎全部的爱,但他的一生还是充满了挫折和遗憾。他给世人带来了令人啧啧称奇、惊艳的高科技产品,但他的英年早逝仍然给人留下了很大的遗憾,他与高福商者的身心愉悦、幸福满满仍然有不小的差距。

他在临终前说过类似的话:我生前赢得的所有财富都无法带走,能带走的只有记忆中沉淀下来的纯真的感动以及和物质无关的爱和情感,它们无法否认也不会自己消失,它们才是人生真正的财富。

原生家庭、童年经历与我们的幸福息息相关,我们每个人都是父母的孩子,如果组成家庭,我们就是自己孩子的原生家庭。从某种意义上说,我们学习爱、学习亲密关系的相处,了解自己,也懂得别人,既是为自己的幸福而奋斗,也是在为孩子营造一个美好的原生家庭而努力。

三、婚姻质量与幸福感

婚姻是家庭的主要组成部分,婚姻质量无论对家庭幸福感还是个人幸福感都有着重要的影响。学术界对婚姻与幸福感展开了很多研究,认为婚姻是会增加个人的幸福感的,主要原因有两个:婚姻可以减缓夫妻两人在生活和工作的很多压力,可以提高自己的自尊水平;已婚人士可以从长期的亲密关系中获得更多的支持和帮助,以此来减少孤独等消极情绪。

有些研究探讨了个人的性别、人格特征等因素在婚姻幸福感方面的影响。

比如，是男性还是女性在婚姻中的幸福感更高？结论是不确定，这也许说明婚姻中性别因素并不重要，但男女双方的人格因素对婚姻的影响更大。夫妇双方个性互补还是性格相似的婚姻幸福感更高呢？研究认为寻找一个跟自己性格比较接近或者类似的伴侣，则婚姻的幸福感会更高，而且夫妻双方的性格中如果包含有稳定的情绪、比较强的适应性和灵活性，那么，这对夫妻的婚姻幸福感也会比较高。安全型依恋类型的伴侣，在处理亲密关系中的矛盾时，会持有更积极的态度、看法，与伴侣的沟通和交往也会投入更多，彼此之间的情感更丰富，亲密承诺也更多。所以在婚姻中会体验到更高的满意感和幸福感。

如果夫妻双方的教育背景比较相似，学历差距比较小，那彼此对婚姻的满意度是比较高的。此外，夫妻双方如果能够共同参与很多的活动，投入更多时间的陪伴，遇到问题能够共同商量、彼此安慰和支持，就会减少孤独感，会提高彼此的自尊。在现代中国社会，很多夫妻双方都有工作，也都要处理家庭事务，包括养育孩子。研究证实，如果夫妻之间的家务分工在感觉上越公平，那么婚姻的满意度也就越高。

从年龄和家庭生命周期等因素来考察婚姻幸福感，发现婚姻的满意度曲线呈现出U形状态。也就是说，结婚后未生育的年轻夫妇，以及孩子离家以后的年老夫妇的婚姻幸福感比较高。年轻夫妇在孩子出生以后的幸福感会下降，这也许是因为孩子的出生影响了夫妻在一起的机会和时间，进而影响了婚姻的调适质量。

有很多研究还涉及经济与婚姻幸福感的关系。金钱财富和婚姻的幸福感有很大的关系，家庭收入在一定范围内会增加婚姻的幸福感，但到了一个特定的收入水平，这种幸福感反而会降低，它们是一种正相关但收益递减的关系（白苏好，2009）。2004年，在美国的一项研究中，有学者把已婚人士与单身者相比较，用公式计算婚姻的价值，算出了一个持久的婚姻的价值相当于每年平均10万美金。夫妻双方如果有稳定的经济基础，会减少婚姻中很多的生活压力。

一旦结婚以后，婚姻是需要投入时间、精力，用智慧和勇气去经营的。幸福的婚姻就像配合默契的双人舞，要求夫妻双方彼此信任，共同承担责任（包括合理的家庭事务分工），共同进步，同时又相对独立。需要充满爱心，相互尊重，有效沟通，才能达到理想的境界。

尽管现代社会生活发展迅速，不确定因素增多，而且离婚率也一直在上升，但也有研究表明,对那些现存婚姻来说,婚姻的质量和满意度都要大大高于几十年之前。在1850年之前,人们结婚的目的主要是为了能够保证基本生存,能够衣食无忧,能够生养健康的后代。在这之后到20世纪60~70年代,由于经济的发展,社会环境的改善和保障水平的提高,人们在婚姻中更多的是追求陪伴和爱,希望保持亲密的关系和性的需求。此后,人们在婚姻中需要的东西越来越多,更多的将婚姻看作是自我表现、个人成长,获得尊重和认同以及自我价值实现的一条途径。婚姻的历史经历了从制度婚姻到友伴婚姻,再到自我表现婚姻以下三个阶段。

一般从恋爱到结婚会经历浪漫幻想期、权力争夺期再到整合承诺期。要使一段婚姻更加稳定、长久和美满,必须具备或创造这样三个方面的要求或条件。

第一个要求,夫妻双方的人格特质最好都是安全型依恋类型。性格都比较开朗温和,能够比较积极地思考,能够更多地自我暴露,谈出自己的想法和感受,也能够换位思考。第二个要求,走入婚姻的双方是真心相爱的,经过了比较长时间的了解,既看到了对方的优点,也能够接纳对方的不足。彼此之间既有激情和亲密感,也有长久的承诺。第三个要求,夫妻双方都学会了运用包容、接纳、妥协、感恩等方式和对方相处,能有效地沟通,能处理好双方的差异,能耐心倾听对方,能感受到对方的情绪变化。有矛盾冲突,也能够各自承担责任并学着去改变,而不是更多地要求对方。如果夫妻双方在婚姻中能够做到以下这些,那他们的幸福感是比较高的。

婚姻之初,彼此应该对对方的各方面都非常了解,比如与对方父母的相处方式、家族中的重大事件。了解对方的气质个性、沟通方式和处事行为方式。同时也告诉对方自己的这些情况,这都有利于婚姻的顺利进行。

与伴侣的相处中,应该抱有积极的心态,经常找出对方身上值得欣赏和赞美的地方,用合适的语言和身体动作表达出来。

尽可能多地投入时间、精力与伴侣相处。共同分担家务,共同探讨问题,共同决定家庭当中的重要事务,而不应该采用独断、控制的方法。既能够提出自己的想法和建议,表达自己的感受,同时也能够认真倾听对方的想法,理解对方的诉求。

婚姻当中的矛盾和冲突不可避免,但夫妻之间应该学会用合适的方式来有效处理彼此的差异和冲突。美国心理学家、婚姻问题研究专家约翰·戈特曼研究发现，69%的婚姻矛盾是由于夫妻性格的差异所造成的。很多问题不存在对错之分，可能永远无法解决。所以，夫妻应该学会以新的模式来应对冲突，可以先描述事情的事实和细节，而不是用判断、评价的方式。然后提出自己的建议和方法，希望对方参考。在这个过程中，要表达自己的感受和愿望，允许对方有不同意见，接纳对方的不足和缺点。最重要的是要学会彼此包容、求同存异，这样才能让婚姻平稳地持续下去。对不能解决的问题，夫妻之间应该学着和所谓的"问题"和谐相处，从"问题"中看到存在的积极方面。如果双方都经过了努力，仍然不能改变现状，彼此还应该向对方表达自己的欣赏和感谢。

夫妻双方除了各自的工作，安排好家庭事务，抚养、教育好孩子，还应该寻求一些婚姻中的共同意义。比如，共同设计、写作一个作品，共同完成一个公益项目，或者一方设计，一方具体实施，共同完成家庭中的一项重要工程，为家族留下一份丰厚的物质或精神财富。这样的共同理想或梦想，实现了人生的理想或完成了家庭的使命，就是践行了爱情中灵性层面的部分，而夫妻双方找到的共同意义越多，婚姻的价值越大，幸福感也越强。

四、和谐的家文化

有研究总结了中国家庭的5种基本心理需求：(1)存续。生存与繁衍是中国家庭首要的和最基本的需求。(2)安康。主要指家庭中安全、安宁、平安与健康的心理需求。(3)和睦。是指各个家庭成员对家庭在人际关系和情感方面的需求。(4)荣耀。是指家庭成员拥有的共同荣誉感。(5)兴旺。这是中国家庭心理需求的最高层的需要。包括两方面的内涵，一是子女能够得到良好的培养和教育，有光明的前途和未来；二是家庭的经济支柱与骨干成员有良好的社会适应与发展，整个家庭蒸蒸日上。存续、安康与和睦这3个需求，是一个家庭最基本的需求，构成了家庭幸福的根基，带给家庭的是基本的快乐，可以让家庭在平平淡淡的生活中感受到幸福。相反，若这些需求不能得到满足，则家庭很难感受到幸福。而荣耀与兴旺这两种需求，则属于家庭的比较高层次的需求，是一个家庭的高级"精神"需求，它们的满足状况决定了家庭幸福的层次与质量(刘玉新等，2016)。

与西方家庭有所不同，中国家庭(家族)特别重视家文化的构建、塑造和继承。每个家庭都有家族文化的传承，包含历史、文化、风俗、情怀等，有些非常感人，给人以启迪；也有些非常悲怆，让人铭刻教训。家风是家文化中的精髓，家风或者家庭格言会渗透到家族中每一个人的心灵和骨血中，成为家族成员之间的精神纽带，更多地成为他们的性格或者命运的一部分，是家族荣誉感和幸福感的重要组成部分。

“忠厚传家久，诗书继世长。”“爱其子而不教，犹为不爱也；教而不以善，犹为不教也。”这些经典的家庭格言体现着传统社会人们对于家风家教的理解与重视，显示出传统文化的独特魅力，几百年来受到中国大多数家族的推崇。

专栏 14-2

延续 400 年的家族奥秘

河南巩县有一个康氏家族延续了 400 余年。其家族自 16 世纪嘉靖年间建立起第一家小店，截至 20 世纪 50 年代，一共传承了 12 代，堪称中国历史上有记载以来最长寿的家族。康家崇尚耕读，康家子弟都得到了良好的教育。康家教育子孙的家训是：“结交务存吃亏心，酬酢务存退让心，日用务存节俭心，操持务存感恩心，愿使人鄙我疾，勿使人防我诈也，前人之愚，断非后人之智所可及，忠厚留有余。”短短 70 余字中，蕴藏的却是康氏家族留余忌尽、忠厚传家的大智慧。在家风家训的熏陶下，康家历代子孙大多向上向善、勤奋好学，从而保持了家族的持续昌盛。

晚清的政治家、战略家和文学家曾国藩，他的家族地位显赫、家境丰厚，但是他教育子女却并不在物质财富上，而是在人格养成、修为素质上，重在培养子女的独立性和道德素养。无论工作多忙，曾国藩都不忘教育子女。曾国藩留有十六字治家名言：家俭则兴，人勤则健，能勤能俭，永不贫贱。据说曾国藩仅在 1861 年就写了不下 253 封家书，通过写家书不断训导教育弟弟和子女，在曾国藩的言传身教之下，曾家后人人才辈出，家族兴旺幸福。

好的家风和家庭格言，给家人营造了温暖的生活环境，给孩子创造了良好的成长环境，影响他的一生。所以，家教、家风和家庭格言是一个家庭最丰厚的精神支柱，也是子孙后代取之不尽、用之不竭的精神财富。只有每个家庭都幸福美满了，社会才会和谐发展。

我们拥有非常丰厚的、蕴含着传统文化精髓的家文化，世代传承。父母在教育子女的过程当中，还需要剔除家文化中的糟粕，和现代科学的育儿理念、教育方法相结合，应该学习对子女身体健康和心理成长有关的科学知识，而不是凭本能来养育孩子。

比如，对幼小的孩子，除了循循善诱，还要有耐心，要给予孩子成长发展的空间和时间，要允许孩子犯错误，允许孩子从自己的失败中总结经验教训，以此来提高自己的各方面技能。在孩子努力的过程中，要给予欣赏和鼓励，即使他的努力没有取得理想的结果，也不宜批评和指责，而是要帮助和指导。这样孩子才有足够的信心和能力来应对各种困难和挫折。

给孩子足够的自由，不等于说要放纵孩子。无条件的爱孩子是指无条件地接纳孩子的各种情绪，但对孩子的有些行为是需要制止和约束的。父母需要无条件地接纳孩子的喜怒哀乐等各种正面、负面情绪，从孩子的情绪情感中去发现孩子的内心需要和渴望，并给予恰当的满足。还需要对孩子不恰当的行为进行纠正并给予指导，培养他遵纪守法、文明礼貌的各种习性。

父母要保证孩子的人身安全和心理安全。创造一个安全的环境，提供安全的保障。

父母要有足够的责任心，同时也要不断学习，提升育儿能力，从孩子成长的角度去考虑问题，并以此来管教和约束孩子，而不是满足父母自己的需要来控制孩子。

要营造和谐的亲子关系，非常重要的一点是夫妻间的亲密关系。夫妻要相处和谐、心心相印，这是孩子安全感的重要来源。如果家庭中发生了不测和困难，父母还应该树立坚强的榜样，给孩子以信心和勇气。

孩子渐渐长大以后，父母要学着放手，要理性地对待孩子的成长。比如孩子青春期的逆反，要理解孩子既渴望自由，同时又希望依赖父母的矛盾心理，要足够耐心地尊重孩子，并在孩子需要时给予恰当的回应和帮助。

整个家庭或家族的幸福，是需要家庭中所有成员共同努力才能达成。如果是一个大家族或是祖孙三代共同生活，那么家庭中最主要的关系是小夫妻的关系，其次才是亲子关系，再其次才是丈夫和其父母的关系，或妻子和其父母的关系。家庭和睦，夫妻关系亲密对家庭幸福有着重要的影响。成功的婚姻能够给孩子带来持久的幸福感，而离婚则会导致夫妻两人连续数年幸福感的持续下降，同时还会给孩子带来严重的困扰。夫妻关系是家庭中的定海神针，只有这一层关系处理好了，整个家庭才会有足够好的安全感和成长、发展环境，才能保证工作顺利、生活幸福、情感和睦。

第三节　友情与幸福

一、友情与幸福

人的一生中除了亲情、爱情以外，还有一种重要的关系，那就是友情，或称友谊关系。我们常见的闺蜜、兄弟关系，或红颜、蓝颜知己等，都是比较典型的友谊关系。在人生的不同阶段，友情的侧重点是不一样的，儿童的友谊更多体现在一起游戏玩乐，青少年比较强调朋友之间的理解、信任和忠诚，走入社会的成年人的友谊则往往和他的工作、生活及社会活动相结合。友谊所产生的感情，对一个人的社会适应和身体健康、心理健康都起着至关重要的作用。

友谊有这些功能：即友爱、亲密、可以信赖的同盟、有益的帮助、安抚、陪伴、肯定价值和归属感。有研究证实青少年之间的友谊是影响其主观幸福感的重要因素之一。青少年之间的友谊对人际交往技巧、沟通技巧、情感体验、学业成就、自信心提升等方面有很大的帮助。在成年人当中，如果一个人和他的朋友有比较密切的交往，得到了朋友的支持和帮助，那他的工作成就感、社会满意感就会比较高，对上司的态度也会比较客观和积极。在老年人中，得到朋友的支持和情感交流，则他的主观幸福感和生活质量会显著提高(戴巧云，2005)。

人的一生中难免遇到灾难、意外和挫折，有些内向、封闭的人，没有家人或伴侣的支持，也没有亲朋好友的安慰，会变得非常恐惧、猜疑或退缩；还有些人会变得压抑、消极，或用情感抽离、愤怒的方法来处理。而活在爱里的人，除了爱情、亲情的滋润，遇到挫折时还会在朋友的鼓励下宣泄负面情绪，或和朋友一起运动流汗，或自己开个玩笑，这些方法也会让自己的心理越来越成熟和健康。朋友和伙伴之间共同活动，互相帮助，有困惑矛盾时彼此能够提供安慰和支持。在朋友之间的交往中还体现出榜样、示范的作用，通过欣赏、协助或竞争，彼此都能够在生活、事业和情感等方面得到丰富和提升，个人的幸福感也会有比较大的满足。

二、保持友情长存的方法和途径

友谊或友情是在一般人际关系的基础上发展起来的。良好人际关系的建立需要满足三个条件，一是交往的各方能够彼此满足各自的内在需要，既尊重自己，又满足别人的需要；二是交往必须是在一定的时间、空间等条件下进行，要结成深厚的友谊需要投入时间和精力；三是交往的各方能熟悉和掌握人际交往的技能。比如，给人留下较好的第一印象，能主动交往，能理解别人，换位思考。

要使得友谊能够长久，友情能够长存，我们需要做到以下几点。

(1)主动联系，保持经常沟通。任何友谊或友情的获得都需要投入时间去维系，投入精力和智慧去经营。人际关系处理有个黄金法则——你希望别人如何对待你，你先要如何对待别人。如果希望别人友善地对待自己，自己首先要发出善意的信号。在纪念日或朋友的生日，送上贺卡或发一条祝贺的信息，平时经常保持联系，在朋友有困难时及时提供支持和帮助。

(2)不要对朋友过于理想化，应接纳朋友的个性和不足。任何人都有他的兴趣、爱好，优势和不足，即使是最亲密的好朋友也有其个性和缺点。和朋友交往，很重要的是不要将朋友过于理想化，要看到朋友的优点和才华，也要接纳其明显的缺点，要懂得欣赏朋友最真实的样子。相处时要善于发现朋友的闪光点，并及时肯定和表扬。不能用完美的标准去要求朋友，要以宽容和接纳的态度对待朋友的不足和缺点，可以选择合适的时机，用善意的方法去提醒和帮助他。

(3)要学习人际交往的技巧。比如说在适当的时候用自我暴露的方法让朋友更多地了解自己，赢得朋友的信任。一般来说，自我暴露有四个层次，第一层暴露的是自己的兴趣爱好、休闲娱乐方面的信息，属于一般的人际应酬；第二层暴露的是自己对人对事的态度以及人生观、价值观等方面，可以和比较熟悉的同学、朋友和同事交流；第三层次暴露的是对自己的评价，自己与他人的关系等，这些在非常熟悉的闺蜜、兄弟间才会暴露；第四层次是有关个人私生活或不为社会大众所接受的经验、看法等，这些信息一般只在特别亲密的朋友或心理咨询师面前暴露。与朋友交往，可以聊第一、二层次的话题，如果涉及第三层次，彼此之间就是比较密切的关系了。也正因为涉及比较深层次的话题，谈话的双方或各方，可以增进了解，分享深层感受，加强亲密，减轻负面情绪，得到回馈和安慰。自我暴露是加深友情重要且有效的方法。

加深友谊的另一方法是运用同理心的策略。所谓同理心，是指在人际交往中耐心地倾听，能够体会他人的感觉和想法，能够站在他人立场上感受他的情绪，能够换位思考，设身处地去体谅对方。用同理心能够很快拉近和朋友的关系，加深友谊、获得友情。

(4)和朋友交往时，彼此之间要有恰当的心理边界。要允许朋友保留他的隐私，拥有他的爱好，坚持他的个性。同时也要尊重自己的隐私，不能什么都分享。知道什么是自己应该做的，什么是不应该做的，什么是自己的责任，什么是别人的责任。既不过多干涉别人的生活，事事替别人负责；也不允许别人过多地干涉自己，学会独立自主，为自己负责，但同时也要学会适当的求助和依赖，这样才能维护友情的深入和持久。

(5)和朋友在一起时，应抱着真诚、坦率、谦逊和善意的心态。朋友间不易进行盲目攀比，也不要散布各种小道消息。需要不断地学习，提升各种能力，以自己的魅力来吸引朋友，用自己的能力来帮助朋友。朋友间的交往，应该是彼此的互相满足，只有相互之间达到了内心的满足，付出和得到之间相对平衡，这样的友谊才会长久，获得的友情才会隽永，幸福感才会越强。

第十五章　幸福的经济学原理有哪些?

经济学从来都是一门专注于研究幸福的社会科学。当代经济学的核心在于研究稀缺资源的最优化配置,幸福经济学就是研究如何有效地分配资源,才能实现幸福的最大化。根据著名的美国经济学家萨缪尔森(Samuelson)提出的幸福方程式(幸福=效用/欲望),幸福就是一种被加权的效用,或者说被加权的满足程度,权重是每个人的欲望。从这个角度看,幸福经济学就是研究怎么让人更幸福、更满足,或者说欲望给定情况下效用更高的学科。我们将目光再放大一点,中观、宏观层面上,宜居城市构建、国民幸福感建设,其背后核心都是尽可能全面系统地增加居民的幸福感。这一章我们将在个人欲望给定的情况下,为大家介绍一些经典的经济学原理或概念,以便我们从效用的角度中去找寻让普通人更加幸福的路径。

第一节　权衡取舍中获得幸福:抉择的意义

权衡(Tradeoff)有两层经济学含义,一是权衡什么,二是为什么要权衡。对于微观主体,就是在权衡A和B究竟选择哪个,能够使自己的效用最大化、满足感最强。根据萨缪尔森幸福方程式,这种权衡当然是为了更加幸福。那么这就出现了第二问题,为什么要权衡,难道我们不能既要A又要B吗?古人的智慧早就告诉我们,鱼与熊掌不可兼得。这背后的道理就在于有限预算(budget)。有限预算是说一般意义上任何一件物品都具有稀缺性。人一天只有24小时,你只能在工作、学习、闲暇(包括睡觉、休息、玩乐)中进行权衡,因此在劳动经济学中我们常说,时间预算是恒定的,只有24小时,在这个基础上进行劳动者的最优化选择。同理,一个人一生能够积累的财富往往也是有限的,所以他只能在有限的消费品集合中,选择一组让自己一生最幸福的消费品集。即使一个人富可敌国,但资源又往往是有限的,不可能满足无尽的消费。可以说,正是因为有限预算和资源稀缺性,权衡无处不在。

权衡意味着我们需要具有利用有限预算的智慧,也意味着我们要有对抗无限欲望的能力。我们只有尊重这个客观事实,才可能让自己更幸福,否则只能是庸人自扰。每个人的权衡取舍就是一种选择,决定了自己最终能够实现多大程度的满足,也就是能够多幸福。这种取舍具有因果性,它不只影响了你当下的幸福感受,还影响到你未来的幸福程度。例如,对于一个 18 岁的成年人,他可能在权衡继续读书深造还是进入劳动力市场寻找工作,但一般情况下,他不大可能选择长期赋闲在家打游戏,即使他很喜欢打游戏,这是因为权衡的结果不仅影响当下,还将影响未来相当长的一段时间,甚至是一生。

权衡取舍也不只是个人做选择、不只影响个人,取舍还常常受到家庭成员的影响,从而也影响着家庭。这里就产生了经济学的一个分支学科——家庭经济学。因此,选择工作还是选择陪伴家人,也属于经济学中权衡的范畴。许多成功人士回顾其一生最大的遗憾,就是花太多时间在工作上,而错过了孩子的成长、牺牲了陪伴家人的时间。马云就曾表示由于阿里巴巴发展太快,自己每天过分忙碌,失去了很多属于家人和自己的时间。然而,我国也有大量农民工选择离开自己的家乡、离开孩子和父母,外出打工谋生计,带来个人发展和乡村经济繁荣的同时,也产生大量社会问题,例如留守儿童问题、留守老人问题。2017 年我国外出农民工近 1.72 亿人,占人口总量近 12.4%,这背后的社会问题也引起广泛关注。

在宏观层面,社会经济体面临的主要是效率与公平的问题。效率意味着竞争、激励和发展,因此需要按照贡献分配社会成果,而忽视了弱势群体。公平则是要把部分人创造出的经济成果,转移给另一部分相对贫穷或弱势的群体,以达到相对公平的目的。效率和公平往往在不同的发展阶段、不同社会体制、不同国家中,有所偏重。我国社会主义改革开放和现代化建设的总设计师邓小平 1985 年提出"让一部分人、一部分地区先富起来,以带动和帮助落后的地区,先进地区帮助落后地区是一个义务"。对于一个相对落后的发展中国家,先要做大蛋糕,才能分蛋糕,这就是先效率后公平的智慧与逻辑。

权衡取舍无处不在,因为我们无时无刻不在做着选择,而幸福就存在于每个人的权衡取舍中。然而目前为止我们还不知道如何进行权衡,如何权衡可以更幸福。但知道了权衡,了解到有限预算和稀缺性这一客观现实,就为了我们开启了第一扇通往幸福的大门。

第二节　幸福的抉择要考虑机会成本:切忌虚度

在权衡取舍的时候,我们一般会关注两方面内容,偏好和价格,前者体现了取的意愿,后者体现了取的能力。试想面前有苹果和梨子两种水果可供选择,我们买哪个、买多少,都取决于我们更喜欢哪个以及它们的价格是多少,这就是偏好和价格。对于生产厂商,权衡取舍的内容大同小异,即收益和成本,厂商是否生产某种产品、生产多少,取决于生产带来的收益和为了生产而需要付出的投入。可见,价格和成本有着先天的联系。

然而有的时候,成本不是都可以通过价格体现出来的。例如,企业家创办企业,需要购买土地以置办工厂、购买生产设备、雇佣工人,当然生产的最终所得需要支付给相应要素作为报酬。土地作为土地要素,获得地租就是土地所有者以土地名义得到的报酬;设备和工厂需要购买或建设,这些支付的成本作为资本,占有这些资本的所有者因而获得报酬,也叫利息;付出劳动得到了他的报酬,即工资。然而,我们还忽视了一项要素——企业家。企业家具有企业家精神(Entrepreneurship),因其付出的远见卓识、人际关系、资源整合能力、组织管理能力、创新眼光以及承担经营风险,应该获得相应的报酬。企业家精神本身就是一种生产要素。但是,在核算企业家报酬的时候我们又遇到了问题。地租、利息和工资都可以在相应的市场上找到对应价格,例如劳动力市场给出了明确的不同类型的劳动者工资,而企业家精神、企业家才能该如何制定工资?这里就出现了机会成本,机会成本的诞生最初就是为了解决企业家才能如何支付这一问题。

一种东西或一个行动的机会成本(opportunity cost)就是为了得到这个东西或做这个行动所放弃的其他东西中最好的或者是其他行动中最有价值的。可见,机会成本首先表明的是一个人的次优选择。作为一个理性经济人,他的选择和行为本身就显示了最优选择,那么剩下没有选的集合中最好的,必然就是次优选择。回到企业家才能如何衡量的问题中,正是因为企业家才能无法直接度量,因此我们需要去寻找企业家除了创办企业以外,能做的其他最好的事情,用这些事情的价值去衡量该给企业家多少报酬。例如,企业家可能成为职业经理人或者某公司 CEO,那么我们就按照当前职业经理人的报酬来支付给企业家对应的工资。当然,机会成本诞生于衡量企业家才能的必要性,但并不囿于企业家才能,任何事物都有它的机会成本。

因此,机会成本对于幸福的意义在于,它告诉我们有得必有舍,有舍才有得。每个人做任何一件事都是必然有成本的,这个成本就是机会成本。如何让自己更加幸福,是更关注短期的幸福还是长期的幸福,这其中最重要的考虑在于你如何看待这些机会成本。当一个学生选择了经济学,他就放弃了同一时间开课的心理学;当一个运动员选择了训练,他就放弃了休息;当一名公司职员选择了打工,他就放弃了创业。时间对每个人都是公平的,因为时间的流逝都是具有机会成本的,并且这个机会成本不只影响现在,更影响未来。作为大学生,该进行人力资本积累的阶段,如果不专注于学习,而采取消极打发时间的方式,其机会成本不只是当前损失的学习知识的机会,还可能包括了未来发展的潜力和晋升机会。只有更清楚的了解自己所做选择、自己的权衡带来的机会成本,才能让自己更幸福,或者说更加具有幸福的能力。

当然,机会成本处于一个集合之中,这个集合就是一个人的能力范围。那些无法企及的妄想,并不该成为机会成本去影响个人的选择。例如,婚姻市场背后是匹配理论在发挥作用,婚姻市场中的男性、女性往往根据个人的综合素质和偏好进行筛选进而产生匹配。但我们还是会看到许多东挑西拣的剩男剩女,这其中一部分原因是因为有些人给自己的婚姻制定了过高的、超出自己能力范围的标准和期望。但是事实上,这些超出能力范围的选项,并不是你的机会成本,这些选项不该成为影响你决策的因素。因此,要客观看待自己的能力,它影响着你的机会成本,进而影响了你的决策和你最终的幸福。

机会成本往往也是不断改变的,随着个人能力的拓展和偏好的改变而改变。有时候选项过多,一个人反而可能因为选择困难症而变得不那么开心,这背后的道理可能就在于他过分地看重了机会成本,而阻碍了自己选择和行动的脚步,导致停滞不前,反而不幸福了。重视机会成本、不要虚度光阴,但同时也不要让机会成本阻碍了你当前的行动和决策,这就是机会成本带给我们的幸福的启示。

第三节　忘掉沉没成本:洒脱放手

机会成本的存在在于提醒你需要时时刻刻记住成本,不要无度荒废时间;而沉没成本的意义则是在于提醒你忘记成本,洒脱坦然面对未来。沉没成本是指以往发生的、但与当前决策无关的费用,也就是说当前已经无法改变、无法回收的那部分投入。一个理性人在做决策的时候,应该好好衡量各种成本,包括机会成本和沉没成本,但一旦投入了,沉没成本就不该成为影响下一步决策的因素。

但事实上,人们在决定是否做一件事情的时候,往往不光权衡这件事当前的收益与成本,还会考虑过去已经投入的成本,包括时间、精力、金钱等沉没成本。对过去发生的、已经不能改变的成本念念不忘并不是一件好事情。举例来说,如果你昨天花了 100 元买了水果,今天发现坏了,但为了不浪费,你还是选择吃掉了。虽然把 100 块吃进了肚子,但你却吃了烂水果,可能腹泻,可能要请假旷工。事实上,电信诈骗、传销等就是利用人们过分在意沉没成本的心理,一旦被卷入传销组织,可能因为自己已经投入的一部分小钱,而不得已加大投入,甚至把亲戚朋友也拉入其中,这就是典型的只看重沉没成本的心理。再如,炒股越炒越亏、赌博越赌越输,很大程度上都可以用沉没成本来解释,一个人输了 100 块,可能想再借钱把之前输的 100 块赚回来,结果输了1 000块,最终越输越多。2015 年股票熔断导致许多杠杆行为瞬间破产,造成千千万万家庭的不幸。此外,在日常生活中,我们也能看到常有人明知道与错的人在一起谈恋爱,但依然不愿意分手,因为他觉得自己已经付出太多、投入太多,不能接受分手,因为一旦分手了这些逝去的青春和付出就白白浪费了,这背后也是过度在意沉没成本在作祟。如果你只关注那些已经浪费的成本,进而想要继续投入以期收回成本,那么你很可能会损失更多。

沉没成本的经济学含义告诉我们,面对幸福,我们很多时候其实应该潇洒地放开手,去迎接新的生活和开始。幸福一直是在被当下和未来建造的,不应该过度瞩目于过去。

第四节　幸福的边际递减规律:越多越糟?

近代经济学的一个重要突破在于引入了边际的概念,边际变动(marginal

change)可以理解为每增加或减少一单位。关于边际最重要的理论之一就是边际效用递减规律(the law of diminishing marginal utility)。其内涵是在一定时间内,其他条件不变的情况下,当开始增加某种商品的消费量时,边际效用会增加,即总效用增加幅度大,但累积到相当消费量后,随消费量增加而边际效用会逐渐减少。更加通俗的解释,当你很饿的时候,吃下第一块饼干,满足程度是最高的,也就是效用最高,然后随着你接着吃饼干,下一块饼干带给你的满足程度将不断地减少,最后甚至会吃到有一块饼干让你想吐的程度,这时候这块饼干的边际效用已变成了负数。

专栏 15－1

边际分析法

在经济学中,边际分析方法是最基本的分析方法之一。边际分析方法的起源可追溯到马尔萨斯(Malthus),他在 1814 年曾指出微分法对经济分析所可能具有的用途。1824 年,汤普逊(Thompson)首次将微分法运用于经济分析,研究政府的商品和劳务采购获得最大利益的条件。功利主义创始人边沁(Bentham)在其最大快乐和最小痛苦为人生追求目标的信条中,首次采用最大和最小术语,并且提出了边际效应递减的原理。

幸福的边际递减规律就在于任何事物过度强调占有,边际上增加的幸福感总会越来越下降,到最后甚至让人觉得不幸福。例如,非常忙碌疲惫的上班族,当得到一个假期,会觉得非常满足、意犹未尽,这个时候他的幸福感是最强的。可当不断休息下去的时候,即使带薪休假,也会让人觉得无所事事、了无生趣、没有追求,甚至丧失盼望。因此,闲暇带给人的幸福感也具有边际递减的特征。根据英国都市报 2017 年的一个报道,英国最年轻的百万欧元彩票得主帕克(Park)表示,自己正在计划起诉彩票公司,因为她成为英国最年轻的百万欧元彩票得主之后,马上花钱进行了隆胸手术,还购买了两处房产以及一只吉娃娃,然而她表示,在此之后她一直纠结人生的意义何在,她表示"我一开始以为中奖会让生活变好十倍,但是其实却让我的生活变糟了十倍。多数时候我都希望自己完全没有钱”。可见也并非钱越多越好，越来越多的钱让人迷失方向，因为幸福的边际递减规律使钱的效用变成了负数。

边际效用递减规律之所以是经济学最伟大的发现之一，就在于它的普遍性。它背后的机制也正在于任何事情都是有机会成本的，当你占有越多某样物品，你所承担的机会成本也越来越大，这些机会成本将直接影响一个人的幸福感，导致幸福感下降。因此，幸福的边际递减规律启示我们，要学会拥有适可而止、量力而行这些中庸之道的智慧和力量。

第五节　分工使生活更幸福:分即合

分工理论最早出现于亚当·斯密(Adam Smith)的《国民财富的性质和原因的研究》。在该书中，亚当·斯密用扣针的生产解释了分工对于生产效率提高的意义。他在对一些生产扣针的工厂进行观察后发现，一名扣针工人如果没有经过专业训练，自己全程制造一枚扣针，那么“也许一天也制造不出一枚扣针，要做二十枚，当然是绝不可能了”。但按照分工的经营方法，将扣针生产划分为若干个部分，“一个人抽铁线，一个人拉直，一个人切截，一个人削尖线的一端，一个人磨另一端，以便装上圆头”，将这些生产的每个步骤都进行专业化训练，之后的平均“一人一日可成针四千八百枚”，是不分工生产的 240 倍以上，甚至可能是 4 800倍。专业化分工是经济发展的主要力量，是贸易产生的基础。

分工对个人来说同样重要，因为它影响了幸福感，影响着一个团队、家庭实现幸福的能力。分工首先意味着权责到位、职责明确。团队合作需要分工才能产生最大效益，没有明确的分工，团队成员则无法展开有效的合作，偷懒、怠工、道德风险的问题都可能发生，最终导致团队或者一团散沙，或者慌乱如麻。因此，分工要求我们要进行充分的沟通，要明确个人的责任和权利，这些都影响幸福。

分工也意味着合作和稳定的团队，整体产生最大效益。一个典型的关于幸福的分工事件就是婚姻和家庭。2004 年 4 月《泰晤士报》报道，英美两名经济教授联手访问了逾 5 万名英国人和逾万名美国人，评估不同生活方式给人们带来多少快乐。两人发现，人们从一夫一妻制的关系获得的满足感最大，而到处跟人发生性关系的，从计算的结果来看，则贬了值。美满婚姻相当于年赚 10 万美元，有美满性生活也相当于年赚 6 万美元。根据经济学相关文献，家庭成员之间的各种劳动分工一方面受到男女先天的生理差别影响，另一方面受经验、人力资本投资差异的影响(Becker，1981)。

分工理论对于幸福的意义在于，分工能够拓展家庭或团队作为一个整体实现幸福的能力。分工也包括了合作，意味着要成为一个幸福的人，首先要做好一个社会人。

第六节　按照比较优势做对的事情：顺“时”而为

美国数学家、蒙特卡洛方法之父斯坦列思诺·乌拉姆(Stanislaw Ulam)曾请同在哈佛大学的萨缪尔森(Samuelson)从所有社会科学理论中找出一个既真又非平凡的理论。萨缪尔森经过 30 多年的思考，在 1969 年的一次演讲中，他最终给出了回答，那就是比较优势原理。200 年前，大卫·李嘉图(David Ricardo)出版了《政治经济学及赋税原理》(1817)，其中的第七章“论国际贸易”正式表述了比较优势原理。

比较优势原理可以表述为，在两国之间，劳动生产率的差距并不是在任何产品上都是相等的。每个国家都应集中生产并出口具有比较优势的产品，进口具有比较劣势的产品，双方均可节省劳动力，获得专业化分工提高劳动生产率的好处。通俗地来说，比较优势告诉我们“两优相权取其重，两劣相衡取其轻”。我们可以思考一下，宁泽涛在 2014 年仁川亚运会上勇夺四金，可以预见，他在各类体育或体力活动中均会由于身体灵活而出类拔萃，优于别人，包括搬砖工人。那么，宁泽涛该去做搬砖的工作吗？显然不应该。因为尽管宁泽涛可能在各方面都强于某一位搬砖工人，但相对来说游泳可能强得最多，那么他应该选择游泳，而让搬砖工人选择搬砖。比较优势原理不光告诉我们，低技能的穷国与高技能的富国也是可以通过专业化分工进行生产，再通过贸易，最大化两国的共同利益。这一原理还能被充分应用到日常生活中。

比较优势原理关于幸福的第一个启示在于，一个人哪怕再没用或者你觉得再没用，总会有某个地方相对不是那么没用，因此可以在一个合作的社会中实现自己存在的价值。当然，这需要企业家精神对组织和合作进行有效的安排管理。这也显示了幸福的家庭往往按照比较优势进行家庭内部分工，既实现了家庭整体的最优，也能让每个人充分发挥其自身优势，得到自我实现。

比较优势原理关于幸福的第二个启示在于，即使没有“吾师”，团队合作也是有必要的。团队中即使没有特别出类拔萃的人，但只要大家在不同的方面存在不同的差距，总是能通过分工实现团队收益的改进。

比较优势原理关于幸福的第三个启示在于，基于生命周期的规划，不同阶段的你也要实现“适度分工”。正是因为不同阶段的你比较优势是不同的，例如，一个人在大学在校阶段记忆力和理解力较强，主要任务应该好好学习，这符合他的比较优势，而不是关心着打工赚钱；在中年时期，应该努力工作、照顾家庭，这时候回到学校读书也许并不是最好的选择。因此，在合适的时间做合适的事情，本质就是比较优势在发挥作用。

第七节　幸福的外部性：责任的价值

外部性又称为溢出效应、外部效应或外部经济，是指一个人或一群人或企业的行动和决策使另一个人或一群人或企业受损或受益的情况。外部性包括的正外部性和负外部性。正外部性是某个经济行为个体的活动使他人或社会受益，而受益者无须花费代价，负外部性是某个经济行为个体的活动使他人或社会受损，而造成负外部性的人却没有为此承担成本。一般情况下，对于具有正外部性的行为需要给予补偿以鼓励其行为；对于具有负外部性的行为需要采取一定的惩罚措施以减少其行为。

专栏 15－2

外部性

外部性由马歇尔（Marshall）和庇古（Pigou）在 20 世纪初提出，是指一个经济主体（生产者或消费者）在自己的活动中对旁观者的福利产生了一种有利影响或不利影响，这种有利影响带来的利益（或者说收益）或不利影响带来的损失（或者说成本），都不是生产者或消费者本人所获得或承担的，这是一种经济力量对另一种经济力量非市场性的附带影响。

具有正外部性的个体或行为往往能带给别人许多的幸福感。例如,你将自家门前种满花草,路过的人或邻居也能够欣赏美丽的风景、呼吸新鲜的空气,这就是最简单的正外部性。可以说,这些正外部性就是散播幸福的源泉。

另一方面,幸福本身就具有正外部性,因为幸福具有传递性或传染性特征,一个人幸福了可能带给他的团队、家人幸福,甚至可能因为他的一个幸福的微笑,陌生人也能够得到安慰。

而具有负外部性的个体或行为就可能带给别人不快乐,甚至不幸。一个典型例子的就是反社会人格。反社会型人格障碍(antisocial personality disorder)又称无情型人格障碍(affectionless personality disorder)或社会性病态(sociopathy),是对社会影响最为严重的类型。反社会型人格障碍的特征是高度攻击性,缺乏羞惭感,不能从经历中取得经验教训,行为受偶然动机驱使,社会适应不良等。其中,高度攻击性就会带给别人严重的负外部性。

对于一个社会或经济体来说,识别正负外部性就显得尤为重要,因为这体现了实现国民幸福的政府作为。这也是经济学中"看得见的手"发挥作用的重要地带。因此,对于宏观意义上的福利或者幸福,政府这只看得见的手十分重要,对于正外部性给予弥补,对于负外部性适时制止和惩罚,才能够促进国民幸福感的增强。

第八节　帕累托改进:从幸福到更幸福

福利经济学中有一个著名的理论叫帕累托改进。帕累托优化(Pareto Improvement),又称帕累托改善或帕累托改进。其内涵是在没有使任何人境况变坏的前提下,使得至少一个人变得更好。一方面,帕累托最优是指没有进行帕累托改进余地的状态;另一方面,帕累托改进是达到帕累托最优的路径和方法。帕累托最优是公平与效率的"理想王国"。

帕累托改进一个最基本的启示告诉我们,想要更幸福,基本条件是在自己变好的同时,没有使别人变得更坏。举一个和幸福最直接相关的婚姻例子。夫妻双方在忠于对方的基础上,不断变得更好,这是一种帕累托改进。但如果一方变好就抛弃了对方,这种状态明显不是一种帕累托改进,因为这种行为降低了对方的利益。

帕累托改进的另一个启示与开放和交换有关。假设 A 有 2 个苹果,B 有 2 个梨,B 对苹果和梨的偏好相同,但是 A 对苹果的偏好是梨的两倍。如果 A 和

B 把手中的苹果和梨交换，那么 A 就比原来好了两倍，而 B 还是和原来一样。这就形成了一种“帕累托改进”。但如果 A 和 B 没有进行交换，经济体中的资源就没有得到最优化配置，即苹果原本可以用来增加 A 的幸福，但却没有。因此，在某种程度上来说，苹果被浪费了。可见，帕累托改进启示我们，需要保持开放、交流和自由的心态与外界相处，才可能从外界汲取养分，实现整体的优化改进。

当然，经济学对于幸福的探讨不限于上述内容，经济学理论可以帮助我们更好地找到幸福也并不仅限于上述理论，让我们走近经济学，掌握更多的经济学逻辑，来指导我们从幸福走向更幸福吧。①

---

① 本章的内容均从幸福函数中提高效用的角度对如何提高幸福感进行了讨论。幸福函数中还有很重要的一部分即是人的欲望。为了更加幸福，人们应该懂得控制自己的欲望，否则，即使效用很高，也是不幸福的。

第十六章　经国济民可以提升国民幸福感吗?

十九大报告指出:“中国特色社会主义进入新时代,我国社会主要矛盾已经转化为人民日益增长的美好生活需要和不平衡不充分的发展之间的矛盾”。国民幸福是人民美好生活的重要体现,经济增长以国民幸福和人的发展为前提。因此,研究国民幸福感可以从两个层面同时切入:宏观国民幸福——包括经济增长、环境保护、文化发展、公共服务等,微观国民幸福——行为个体对生活质量的综合评价和感受。本章聚焦我国改革开放四十周年的发展历程,解码经国济民与国民幸福感。

第一节　国民幸福感理论分析

提升国民幸福感是经国济民的重要目标,因此经济学也对国民幸福予以充分关注。

一、国民幸福感经济学的历史渊源和全球视野

经国济民是经济一词的内涵揭示,其本质是“经世济国、经世济民;治理国家,造福百姓”,其中经世济民和造福百姓在经济发展和社会进步的过程中逐渐映射为经济治理下的目标即国民幸福。许多国家都将国民幸福作为宏观经济发展下的微观目标,国民幸福是将国家治理根植于民,以善治、和谐发展为目标,始终关注宏观经济和微观民生的平衡(刘军强,2012)。

(一)经国济民的历史观——从宏观到微观

在中国上下五千年长河中,有学者将国民幸福表述为五福。《尚书·洪范》

“九畴”中的五福——寿、富、康宁、攸好德、考终命——是儒家经典，也是普世价值中的国民幸福：第一，享有高寿；第二，生活富裕；第三，身体健康、心理心神安宁；第四，重视自己的道德涵养；第五，寿终正寝。

也有“先天下之忧而忧，后天下之乐而乐”“有朋自远方来，不亦乐乎”“乐民之乐者，民亦乐其乐”等思想作为大众幸福感的内容。

（二）经国济民的全球观——从定义到关系

西方经济学也将国民幸福问题作为重要的研究内容。亚当·斯密的《国富论》基于经济人假设，认为交换能力不足是导致贫穷形成的原因；马歇尔的《经济学原理》从多维度、多跨度、多方位提到国民幸福问题，用“生活标准”来凸显和强调幸福的内涵。伊斯特林在1973年提出的两个问题演化成为西方经济学著名的“幸福悖论”，即：“富裕国家的人们通常比贫穷国家的人们更幸福吗？民众收入的迅速提升会显著提升国民综合的幸福感吗？”该问题引起人们对幸福与收入之间关系的争论。

二、国民幸福感评价指标和影响因素

改革开放四十年以来，我国国内生产总值由3 679亿元增长到2017年的82.7万亿元，年均实际增长9.5%，远高于同期世界经济2.9%左右的年均增速；国内生产总值占世界生产总值的比重由改革开放之初的1.8%上升到15.2%，多年来对世界经济增长贡献率超过30%。与此同时，全国居民人均可支配收入由171元增加到2.6万元，居民预期寿命由1981年的67.8岁提高到2017年的76.7岁，我国成为世界上最有安全感的国家之一。近年来，城市地区通过丰富的高铁、电信网络、人才流动支持国民经济的高速发展，农村地区已逐步实现脱离贫困，金融等领域普惠发展。人们普遍认为国民幸福水平有显著的增加。

随着经济快速发展，以及人们对美好生活的迫切需求，如何度量国民幸福感也已成为学界关注的重要问题。

（一）主观幸福感的测度

世界幸福报告（2017），描述了自1990年以来中国福祉的演变，并总结性地提出了主观幸福感（SWB）和人均GDP在不同发展路径下的影响因素。主观幸福感、生活满意度和国民幸福均是站在微观的角度洞察世界，反映人们对其生活的总体评价（伊斯特林，1995）。

(二)国民幸福感的影响因素

国民幸福感的影响研究，有其一定的社会现实基础和内在客观属性，从当前经济社会发展实际情况看，国民幸福感的衡量需考虑经济、政治、社会文化、生态环境、国民内在素质等诸多方面的因素。

1. 经济因素是提升国民幸福感的坚实基础

经济发展是保障人类生存和发展的重要抓手，收入和财富是决定国民主观幸福感的重要影响因素。基于马克思的观点，物质资料的生产是人类存在和社会发展的前提，生存需要是人生存和发展的基本需要。在国民幸福感的研究中，经济状况主要呈现国民幸福感的差异化指标:包括地区富裕程度、居民收入情况、居民消费情况、居民收入差距情况等(黎昕，2010)。衡量国民幸福感的主要经济因素指标如表16—1所示。

表16—1　　国民幸福感的经济因素

指标	性质	定义
人均 GDP	客观	一国或地区计算期内(以公历年份做单位)实现的国内生产总值与该单位常住人口(使用户籍人口登记)的比值
城镇居民人均可支配收入	客观	城镇居民家庭单位在个人所得税、财产税及其他经常性转移支出后结余的人均实际收入
农民人均纯收入	客观	农民人均多样收入来源综合(实物按市价折算)扣除各项必要性生产支出后的收入
居民消费价格指数(CPI)	客观	一定时期内城乡国民所消费的生活必需品价格和服务项目价格变动的走势和程度的相对指标
房价收入比	客观	城镇住房价格与城市国民家庭年收入之比
城乡居民收入比	客观	城镇居民可支配收入与农民人均纯收入之比
收入状况满意度	主观	人们对经济收入的主观综合评价指标

2. 社会因素是提升国民幸福感的制度保障

幸福取决于多种因素的合力，社会因素在提升国民幸福感过程中也发挥举足轻重的作用。福利不仅从安全生理需要的角度充实了服务内容，而且还较为广泛地确保了民众所需的心理安全感。衡量国民幸福感社会因素的指标如表16—2所示。

表 16－2　　国民幸福感的社会因素

指标	定义	要点
15 岁以上人口平均受教育年限(年)	15 岁以上国民平均接受教育的时长	用于反映地区人口的文化教育程度,衡量地区教育事业发展的水平
科教文卫体等五项经费投入占财政支出的比例(%)	科、教、文、卫、体等基本公共服务的支持经费占政府财政总支出的比例	用于反映地区科教文卫体事业的投入发展状况
全口径社会保障支出占 GDP 的比例(%)	通过税收、个人缴费、筹集资金等方面用于就业和社会保障的支出占 GDP 的比重	用于衡量地区社会保障发展的总体水平,反映社会保障水平的变化情况
保障性住房占地区住宅总量的比例(%)	经济适用房、公共租赁房、廉租房等具有保障性质的住宅占地区住宅总量的比例	用于衡量地区人民住房保障的总体水平,反映保障性住宅服务居民能力的变动

3. 家庭因素是提升国民幸福感的支撑力量

中国传统文化始终强调"和和相亲",注重家庭和人际在人基本心理需求方面的作用。家庭因素是提升国民幸福感的支撑力量。影响国民幸福感的家庭因素指标包括:家庭稳定状况、家庭经济富裕程度、家庭负担状况、家庭居住状况等。衡量国民幸福感家庭因素的指标如表 16－3 所示。

表 16－3　　国民幸福感的家庭因素

指标	定义	要点
城镇居民恩格尔系数(%)	城镇居住人口为基础计算的平均每人享有的住宅建筑面积	衡量城镇居民住房水平,居民居住条件的变动状况
农村居民恩格尔系数(%)	农村国民食品支出总额占农村国民个人消费支出总额的比重	衡量农村家庭经济富裕程度,农村居民生活水平的变动
城镇家庭负担比	城镇平均每户家庭人口与平均每户就业人口之比	用于衡量城镇家庭就业人口的负担状况
农村家庭负担比	农村平均每户家庭人口与平均每户劳动力人口之比	衡量农村家庭劳动力人口的负担状况

4. 生态文明建设是提升国民幸福感的重要环节

在改造世界的过程中,人类积累了丰富的物质资料和生产经验,但也对自然资源进行了大量占有和使用,造成了生态环境被破坏,包括大气污染、水污染、物种灭绝、全球变暖等。随着经济发展进程的推进,我们要更加强调对资源与环境的保护,因此生态文明建设成为提升国民幸福感的重要环节。衡量国民幸福感

生态环境因素的指标如表 16－4 所示:

表 16－4　　国民幸福感的生态环境因素

指标	定义	要点
森林覆盖率(%)	一国家或地区森林面积占土地面积的百分比	反映地区森林面积占有情况或森林资源丰硕程度
单位 GDP 能耗(吨标准煤/万元)	每产出万元国内生产总值所消耗的能源	用于衡量地区能源的使用效率与资源"减量化"使用水平
人均公园绿地面积(平方米)	平均每人拥有的公园绿地面积	反映城乡居民享有的公园绿化设施条件
城镇污水集中处理率(%)	通过污水处理厂处理的污水量与污水排放总量的比率	衡量地区城镇污水达标处理的程度
城镇生活垃圾无害化处理率(%)	生活垃圾无害化处理量与生活垃圾产生量之间的比值	用于衡量城镇生活垃圾无害化处理的程度

5. 国民自我价值实现是提升国民幸福感的内在动力

国民个人价值是国民幸福感产生的最终动力。个人因素可主要区分为健康状况和职业状况。健康状况主要是从人的生理健康情况、心理健康情况出发,综合评估国民的健康水平,包括人均预期寿命、精神障碍发病率等指标;职业状况是从另一个维度反应国民自我价值实现的可能性和水平,由就业水平和收入水平呈现。衡量国民幸福感自我价值实现(个人状况)因素的指标如表 16－5 所示。

表 16－5　　国民幸福感的个人状况因素

指标	定义	要点
人均预期寿命(岁)	新出生人口平均且预期可存活的年数	用于衡量社会经济发展水平及医疗卫生服务水平
精神障碍发病率	一定人群中精神障碍疾病病例出现的频率与频数	衡量地区居民精神卫生水平的重要指标
城镇登记失业率(%)	登记失业人员与单位从业人员、单位中的不在岗职工等人员之和的比值	用于衡量城镇居民失业状况
人均收入比	人均职工工资其最高行业与最低行业的工资比率	地区行业职工工资收入的差距状况

(三)国民幸福感影响因素的互动传导机制

综观古今中外已有文献,幸福感研究主要围绕"主观幸福感"的效应和因素展开。此外，对国民幸福感互动传导机制的研究也是重要研究方向。本章旨在综合考虑国民幸福感的各个影响因素，从宏观层面的经济发展、微观层面的个人主观幸福感两个层面切入，构建幸福感相关影响因素的互动传导机制，进而剖析微观个体幸福感与宏观经济发展的互动关系。

1. 国民幸福感的微观视角——主观个人幸福感

美国社会心理学家马斯洛(Maslow)提出的需求层次理论为微观层面的国民幸福感(主观个人幸福感)分析提供了借鉴。需求层次理论认为:"幸福是人的物质需要、情感需要与精神需要得到满足的心理感受。"人的需要依次为生理需要—安全需要—社交需要—尊重需要—自我价值实现需要。

生理需要从人最基础的生存和健康问题出发，可以综合表现在国民幸福感的个人状况、经济因素当中。安全需要是从人保护自身和亲人的角度出发，对稳定性的满足需要，可以综合表现在个人状况、社会因素当中。社交需要是指人在社会当中充当社会人角色，和他人交往过程中获得的满足感，是幸福感层次的逐步实现过程，表现在个人因素、家庭因素、经济因素、社会因素之中。尊重需要是从个体精神层面入手，通过教育背景、社会地位、经济收入等角度获得他人认可的满足感，体现在经济因素、家庭因素、社会因素、个人生活中。自我价值实现的需要是国民幸福感的最终体现，是所有因素在自我认同感、他人认同感、社会认同感、世界认同感的集合。

2. 国民幸福感的宏观视角——经济发展水平

国内生产总值(GDP)、消费者价格指数(CPI)、人均收入、基尼系数等传统宏观经济指标可用于考察一国经济发展状况，进而间接联动反映当代国民总体的幸福水平(刘向东，陶涛，2012)。

3. 国民幸福感的互动传导机制

构建国民幸福感从宏观到微观的互动传导机制，离不开中观层面的传导渠道。本章将基于国家"五位一体"战略来构建互动传导机制。"五位一体"战略即"全面推进经济建设、政治建设、文化建设、社会建设、生态文明建设"。经济建设依托基础设施和普惠金融等，政治建设依靠制度设计，文化建设来源于科技创新，社会建设完善于社会治理建设，生态文明建设依托于环境治理等方面。

如图16—1所示，外围圈层和核心层的经济基础二者相互联系，是宏观层面建立国民幸福水平的关键因素；内部圈层五个需要，从人的需求出发，是微观个体层面主观幸福感的具体呈现。从宏观发展角度看，经济基础、社会文化、生态环境、个人状况、家庭因素环环相连，呈现经济发展的核心——以人为本。通过不同社会政策和工具的作用，促进个体幸福感的实现与提升。以此形成从“宏观渠道到微观幸福感”的动态联系。

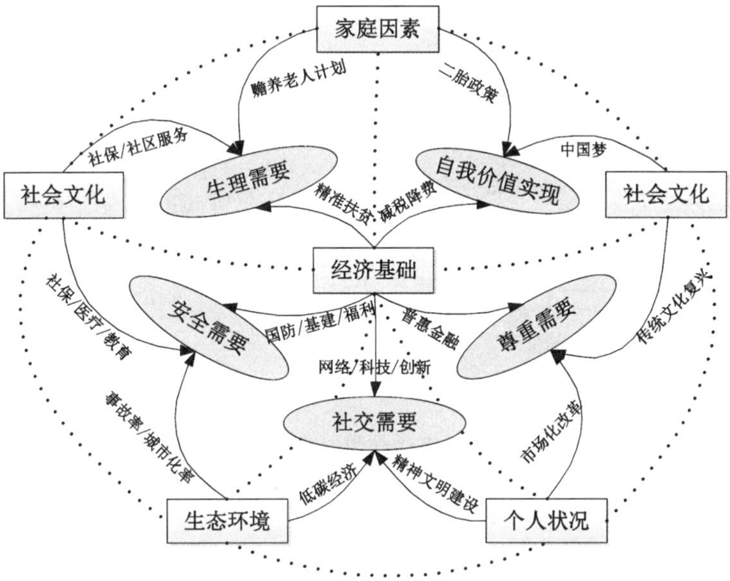

图 16－1　国民幸福感宏微观指标传导机制

生理幸福感的传导机制如图 16－2 所示，主要体现在身体健康和心理健康的双赢局面，需要通过微观层次的家庭建设、中观层次的文化建设、宏观层次的社会保障等角度共同发力。

安全幸福感传导机制如图 16－3 所示，主要表现在可持续发展的动力和稳定生活的状态。从微观层面看，良好的绿化环境、优质的污染处理体系、有保障的生活品质是幸福感的重要来源，需要国家国防、治安管理、科技创新等多维度的助力。

社交幸福感传导机制如图 16－4 所示。社交幸福感需要生态环境治理、科技兴国战略、社会风气培养等多方面力量共同推进。创新型国家建设、生态文明强战略、讲文明树新风的倡导理念都有助于提升社交幸福感。

被尊重幸福感的传导机制如图 16－5 所示。主要可分解为经济基础、社会文化、公平待遇、礼貌社会、良好文化、更优的激励机制等因素。

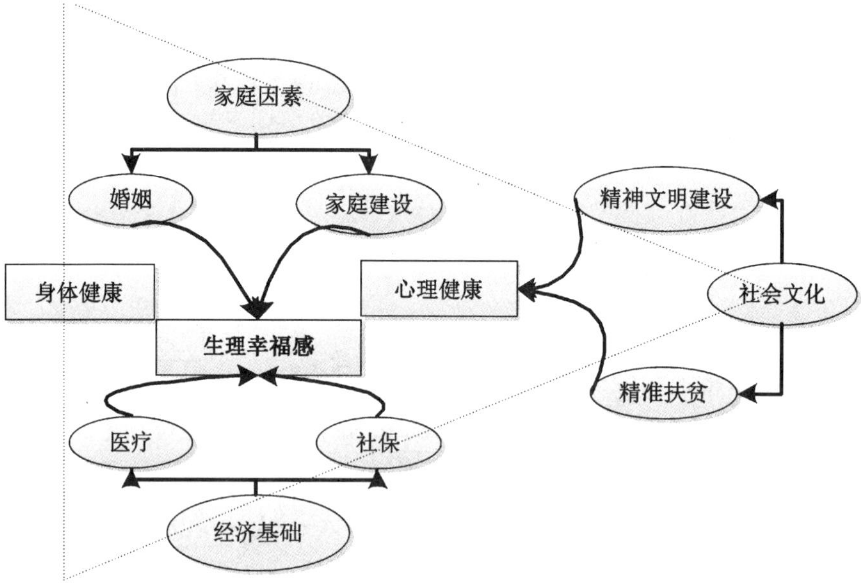

图 16—2　生理幸福感的传导机制

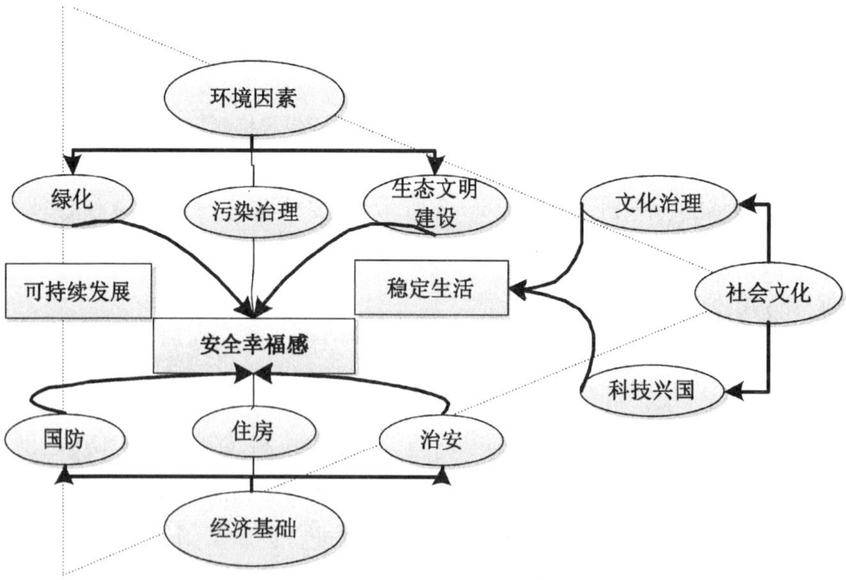

图 16—3　安全幸福感的传导机制

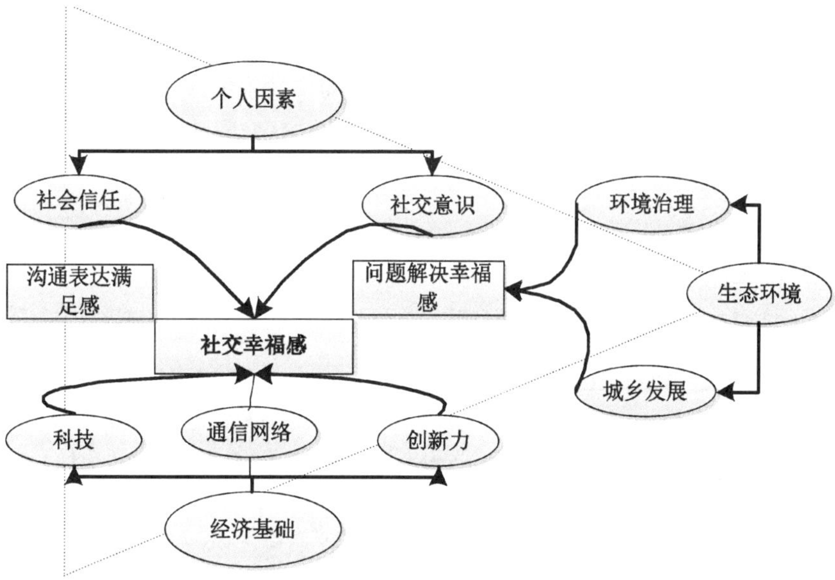

图 16－4　社交幸福感的传导机制

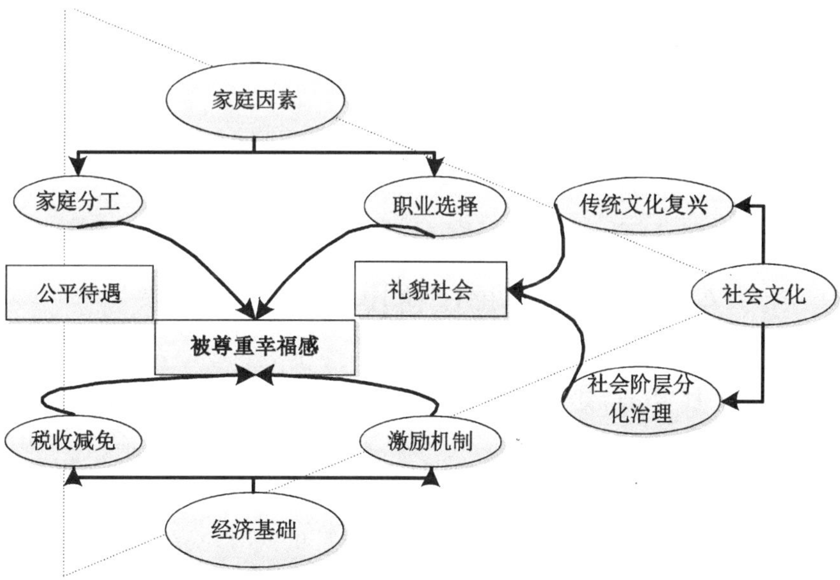

图 16－5　被尊重幸福感的传导机制

自我价值实现幸福感的传导机制如图 16—6 所示。自我价值实现是幸福感的最高层次，强调了自我梦想实现和社会价值实现的双重统一。在当前，将“我的梦”与“中国梦”结合起来，是对自我梦想实现和社会价值实现的最好诠释。经济基础、就业环境、社会文化、个人因素、教育水平，都会影响自我价值实现的程度。

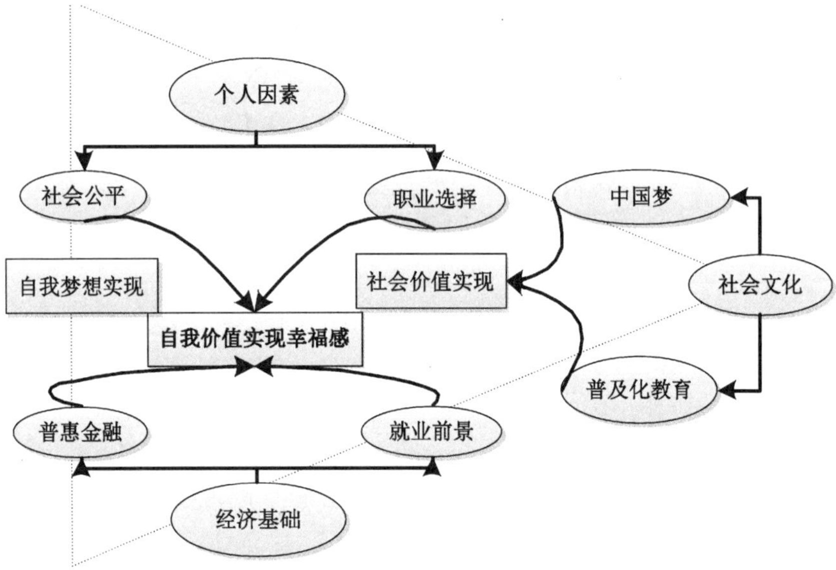

图 16—6　自我价值实现幸福感的传导机制

第二节　解码经国济民与国民幸福感

1978 年 12 月 18 日，党的十一届三中全会开启了我国改革开放和社会主义现代化建设的伟大征程。改革开放 40 年以来，我国国内生产总值由3 679亿元增长到 2017 年的 82.7 万亿元，年均实际增长 9.5%，占世界生产总值的比重由 1.8%上升到 15.2%。在经济发展创造“中国奇迹”的同时，我国不断改善人民生活、增进人民福祉。总体说来，我国国民幸福感不断提升。可以说，改革开放四十年，我国宏观经济发展与国民幸福感同步提升，生动阐释了“经国济民与国民幸福感”相互促进、良性循环的动态关系。

本节基于来自国家统计局、CGSS(Chinese General Social Survey,中国综合社会调查)数据库的数据,运用回归分析等实证分析方法,从宏观层面分析基于社会发展的国民幸福感提升路径,从微观层面剖析幸福感提升程度和面临的挑战。

一、社会发展的卓越成就——幸福感提升的宏观表征

国民幸福感提升的宏观表征主要聚焦于国家改革开始四十年取得的发展成就,不仅表现在GDP、GNI水平的持续增长、贫困化率的稳定下降,也表现在国家投资实力、社保水平、生态治理水平的全面提升;还表现在人民生活水平的稳步提升、贫富差距的有效控制、国民受教育程度和就业水平的提升。

具体表现为以下五个方面。第一,蛋糕做大——国民幸福感提升的宏观基础;第二,贫困率降低、城市化率提升——确保安全幸福感;第三,社保水平提升、生态治理能力加强——提升生活质量幸福感;第四,人们生活水平提高、消费质量提高——实现国民被尊重的需要;第五,教育率和教育质量提升、就业结构调整——实现自我价值的幸福感。

二、国民幸福感的描述性统计概述

近年来,对我国国民幸福感的研究逐渐增多,这不仅得益于主观幸福感度量技术的迅速突破,也得益于幸福感分析维度的不断充实。

(一)2005~2015年幸福感的基本情况

我国2010~2015年幸福感的基本情况如图16-7所示,CGSS显示:2010~2015年间,有59.88%的公民感觉生活“幸福”,该数据比CGSS十年前的数据42.4%具有显著的提升;同时,认为“很幸福”的公民占比17.78%,比前十年调查的10.6%也增长近80%。除此以外,有14.64%的公民感觉“一般”,有7.54%的公民感生活“不幸福”或“很不幸福”。此外,该调查周期中,居民的幸福感分数均值为3.85分(满分为5分),比前一调查周期3.5分高约0.35分。可见,无论是从幸福感的分布还是分值来看,国民感觉“幸福”的比例都显著超过半数;并且最新调查周期的“幸福感”相比上一周期有较明显提升。

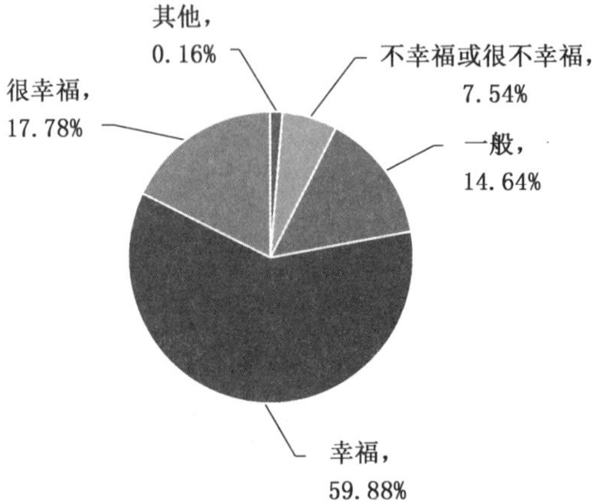

图 16—7　国民幸福感总体分布

(二)国民幸福感的变化趋势

图 16—8 和图 16—9 分别表示“2003～2010 年度幸福感、均值变化趋势”“2010～2015 年度幸福感、均值变化趋势”。

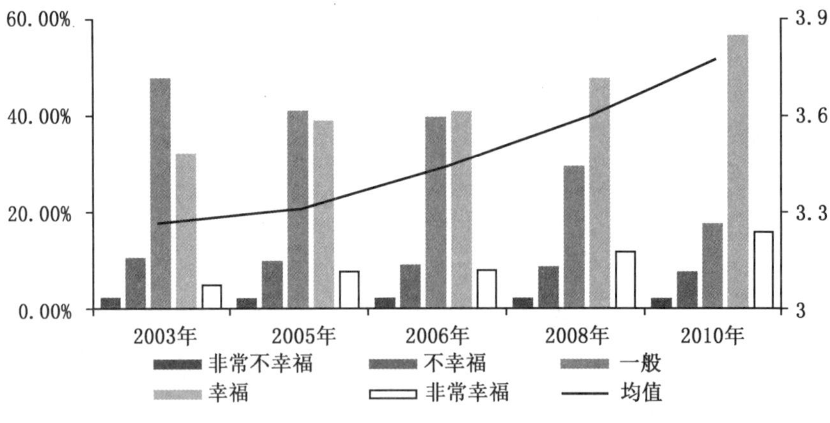

图 16—8　2003～2010 年度幸福感、均值变化趋势

由图 16—8 可知：2003～2010 年这一时间区间的变化更加剧烈，尤其是回答“幸福”的人群从 2003 年的 32.2%上升到 2010 年的 56.6%；回答“非常幸福”的人群从 2003 年的 5.1%上升到 2010 年的 16%；回答“一般”的人群变化最大，从 2003 年的 49.8%下降到 2010 的 17.7%。这一时间区间的上述变化充分反映

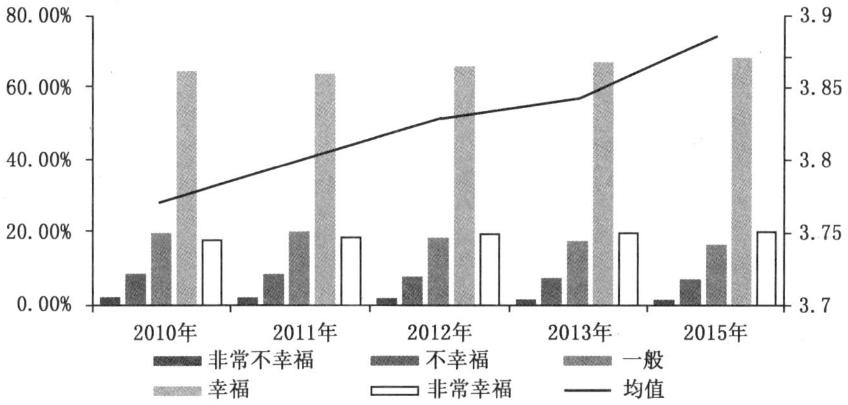

图 16—9 2010～2015 年度幸福感、均值变化趋势

发展质量的显著提升、以及经济质量提升带来国民幸福感的提升。

由图 16—9 可知,2010～2015 年变化不如前一阶段迅猛,其中“幸福”人群和“非常幸福”人群显著扩大,“不幸福”人群继续缩减,变化最大的还是“感觉一般”人群。其中“非常幸福”人群扩大到 17.94%,是 2003 年的 3.3 倍;与此同时,“感觉一般”人群缩减到 14.64%,是 2003 年的 30%。

通过图 16—8、图 16—9 的对比可知:随着经济稳步发展、经济质量提升,在宏观经济情况更好的第二阶段(2010～2015 年),国民幸福感也相对更好。从动态视角说明了经国济民有利于提升国民幸福感。

(三)国民幸福感的群体结构

2003～2010 年度、2010～2015 年度两个阶段的中国国民幸福感调查,都反映了国民幸福感逐步提升的过程,但图 16—8 和图 16—9 还没有区分各种群体的差异,从而没有反映出幸福感变化是受哪些变量影响、以及不同变量的具体贡献。为回答以上问题,我们需要进一步进行群体结构分析。利用二值选择模型,我们把“幸福”和“非常幸福”整合为“国民幸福感强”群体(简称“幸福”群体),将剩下的群体整合为“国民幸福感不强”群体(简称“不幸福”群体)。

表 16—6 描述了 2010～2015 年我国国民幸福感在不同群组中的占比情况。具体从地理位置维度、民族维度、婚姻维度、政治维度、收入维度等角度进行了占比分析。

例如,从收入维度看,幸福与否的区分度最大,2015 年高收入人群的“幸福”

人群占比 86.13%，低收入人群的“幸福”人群占比低接近 10%；从各年的动态变化看，高收入人群的“幸福”人群 2015 年略有下降（这也许反映了“幸福感”不是与收入呈简单的线性关系，是一个受多因素综合影响的变量），其他收入人群的“幸福”人群有较大提升，特别是低收入人群（2010 年低收入人群的“幸福”人群占比只有 62.89%，至 2015 年已有 76.89%，增长 14%）。

表 16－6　　国民幸福感在不同群组中的占比分析　　单位：%

	幸福					不幸福				
地理位置维度	2010 年	2011 年	2012 年	2013 年	2015 年	2010 年	2011 年	2012 年	2013 年	2015 年
乡村	66.75	68.89	70.85	72.89	73.38	33.25	31.11	29.15	27.11	21.62
城市	70.89	72.58	74.89	75.23	76.62	29.11	27.42	25.11	24.77	23.38
民族维度										
汉族	75.89	76.1	76.58	76.56	77.91	24.11	23.9	23.42	23.44	22.09
非汉族	72.89	73.85	73.25	73.78	74.71	27.11	26.15	26.75	26.22	25.29
婚姻维度										
未婚	74.2	73.8	74.8	76.5	76.8	25.8	26.2	25.2	23.5	23.2
结婚	78.23	78.96	79.52	78.89	77.93	21.77	21.04	20.48	21.11	21.07
丧偶或离异	74.85	74.56	74.89	75.23	76.54	25.15	25.44	25.11	24.77	23.46
政治维度										
党员	78.23	79.56	80.12	81.56	82.33	21.77	20.44	19.88	18.44	17.67
非党员	72.91	74.23	75.89	76.23	77.12	27.09	25.77	24.11	23.77	23.88
年龄维度										
青年	68.82	71.58	75.28	78.59	80.22	31.18	28.42	24.72	21.41	19.78
中年	73.21	74.82	76.58	77.69	79.96	26.79	25.18	23.42	22.31	20.04
老年	70.89	72.89	74.89	78.25	78.34	29.11	27.11	25.11	21.75	21.66
年龄维度										
低收入	62.89	68.69	71.88	74.52	76.89	37.11	31.31	28.12	25.48	23.01
中等收入	76.51	78.45	80.25	81.89	83.59	23.49	21.55	19.75	18.11	16.41
高收入	82.12	84.7	85.89	87.89	86.13	17.88	15.30	14.11	12.11	14.87

又如，从政治维度看，政治面貌对幸福感的影响比较显著。2015 年，党员人群中的“幸福”人群占比为 82.33%，比非党员人群中的“幸福”人群占比高 5%；从动态变化看，2010～2015 年，无论是党员人群、还是非党员人群，近年来“幸福”人群占比逐年提升。

三、国民幸福感影响机制的实证研究

本部分以中国社会综合调查(CGSS)数据为基础,结合已有调查数据的综合分析,选择2005年和2015年的数据进行对比。

(一)模型假设与数据

数据主要来源是中国社会综合调查(CGSS)提供的包括幸福感测度在内的微观数据。该数据库自2003年开始,从社会调查的角度入手,精准调查国民生活状况的第一手数据。调查分为两个阶段,分别为2003～2008年和2010～2019年。其中2003年开始的调查跨越2003～2010年。在本章选择2005年、2015年的两个对比年份中:2005年样本由来自28省的10 372个个体组成;2015年样本由来自28省的10 968个个体组成。

1. 被解释变量

根据已有文献对幸福感的解释,采用五等分的形式测量回答心理主观幸福感(Likert,2000),可以视作"主观幸福感"较为准确的表达方式。本部分所引用的两年数据,幸福感的程度分割均是从1～5定序存在的。

2. 解释变量

结合已有研究,将收入分配过程进行二次分割,从直接获取的上年收入、社会保险在二次收入分配的角度分别回归;选取从调查问卷所提取的对收入分配的主观看法反映微观主体的直接感受,同时将个体所在省的城乡收入分配差距和地区收入分配差距纳入考察(倪志良,2016),结合以宏观经济因素的控制,解释变量涵盖从微观主体公平感受、中观层面的客观公平衡量、再到宏观层面的经济水平等维度,从而剖析经济发展、收入分配对主观幸福感的影响机制。

(1)经济质量的直接变量——经济发展水平

选取人均GDP、省际CPI表示个体所在地区基本的发展质量。人均GDP较为真实地反映各地区经济实力;CPI代表各地不同的通货膨胀水平,本文以2005年、2015年两年截面数据进行实证分析。

假设一:经济发展质量水平是国民幸福感的基础因素。

(2)收入分配的中观变量——分省分地区的收入分配差距

综观已有相关研究,Hagerty(2000)、Graham(2006)、Takashi Oshio

(2010)、Sujarwoto(2015)等学者在研究收入不平等(贫富差距)对幸福感的影响研究中常常使用基尼系数、泰尔指数、人口加权变异系数来衡量不同地区和不同人口之间的收入差距,本章测算省际泰尔指数(*theil*)以及人口加权变异系数(V),以反映城乡收入差距、地区收入差距。

$$theil=\sum_{j=1}^{2}\left[\left(\frac{Y_{ij}}{Y_i}\right)\times ln\left(\frac{Y_{ij}}{Y_i}/\frac{N_{ij}}{N_i}\right)\right]v=\frac{1}{K}\sqrt{(K_i-K)^2\times\frac{N_i}{N}}$$

其中,$i=1\cdots\cdots31$ 代表 31 个省域,$j=1,2$ 代表城镇或农村;Y_{ij} 为该省份中不同类型地区的总收入,Y_i 为该省份收入,K_i 为省际人均 GDP,K 为全国人均 GDP,N_{ij} 为 i 省不同地区的总人口,N_i 为省际人口数,N 为全国人口数。

假设二:城乡收入差距、地区收入差异以“隧道效应”影响幸福感。

(3)收入不公平感的微观变量——绝对收入、相对收入、社会地位

综合学者在试图解释“Easterlin 悖论”时提出的“个体绝对收入水平与幸福感呈现库茨涅兹曲线的倒 U 形”的假设,本章选取绝对收入变量时加入了绝对收入二次计算项,以试图反映收入与幸福感之间的“倒 U 形”关系(赵新宇,2013)。

从“不患寡而患不均、更患不公”的角度,引入收入不公平感(CGSS),通过个体自身对收入分配的评价,表征相对收入的多寡,进而作为社会分配不均的微观维度。同时,引入社会地位的自身评价指数进行补充,以反映微观个体对不公平感的评价。

假设三:地位不均、收入不公会与绝对收入多寡共同影响幸福感。

(4)社会福利提供的公平性表征——社会医疗、养老保险

2015 年我国城镇职工基本医疗保险,城镇居民基本医疗保险、新型农村合作医疗政策范围内住院医疗费用报销比例分别达 80%以上、70%以上和 75%左右;同时 2015 年全国城镇退休人口月养老金超过2 200元/月,农村地区的新农保仅 110 元/月[①],城乡差距较大。通过引入基本医疗保险、基本养老保险,以测度社会保险所反映的社会福利水平。

假设四:社会保险和收入不公平感共同作用于幸福感。

幸福感研究的变量选取与解释如表 16—7 所示。

① 根据中国社科院 2015 年《社会蓝皮书》得出。

表 16—7　　幸福感研究的变量选取与解释

变量	变量名称	2005 年变量选取	2015 年变量选取	调整及备注
幸福感	Wellbeing	总体而言,你对自己所过的生活的感觉是怎么样的呢? 非常不幸福 1　不幸福 2 一般 3　幸福 4 非常幸福 5	总的来说,你觉得你的生活是否幸福? 非常不幸福 1　比较不幸福 2 说不上幸福不幸福 3 比较幸福 4　非常幸福 5	国民幸福感总表征 刻度一致
宏观一经济发展水平				
人均 GDP	Rgdp	分省人均国民生产总值	分省人均国民生产总值	经济发展水平
通货膨胀率	Inf—def	分省 CPI 指数	分省 CPI 指数	经济物价指数
中观一收入分配差距				
城乡收入差距	Theil	分省泰尔指数	分省泰尔指数	城乡收入分配
地区收入差距	Val	人口加权变异系数	人口加权变异系数	地区收入分配
微观一主客观收入水平				
个体收入差距	Attitude	考虑到你的能力和工作状况,你认为你目前的收入是否合理呢? 完全合理 1 合理 2 不合理 3 非常不合理 4	考虑到你的能力和工作状况,你认为你目前的收入是否合理呢? 完全合理 1 合理 2 不合理 3 非常不合理 4	微观主体的收入公平感
绝对收入水平	Income	你个人去年全年的总收入是多少?(记录具体数字,并高位补零)	你个人去年(2014)全年的总收入是多少?	绝对收入的表征
相对收入水平	Status	与同龄人相比,你认为你本人的社会经济地位是? 较高 1　差不多 2 较低 3　不好说 4	与同龄人相比,你认为你本人的社会经济地位是? 较高 1　差不多 2 较低 3	
收入二次分配一基本社会福利				
基本医疗保险	Medical	你单位/公司是否为你提供基本医疗保险和补贴呢? 提供 1　不提供 2	你目前是否参加了城市基本医疗保险? 参加 1　不参加 2	
基本养老保险	Pension	你单位/公司是否为你提供基本养老保险和补贴呢? 提供 1　不提供 2	你目前是否参加了城市/农村基本养老保险? 参加 1　不参加 2	

续表

变量	变量名称	2005 年变量选取	2015 年变量选取	调整及备注
控制变量——健康	Health	总的来说，你认为你上个月的健康状况是怎样的呢？ 非常好.1　很好. 2 好. 3　一般 4　不好 5 非常不好 6	你觉得你目前的身体健康状况是： 很不健康 1 比较不健康 2　一般 3 比较健康 4　很健康 5	该项刻度相反
控制变量——教育	Education	你目前的最高教育程度是？ 大专以上学历 1 无大专以上学历 0	你目前的最高教育程度是？ 大专以上学历 1 无大专以上学历 0	刻度调整统一
其他控制变量	Xi	非党员 0　党员 1 城市户口 1 农村户口 2 男 1　女 0　已婚 1 其他 0	非党员 0　党员 1 城市户口 1 农村户口 2 男 1　女 0 已婚 1　其他 0	
解决内生性问题引入的变量				
工作满意度 & 主观态度可信度	Effect	总的来说，你对自己目前(或最后一次)工作的满意程度是怎样的呢？ 非常不满意 1 不满意 2　一般 3 满意 4　非常满意 5	根据你的一般印象，你对一些重要事情所持的观点和看法与社会大众一致的时候有多少呢？ 一致的时候非常少 1 一致的时候比较少 2 一般 3 一致的时候比较多 4 一致的时候非常多 5	根据问题调整设置
阶层认同	Status — Sub	各省样本的收入分层 1～5 级	你认为你自己目前在哪个等级上？　1～10 级	

(二)数据描述性统计

2005 年与 2015 年各项指标的对比反映出：幸福感均值从 3.46 提升到 3.87，该结论与前文分析近十年幸福感的结构变化是一致的。从“宏观经济”到“地区差异”来看，随着改革开放进程的推进与经济持续健康发展，我国各地区人均 GDP 较快增长、城乡收入差距有所降低、CPI 增长相对较小。从调查个体对“自身收入层级”和“社会保障拥有情况”的分析可以看出：十年间社会福利保障和普及工作稳步推进，反映出社会保障实力显著提升；同时，不公平感均值从 2.73 下降到 2.34，下降幅度大于自身对社会地位均值的评价，反映出经济发展状况改善的同时,社会公平公正水平也不断提升,显著改善了人们对自身在社会地位的评价结果。从控制变量的统计情形反映出明显的变化特征,即个体受教育水平显著提升、个体健康指标也有所进步。

(三)基本回归结果

在确定不同层次的代表性变量——经济发展水平、客观收入差距、主观收入评价、社会福利供给,通过嵌套模型、分层次、添加交叉项等方法,利用 Ordered Probit、Ordered logit 模型分别进行回归,并且考虑到组内可能存在的自相关,采用聚类稳健的标准误差进行估计。同时,基于对"概率比"(Odds Ratio)的分析后,决定采用 Ordered Logit 进行实证分析。Ordered Logit 模型回归的主要结果如表 16—8 所示。

表 16—8　Ordered Logit 模型 回归结果及部分 Odds ratio 值(%)

被解释变量	(1)	(2)	(3)	(4)	(5)	(6)	(7)	(8)
人均 GDP	0.000*** (0.000)	0.000*** (0.000)	0.000*** (0.000)	0.000*** (0.000)	0.000*** (0.000)	0.000*** (0.000)	0.000*** (0.000)	0.000*** (0.000)
省际 CPI	−0.396*** (0.067)	−0.33*** (0.069)	−0.390*** (0.069)	−0.417*** (0.067)	−0.33*** (0.067)	−0.33*** (0.067)	−0.32*** (0.067)	−0.37*** (0.067)
城乡差距		5.22*** (1.09)						
城乡差距平方		−12.39** (2.42)						
地区差距			1.34 (1.40)					
地区差距平方			−8.40 (8.88)					
上年绝对收入				0.001*** (0.000)	0.001*** (0.000)	0.001*** (0.000)	0.001*** (0.000)	0.001*** (0.000)
绝对平方收入				−0.000*** (0.000)	−0.000*** (0.000)	−0.000*** (0.000)	0.000*** (0.000)	0.000*** (0.000)
不公平感(公平 1 不公平 2 3)					−4.68%*** (0.038)	−4.68%*** (0.038)	−4.68%*** (0.038)	−4.68%*** (0.052)
社会地位(高 1 低 2 3)						−8.56%*** (0.028)	−8.56%*** (0.028)	−8.56%*** (0.031)
医疗保险(有 1 无 2)							−0.057 (0.052)	
养老保险(有 1 无 2)							−4.89%* (0.033)	
不公平感*医疗保险								−0.016* (0.021)
不公平感*养老保险								−0.042*** (0.013)
年龄	−0.081*** (0.008)	−0.081*** (0.008)	−0.081*** (0.008)	−0.083*** (0.008)	−0.058*** (0.008)	−0.056*** (0.008)	−0.057*** (0.008)	−0.072*** (0.008)

续表

被解释变量	(1)	(2)	(3)	(4)	(5)	(6)	(7)	(8)
年龄二次项	0.0008*** (0.000)	0.0008*** (0.000)	0.0008*** (0.000)	0.0008*** (0.000)	0.0008*** (0.000)	0.0008*** (0.000)	0.0007*** (0.000)	0.0007*** (0.000)
户籍(城市1 农村2)	−0.11 (0.045)	−0.006 (0.045)	−0.005 (0.046)	0.029 (0.046)	0.059 (0.046)	0.073 (0.046)	0.075* (0.046)	0.016 (0.046)
性别(男1 女2)	−0.13*** (0.041)	−0.12*** (0.041)	−0.13*** (0.041)	−0.17*** (0.042)	−0.23*** (0.042)	−0.24*** (0.042)	−0.24*** (0.042)	−0.17*** (0.042)
婚姻(未婚0 已婚1)	0.64*** (0.05)	0.64*** (0.056)	0.64*** (0.05)	0.63*** (0.06)	0.61*** (0.057)	0.59*** (0.057)	0.59*** (0.057)	0.59*** (0.057)
高学历(是高等学历1不是0)	0.13*** (0.035)	0.13*** (0.035)	0.13*** (0.035)	0.11*** (0.035)	0.13*** (0.035)	0.13*** (0.035)	0.12*** (0.035)	0.11*** (0.034)
政治面貌(党员1,非党员0)	0.10*** (0.036)	0.10*** (0.036)	0.10*** (0.036)	0.096*** (0.036)	0.081** (0.036)	0.073* (0.037)	0.073** (0.037)	0.094** (0.037)
U1	−49.21	−42.10	−48.50	−51.72	−41.41	−42.10	−41.92	−48.92
U2	−45.50	−38.40	−44.79	−47.56	−37.68	−38.37	−38.19	−45.20
U3	−43.70	−36.60	−42.98	−45.76	−35.82	−36.50	−36.32	−43.30
U4	−42.42	−35.31	−41.71	−44.47	−34.46	−35.13	−34.94	−42.04
U5	−39.54	−32.43	−38.83	−41.59	−31.37	−32.10	−31.82	−39.04
Log likelihood	−10 125.17	−10 111.72	−10 124.68	−10 099.74	−9 691.33	−9 637.95	−9 630.126	−9 864.14
伪 R^2	0.015	0.016	0.015	0.017	0.057	0.062	−0.063	0.064
观察数	9 174	9 174	9 174	9 174	9 174	9 174	9 174	9 174

注：***、**、*分别表示在1%、5%和10%的统计显著性水平下显著。括号内为系数估计的稳健标准误差；表中带有%的数值是通过优比转换的 Odds Ratio 值，表示自变量变化一单位，因变量变化的可能性。

(四)实证分析的政策含义

1. 宏观经济发展是实现“幸福感”的基石

通过系数转换计算，人均 GDP 的 Odds Ratio＝100%，因此人均 GDP 水平的提升可以百分百地提升幸福感，因此该变量也作为除(1)模型以外其他模型的控制变量。省际 CPI 水平的提升，是导致国民生活压力增大的不利因素，也会对幸福感造成一定阻碍。

2. 收入水平的客观差异是影响“幸福隧道”的双刃剑

在模型中加入“收入水平”指标的二次项后，通过指标计算，最高点等于0.211：代表城乡收入差距的 Theil 指数不仅通过1%的检验，并且在0.211的指数处进行划分，在该指数之前形成明确的“正向隧道效应”，城乡收入水平差异形成温和的预期刺激，进一步影响人们预期实现的行为，从而实现幸福感；但超过该数值后，“负向隧道效应”更为显著，收入差异在一定程度引起“相对剥夺感”，从而影响人们追求幸福的动力。

3. 相对不公平与社会地位的悲观评价显著降低幸福感

模型(4)加入受访者上一年绝对收入及其平方项、模型(5)加入“主观不公平”指数、模型(6)加入表观“不公平”指标,自评社会地位指标,逐步反映主观收入差距对幸福感的影响。通过上述模型的实证分析,主要结论如下:首先,绝对收入对幸福感的影响同隧道效应,二者呈现倒U形关系。其次,通过概率比转化计算,相对收入——“不公平感”提升一个单位,幸福感获得的概率下降4.69%。再次,主观社会地位的评价也产生负面效应,模型(5)、(6)均在1%的水平上显著,“不公平感”和“自感社会地位”的降低共同影响幸福感,使“获得幸福感”的概率下降8.56%。

4. 养老保险是影响幸福感更为显著的变量

模型(7)加入养老保险和医疗保险项,模型(8)加入该两选项与收入不公平感的交互项。其中2015年的实证分析表明:当年仅“养老保险”对幸福感的影响通过检验,在10%的水平下显著,即没有养老保险造成幸福感获得的概率降低4.89%,社会保险的缺位带给受访者安全感的负面影响,进而影响幸福感。从交互效应看,社会保险的缺失和不公平也造成收入不公平对幸福感的影响。回归系数−0.016和−0.042分别在10%和1%水平上显著,反映社会保险作为社会公平性提升具有“稳定器”的重要作用。

5. 控制变量的回归效果良好,符合一般规律

模型(8)中,年龄一次项的回归系数为负,二次项为正,且均显著,年龄与幸福感呈现的U形关系得到验证。此外,模型对学历、党员身份等变量也进行了较好的个体效应控制。

第三节　以经国济民提升国民幸福感的路径

近年来,国民幸福感及影响机制成为日益受到关注的重要问题,“以人民为中心”的理念进一步阐释了经国济民发展的根本目标之一是“让人民生活更幸福”。本章对“经国济民如何提升幸福感”这一问题进行了分析。

一、简单结论

第一,改革开放四十年以来,我国在经济实现持续健康发展的同时,国民幸

福感总体也在同步提升,其背后存在一种从宏观经济健康发展到微观个体幸福感提升的传导机制。

第二,本章从幸福感宏观、中观、微观的代表性变量入手,分析确定幸福感传导机制,明确伴随社会发展中关于生理幸福感、安全幸福感、社交幸福感、被尊重幸福感、自我价值实现幸福感的传导问题。

第三,聚焦我国改革四十周年的发展历程,剖析经济发展成果与人民幸福感提升的关系。从经验和实证两个角度印证了幸福感的影响机制,并通过实证模型对不同因素的影响进行了评估。在实证模型中,通过使用 Logistic 方法逐步回归,聚焦宏、中、微三个层次的经济发展角度,剖析对幸福感提升具有显著作用的变量,进而建立幸福感的影响机制;同时引入相关变量,采用与已有文献不同的稳定性检验方法,构建完证转型。

基于一般意义上的影响机制,本章的结论是:宏观经济发展是实现"幸福感"的基石,客观收入水平的差异是影响"幸福隧道"的双刃剑,相对不公平与社会地位的悲观评价显著降低"幸福感",幸福感的提升可以从生理、安全、社交、被尊重、自我价值实现等不同层次分别切入。同时,通货膨胀会降低幸福感,经济均衡发展理念逐渐降低地区差异对幸福感的影响,"不公平感"超过"社会地位"成为更为显著的幸福感因素,安全幸福感的保障来源从"医疗保险"向"养老保险"转换。

二、以经国济民提升国民幸福感的路径

基于上述结论,我们对"经国济民提升国民幸福感"提出如下五点建议。

第一,经济持续稳定增长是"国民幸福"的根本基础,经济增长质量提升将成为提升国民幸福感的重要渠道。经过改革开放以来的快速发展,我国经济已由高速增长转向中高速增长的"新常态",在经济增长速度有所下降的同时,经济增长质量不断提高。从国民幸福感看,"经济增长速度缓降"的消极效应将被"经济增长质量提升"的积极效应所对冲。"质量不断提高的经济增长"具有如下特点:更高的全要素生产率、更大的创新驱动力、更好的生态环境、更和谐的收入分配。当前,人民美好生活需要日益广泛,不仅对物质文化生活提出了更高要求,而且在公平、正义、安全、环境、文化生活等方面的要求日益增长。实现经济高质量发展的重要路径是贯彻创新、协调、绿色、开放、共享五大发展理念。五大发展理念

的落实，有利于提升创新驱动力，促进地区、城乡协调发展，营造更良好的生态环境、更好运用国际国内两个市场、提高资源使用效率，进而提高国民幸福感。

第二，加强供给侧结构性改革，以更优的产品与服务供给，满足人民对更美好生活的需求。中国特色社会主义进入新时代，我国社会主要矛盾已经转化为人民日益增长的美好生活需要和不平衡不充分的发展之间的矛盾。加强供给侧结构性改革，有利于提高供给体系质量和效率，不但能增强经济持续增长动力，而且能够更精准满足人们需求，进而提高人民幸福感。

第三，营造更好的创新创业环境。培养开放包容、宽容失败的创新创业理念，让有志于创新创业、通过奋斗成功的人，都有更大概率获得成功，都有机会实现人生出彩。“自我价值实现”处于幸福感的较高层次，成功的创新创业有助于实现“自我价值”，从而获得幸福感。

第四，办好人民满意的教育，进一步提高人才培养质量。良好的教育质量有利于提升整个社会的人力资本水平和劳动生产率，营造和谐的社会氛围，增进人民对幸福的理解，进而提升国民幸福感。因此提高教育水平也是提高国民幸福感的重要渠道。

第五，提供更优质的治安管理、养老保障等公共服务。一方面，营造更加安全有序的治安环境。“安全需求”是国民幸福感的重要基础，经过改革开放 40 年的发展，我国已成为世界上最有安全感的国家之一，这也是我国国民幸福感提升的重要基础。另一方面，不断完善社会保障体系。我国已于 2000 年进入老龄化社会，2017 年 60 岁以上老年人口已超过 2.4 亿，占总人口比例 17.3%。在老龄化社会背景下，进一步完善养老保障体系，既能使老年人群拥有更高品质的生活，也能减轻年轻人对未来养老的后顾之忧，对于提升国民整体幸福感都具有重要意义。

附录:综合幸福问卷(苗元江,2003)

2003年,我国学者苗元江等人基于幸福感的三个经典指标(生活满意度、正性情感、负性情感)提出了幸福感理论模型,编制了《综合幸福感问卷》(Multiple Happiness Questionnaire,MHQ)。

1. 综合幸福问卷(MHQ,2003)①

请仔细阅读每个问题,并且依据自身实际情况作答,回答没有正确与错误之分,每个问题只能选择一个答案,整个问卷有A、B、C三个部分。

A部分:请根据下表的评价尺度,真实地描述A1～A38题个人情况

表1　　综合幸福问卷中各分数对应的评价尺度

1	2	3	4	5	6	7
明显不符合	不符合	有些不符合	介于中间	有些符合	符合	明显符合

A1 我的生活大多数方面与我的理想吻合

A2 我的生活状况良好

A3 我对我的生活满意

A4 到目前为止,我得到了我在生活想要的重要的事情

A5 回首往事,能够感受到生活的意义和人生的圆满

A6 了解并接受自己

A7 能够根据自己的意愿选择行为方式,而不受外界影响

① 百元汇．心理学视野中的幸福—幸福感理论与测评研究[D]．南京师范大学博士学位论文,2003。

A8 不断超越自我,取得更大、更多的成就
A9 理解自己所做事情的价值与意义
A10 我可以自由地决定我的生活
A11 我能够自由地表达我的思想与感情
A12 在我的生活中,经常有人约束我的行为(反向计分)
A13 在我的生活中,我能感觉到我的存在
A14 在我的生活中,并没有太多的机会让我自己做决定(反向计分)
A15 我觉得我是一个有价值的人,至少与别人一样
A16 我觉得我具有许多优良的品质
A17 我与大多数人一样,能够把事情做好
A18 我对自己持肯定态度
A19 总的来说,我对自己比较满意
A20 我充满活力与激情
A21 我常常感觉到我的精力旺盛好像要爆发出来
A22 我的精力非常充沛,精神状况很好
A23 我期望着投入每一天新的生活
A24 我的感觉很灵敏,情绪很活跃
A25 我浑身上下充满着力量
A26 我拥有可以依靠的朋友
A27 我拥有可以信赖的朋友
A28 我拥有亲密、持久的朋友
A29 在人们需要的时候,不计报酬地提供帮助
A30 为社会美好而努力奋斗
A31 为世界变得更加美好而工作
A32 帮助人们改善他们的生活状况
A33 在别人需要的时候帮助他们
A34 保持身体健康
A35 拥有健康与活力
A36 保持良好的健康水平
A37 没有疾病

A38 保持健康的生活方式

B 部分：请使用下面的评价尺度，选出个人最近 1 个星期的情绪情况（B1～B12 题），1～7 表示该项情绪持续时间的长短，如 1 代表"没有时间"，4 代表"一半的时间"，7 表示"所有的时间"。

表 2　　一周以来情绪状况评估量表

情绪	1	2	3	4	5	6	7
B1 愤怒							
B2 高兴							
B3 耻辱							
B4 爱							
B5 忧虑							
B6 愉快							
B7 嫉妒							
B8 内疚							
B9 感激							
B10 快乐							
B11 悲哀							
B12 自豪							

C 部分：使用下列标准，评定整个生活中，你的幸福/痛苦体验的真实情况：

1	2	3	4	5	6	7	8	9
非常痛苦	很痛苦	痛苦	有些痛苦	居于中间	有些幸福	幸福	很幸福	非常幸福

附图 1　幸福/痛苦程度

2. 量表测试结果解释：

整个问卷分成了三个部分和九个维度，各个维度的问题散布在不同的问题中，以下是各个维度的分布，以及高分低分者的特征解释：

表 3　　综合幸福感维度分布及含义解释

维度	题号	项目数	高分特征	低分特征
生活满意	A1—A5	5	各方面的需求和愿望得到满足，对自己生活状况满意	对自己生活状况不满意，生活中的愿望与需求没有得到满足

续表

维度	题号	项目数	高分特征	低分特征
正性情感	B2、4、6、9、10、12	6	较多时间体验到爱、高兴、愉快、自豪、乐观、等积极情绪	较少时间体验到爱、高兴、愉快、自豪、乐观等积极情绪
负性情感	B1、3、5、7、8、11	6	较多时间体验到抑郁、焦虑、妒忌、愤怒、内疚、等消极情绪	较少时间体验到抑郁、焦虑、妒忌、愤怒、内疚等消极情绪
生命活力	A20～A25	6	充满活力、能量，感觉拥有生命热情、精力充沛	缺乏活力、能量，感觉没有生命热情，无精打采，缺乏活力
健康关注	A34～A38	5	珍爱生命，关注健康，保持良好的生活与行为方式	对健康状况不关注，缺乏良好的生活习惯与生活方式
利他行为	A29～A33	5	愿意帮助他人，富有爱心，希望通过自己的努力使世界变得更加美好	不愿意帮助他人，缺乏爱心，事不关己就高高挂起，不愿意付出
自我价值	A15～A19	5	相信自己的能力和重要性，有成功感和价值感，具有较高自尊	不相信自己的能力和重要性，缺乏成功感和价值感，比较自卑
友好关系	A26～A28	3	具有温暖的、安全的、真诚的、持久的人际关系	缺乏温暖的、安全的、真诚的、持久的人际关系
人格成长	A6～A14	9	自我接受，不断发展，开放新的经验，有自知之明，能够控制自己的行为	不能自我接受，不愿意发展与学习，缺乏自知之明，不能控制自己的行为

参考文献

[1]Bentham J. *The Principles of Morals and Legislation*[M]. Buffalo: Prometheus,1978.

[2]Berglas S, Jones E E. Drug choice as a self-handicapping strategy in response to noncontingent success [J]. *Journal of Personality and Social Psychology*, 1978, 36(4): 405—417.

[3]Breuning L. How To Train Your Brain To Go Positive Instead of Negative:https://www.forbes.com/sites/womensmedia/2016/12/21/.

[4]Brockmann H,Jan Delhey,Christian Welzel,Hao Yuan. The China Puzzle: Falling Happiness in a Rising Economy[J]. *Journal of Happiness Studies*. 2009(4).

[5]Business Insider. A Lesson About Happiness From A Holocaust Survivor-Business Insider. 22 October 2014.

[6]Cheever N.A, Rosen L.D., Carrier L.M and Chavez A. Out of sight is not out of mind: The impact of restricting wireless mobile device use on anxiety levels among low, moderate and high users [J]. *Computers in Human Behavior*,2014,37:290—297.

[7]Collins A,Natalia Sarkisian,Ellen Winner.Flow and Happiness in Later Life: An Investigation into the Role of Daily and Weekly Flow Experiences [J]. *Journal of Happiness Studies*, 2009(6).

[8]Diener E,Suh E M,Lucas R E,et al.Subjective well-being: three dec-

ades of progress[J]. *Psychological Bulletin*, 1999.

[9]Diener E.Subjective Well-Being[J]. *Psychology Bulletin*,1985.

[10]Diener E, Robert A Emmons, Richard J Larsen, Scott Griffin .The satisfaction with life scale[J] .*Journal of personality assessment*, 1985.

[11]Easterlin R. A .Does Economic Growth Improve the Human Lot Some Empirical Evidence[J], *Nations and Households in Economic Growth Essays in Honor of Moses Abramowitz*, 1974.

[12]Easterlin R. A .Will Raising the Incomes of all Increase the Happiness of all? [J]. *Journal of Econometrics*, 1995.

[13]Fredrickson B L, Cohn M, Coffey K A, et al. Open Hearts Build Lives: Positive Emotions, Induced Through Loving-Kindness Meditation, Build Consequential Personal Resources[J]. *Journal of Personality and Social Psychology*, 2008, 95(5): 1045—1062.

[14]Glad B, Simon H A. Reason in Human Affairs[J]. *Political Science Quarterly*, 1984, 99(1).

[15]Griffin J. *Well-being: Its meaning, measurement, and moral importance*[M]. Oxford, England: Clarendon Press,1986.

[16]Helliwell J, Layard R, Sachs J. World happiness report[J]. 2012.

[17]Larry D, Rosen, The Anxiety Epidemi: https://www.psychologytoday.com/us/blog/.

[18]Levenson R W. The Intrapersonal Functions of Emotion[J]. *Cognition and Emotion*, 1999, 13(5): 481—504.

[19]Lucas R E, Diener E, Suh E M, et al. Discriminant validity of well-being measures[J]. *Journal of Personality and Social Psychology*, 1996, 71(3): 616—628.

[20]Nussbaum M. Human functioning and social justice: In defense of Aristotelian essentialism [J]. *Political Theory*,1992(20): 202—246.

[21]Ruedy N E, Moore C, Gino F, et al. The cheater's high: The unexpected affective benefits of unethical behavior[J]. *Journal of Personality and Social Psychology*, 2013, 105(4): 531—548.

[22]Ura K, Alkire S, Zangmo T, et al. *An extensive analysis of GNH index*[M]. 2012.

[23]Veenhoven R, Michael Hagerty. Rising Happiness in Nations 1946 - 2004: A Reply to Easterlin[J]. *Social Indicators Research*, 2006(3).

[24]Seligman M. E. P. *Authentic Happiness*[M] .New York: Free Press, 2002.

[25]Seligman, Royzma, 2003: https://www.authentichappiness.sas.upenn.edu/newsletters/authentichappiness/happiness.

[26]Sen A. *Commodities and Capabilities*[M].New Delhi: Oxford University Press, 1987.

[27]Sepulveda C, Martinez-Vazquez.J. The Consequences of Fiscal Decentralization on Poverty and Income Inequality[J]. *Environment and Planning C: Government and Policy*, 2011.

[28]Williams A. Prozac Nation Is Now the United States of Xanax[N]. *New York Times*, 2017.

[29]Wilson W. Correlates of avowed happiness[J]. *Psychological Bulletin*, 1967.

[30]Easterlin, Richard A. Will Raising the Incomes of all Increase the Happiness of all? [J]. *Journal of Econometrics*. 1995.

[31]Likert, Herbert Gintis. Wealth Inequality, Wealth Constraints, and Economic Performance[J]. *Handbook of Income Distribution*. 2000(02): 56—59.

[32]Likert, Herbert Gintis. Wealth Inequality, Wealth Constraints, and Economic Performance[J]. *Handbook of Income Distribution*. 2000(02): 56—59.

[33]Ruut Veenhoven, Michael Hagerty. Rising Happiness in Nations 1946—2004: A Reply to Easterlin[J]. *Social Indicators Research*. 2006(3): 421—436.

[34]Graham, C, Felton, A. Inequality and happiness: Insights from Latin America[J]. *Journal of Economic Inequality*. 2006(7): 134—156.

[35]Oshio T, M. Kobayashi. Area-Level Income Inequality and Individual

Happiness:Evidence from Japan[J]. *Journal of Happiness Studies*. 2010(5):74—89.

[36]Sujarwoto S,Tampubolon G. Decentralization and citizen happiness:a multilevel analysis of selfrated happiness in indonesia[J]. *Journal of Happiness Studies*, 2015(03):455—475.

[37](美)埃德·迪纳,等. 改变人生的快乐实验[M]. 北京:中国人民大学出版社, 2010.

[38](乌克兰)艾琳娜.库丝蒂奥科维奇 . 林洁盈译.意大利人为什么喜爱谈论食物?.意大利饮食文化志[M].浙江大学出版社,2016.

[39](美)阿瑟.C,丹托. 夏开丰译.何谓艺术[M].北京:商务印书馆,2017.

[40]白苏好.城市居民婚姻幸福感及其与依恋的关系研究[D].南昌大学硕士研究生学位论文,2009.

[41](美)班杜拉.缪小春等 译. 自我效能:控制的实施[M].上海:华东师范大学出版社,2002.

[42](美)贝克尔.家庭经济分析[M].北京:华夏出版社,1987.

[43](英)边沁. 道德与立法原理导论[M]. 北京:商务印书馆, 2005.

[44](古希腊)柏拉图.理想国[M].刘静译.外文出版社.1998.

[45](古希腊)柏拉图.朱光潜 译.柏拉图文艺对话集[M].北京:商务印书馆,2013.

[46]曹瑞,孙红梅.PERMA——塞利格曼的幸福感理论新框架[J].天津市教科院学报, 2014(2):10.

[47]槽值小妹.700 对夫妻婚姻实录曝光,终于明白是什么谋杀了爱情[N].21 世纪经济报道,2018—10.

[48]陈灿锐,高艳红,申荷永.主观幸福感与大三人格特征相关研究的元分析[J].心理科学进展,2012 (20):19—26.

[49]陈春莉.进化论与艺术的起源[J].文艺理论与批评,2013(2):91.

[50]陈刚.通货膨胀的社会福利成本——以居民幸福感为度量衡的实证研究[J].金融研究,2013(02):60—73.

[51]陈俊宏.中国特色社会主义理论核心观点解读[M]. 北京:中共中央党校出版社,2011.

[52]陈秋玲，许玲丽，石灵云. 幸福经济学[M]. 上海：上海大学出版社，2015.

[53]陈敏.皮格马利翁效应 [M]. 北京工业大学出版社，2005.

[54]陈卓.目标统一才能管住“心”[J].中国质量报，2015，8：1－2.

[55]程明.以“上文化”消解“丧文化”[J].人民论坛，2018(19)：127－129.

[56](日)村上春树.兰格汉斯岛的午后[M]，时报文化出版社，2002，12.

[57](美)戴安娜·阿克曼.感觉的自然史[M].花城出版社，2007.

[58]戴巧云.青少年友谊与主观幸福感的相关性研究[D].华东师范大学硕士研究生论文，2005.

[59]邓小平文选[M].北京：人民出版社，2001(3)：64.

[60]邓志伟，徐新.家庭社会学导论 [M].上海大学出版社，2006.

[61]丁述磊.公共服务对居民主观幸福感的影响——基于医疗、住房、就业服务视角[J].东北财经大学学报，2016(01)：77－84.

[62]范雷.当前青年价值观变迁主要特点[N].中国青年报，2017－4－17.

[63]付艳萍.美国公立精英高中是如何炼成的？——访谈美国史岱文森高中校长张洁女士[J].基础教育，2015，12(03)：70－77.

[64]冯友兰.赵复三 译.中国哲学简史[M].北京：北京联合出版公司，2017.

[65]封进.社会保险对工资的影响——基于人力资本差异的视角[J].金融研究，2014(07)：109－123.

[66]甘贝贝.探寻家庭幸福密码[N].健康报，2015，4 (005).

[67]甘膏林，孔祥财，汪启东，周敏，朱霉，甘婶婶，刘韩漳，等.打造立体化幸福企业之道[J].企业文明，2013(10)：52－53.

[68]高红莉，张东，许传新.住房与城市居民主观幸福感实证研究[J].调研世界，2014(11)：18－24.

[69]高杰，何平，张锐. 中等收入陷阱理论述评[J].经济学动态，2012(3)：88－89.

[70]高淑云.谈全面建成小康社会的来龙去脉和重要意义[J].青年与社会，2014(1)：211.

[71]古人很潮.舌尖上的古代中国[M].武汉：长江出版社，2017.

[72]韩玉萍.探寻家庭幸福密码——2013 年中国家庭幸福感热点问题调查

报告分析[J].人口与计划生育,2014(06):22—24.

[73]何立新,潘春阳.破解中国的“Easterlin悖论”:收入差距、机会不均与居民幸福感[J]. 管理世界. 2011(08).

[74](德)黑格尔.朱光潜 译.美学(第一卷)[M].北京:商务印书馆,1979(1):6.

[75]胡洪曙,鲁元平. 收入不平等、健康与老年人主观幸福感来自中国老龄化背景下的经验证据[J]. 中国软科学. 2012(11).

[76]黄维德,陈欣.上海中等收入群体的消费状况研究[J].上海经济研究,2004(10):3—6.

[77]辉格.沐猿而冠 文化如何塑造人性[M]. 成都:四川人民出版社,2015:8.

[78]姜永杰.大学生主观幸福感的测量研究[J].心理科学,2007(06):1460—1462.

[79](英)杰文斯.政治经济学理论[M]. 北京:商务印书馆,1984.

[80]康蔚林.医疗保障水平对我国居民幸福感的影响——基于CGSS数据的实证分析[J].法制与社会,2016(31):167—168.

[81](美)克里斯托弗.彼得森.积极心理学[M].群言出版社,2010:6.

[82](美)劳拉·E. 伯克著.陈会昌等 译.伯克毕生发展心理学——从0岁到青少年 [M].中国人民大学出版社,2014:206.

[83]雷鸣,王琛. 幸福心理学[M].北京:机械工业出版社, 2015:3.

[84]雷友华.当代大学生人际交往问题的成因及对策分析[J]. 河南财政税务高等专科学校学报, 2018(8):84.

[85]李富业,马艳,刘继文. 医学研究生心理健康状况调查研究[J].西北医学教育,2010, 18(2) :284—287.

[86]李清彬,李博.中国居民幸福一收入门限研究——基于CGSS2006的微观数据[J].数量经济技术经济研究,2013,30(03):36—52.

[87]厉以宁, 吴易风, 李懿.西方福利经济学述评[M].商务印书馆,1984.

[88]梁津安,杜敏. 幸福心理学[M].西安:西安电子科技大学出版社,2012,3.

[89]林崇德.心理学大辞典(下卷)[M].上海教育出版社,2003.

[90]林帝浣.什么莫兰迪色,《延禧攻略》明明就是中国色!［N］.人民日报,2018,8.

[91]林江,周少君,魏万青.城市房价、住房产权与主观幸福感[J].财贸经济,2012(05):114－120.

[92]刘军强.经济增长时期的国民幸福感——基于CGSS数据的追踪研究[J].中国社会科学,2012(12).

[93]刘念.也说"佛系青年"[N].人民日报,2017－12－13.

[94]刘湘溶,罗常军.思维方式生态化及其现实价值[J].湖湘论坛,2010(3):6.

[95]刘瑜.社会保障制度的幸福效应实证研究——基于医疗保险、养老保险的视角[J].商业经济研究,2015(06):92－94.

[96]刘玉新,王学普,张建卫,彭凯平.家庭心理需求及其对家庭幸福的影响——基于1139个家庭的研究证据[J].北京理工大学学报,2016,9(5):98－104.

[97]刘晓娟.打造班级效能管理团队的策略研究[J].教育视界,2018,3:14－16.

[98]刘彦华.2017中国幸福小康指数[N].小康,2017(31):58－62.

[99]路风,余永定."双顺差"、能力缺口与自主创新——转变经济发展方式的宏观和微观视野[J].中国社会科学,2012(06).

[100]路建建.居民医疗保险对幸福感的影响研究[D].山东大学,2017.

[101]陆瑜芳.情礼之间——身心灵的自由[M].上海:上海大学出版社,2018:8－9

[102]罗楚亮.绝对收入、相对收入与主观幸福感——来自中国城乡住户调查数据的经验分析[J].财经研究,2009(11).

[103](苏联)罗森塔尔L.,雅各布森.课堂中的皮格马利翁[M].北京:人民教育出版社 ,1998.

[104](法)吕克·费里.杜小真,译.论爱[M].北京:北京大学出版社,2017.

[105](美)马斯洛.自我实现的人[M].三联书店,1987.

[106](美)曼昆.经济学原理——微观经济学分册[M].北京:北京大学出版社,2009.

[107](法)米歇尔·翁弗雷,林泉喜译.哲学家的肚子[M].上海:华东师范大学出版社,2017.

[108]苗元江. 心理学视野中的幸福——幸福感理论与测评研究[D]. 南京师范大学博士学位论文,2003.

[109]穆光宗,袁城.探寻家庭幸福之道[N].中国人口报,2012-3-23.

[110]穆光宗.论家庭幸福发展[J].中国延安干部学院学报,2012,5(01):86-93.

[111]倪志良.财政分权、收入差距与国民幸福感——基于 CGSS2010 数据的经验研究[J].经济经纬,2016(07).

[112](法)帕特里克·霍尔福德.范志红等 译.营养圣经[M].北京:北京联合出版公司,2018.

[113]潘泽泉.现代家庭功能的变迁趋势研究[J].学术交流,2005(01):129-132.

[114]潘晓东."保持知足常乐的心态"最为重要[J].印刷杂志,2016,6:30.

[115]庞喏.送玫瑰花的实验[N],思维与智慧,2009, 15:9.

[116]佩德罗·孔塞桑.卢艳华译.主观幸福感研究文献综述[J].国内外理论动态,2013(7):10-23.

[117](美)乔治·范伦特.张洁,宋欣欣,童俊 译.自我的智慧:哈佛大学格兰特幸福公式研究[M].世界图书出版公司,2016.

[118]邱鸿钟.艺术心理评估与绘画治疗[M].广州:广东高等教育出版社,2014.

[119]任力.团队建设就是要为员工补"钙"[J].城市开发,2018,15:72-72.

[120]闰丙金.收入、社会阶层认同与主观幸福感[J].统计研究, 2012(10).

[121](瑞士)荣格.张举文,荣文库 译.人类及其象征[M].沈阳:辽宁教育出版社,1988:221.

[122](澳大利亚)埃德尔曼. 黄志强,殷明,译.思维改变生活——积极而实用的认知行为疗法[M]. 上海:华东师范大学出版社,2007.

[123]邵梅. 基于幸福经济学对我国家庭发展的思考[D].西南财经大学,2013.

[124]邵士庆.幸福的生成机制与特性[J].学术论坛,2012(4):1-4.

[125]上海市曹杨职业技术学校.上海本帮菜[M].上海:上海交通大学出版社,2017.

[126](日)石毛直道.关剑平 译.日料的故事:从橡子到寿司的食物进化[M].杭州:浙江人民出版社,2017,10:5.

[127]食帖番组.食帖的节气食桌[M].北京:中信出版社,2017.

[128]施文辉. 幸福的本质及其现实建构研究[D]. 南昌:南昌大学,2014.

[129](英)斯克鲁顿.刘华文,译.康德[M].南京:译林出版社,2013,5:104.

[130]宋健,张洋,王璟峰.稳态与失稳:家庭结构类型与家庭幸福的一项实证研究[J].人口研究,2014,38(05):17—26.

[131]宋锦添. 试论思维方式的结构、含义问题. 晋阳学刊[J].1985:42.

[132]隋舵,刘伟,余文钦,黄晓天,等.健全传导机制发挥思想政治工作作用.来源:人民网一理论频道,2014—3—5.

[133]孙大强. 幸福心理学—多维视角的探索与巡礼[M].广州:世界图书出版广东有限公司, 2015:16.

[134](以)泰勒·本一沙哈尔. 幸福的方法[M]. 北京:中信出版社, 2013:32.

[135]陶涛,杨凡,张浣珺,赵梦晗.家庭幸福发展指数构建研究[J].人口研究,2014, 38(01):63—76.

[136]唐凯麟.西方伦理学名著提要[M]. 南昌:江西人民出版社,2005.

[137](英)特里.什么是“真正的幸福”[N]. 社会科学报,2016—10—19.

[138]童欣.绘画心理分析:追寻画外之音[M].北京:机械工业出版社,2017:231.

[139]童玉芬.家庭幸福的概念与指标体系的构建[J].人口与发展,2014(04):91.

[140]图解经典编辑部编著.图解黄帝内经[M].长春:吉林科学技术出版社,2017:170.

[141]万金锋.如何做好逆境下的团队管理[J].建筑机械,2013(16):54—57.

[142]王芳芳.大学生的人格特质与心理幸福感的关系研究[D].南京邮电大学硕士论文,2015,4.

[143]王鹏.收入差距对中国居民主观幸福感的影响分析——基于中国综合

社会调查数据的实证研究[J].中国人口科学,2011(03):93—101、112.

[144]王薇华.幸福力[M].北京:中国物资出版社,2011:66—67.

[145]汪星刚."空心病"下的大学生心理障碍透视[J].武汉理工大学学报(社会科学版),2017(5):177—181.

[146]王于.马克思主义基本原理[M].北京:中国经济出版社,1988:28—29.

[147](美)威尔.鲍温.你可以幸福[M].长沙:湖南文艺出版社,2013(1):11—12.

[148]温清霞.习得性无助研究述评[J].江苏理工学院学报,2014(1):64—70.

[149]吴帆.中国家庭功能变化与家庭发展能力建设[J].人口与计划生育,2017(09):35—37.

[150]吴曾林.论人格障碍与音乐风格的形成——以莫扎特、贝多芬、肖邦、柴可夫斯基为例[J].艺术中国,2016(7):140.

[151]吴珍.具身认知:音乐心理学研究范式的革命性转型[J].中国音乐(季刊),2016(4):162.

[152]习近平关于实现中华民族伟大复兴的中国梦论述摘编[M].北京:中央文献出版社, 2013.

[153](英)西季威克.伦理学方法[M].北京:中国社会科学出版社,1993 .

[154]肖永春.幸福心理学[M].上海:复旦大学出版社, 2016:20.

[155]谢湘,堵力.北大清华再争状元就没有希望[N].中国青年报,2012, 5(03).

[156]辛立哲.货币政策传导机制探析[J].中国经贸导刊.2011(03).

[157]邢金芳.食疗养生[M].合肥:安徽科学技术出版社,2017:19.

[158]邢占军.主观幸福感测量研究综述[J].心理科学,2002(03):336—338、342.

[159]熊承清,许远理.生活满意度量表中文版在民众中使用的信度和效度[J],中国健康心理学杂志,2009.

[160]徐安琪.家庭幸福:金钱愈加重要了吗——项关于家庭幸福观的经验研究[J].社会科学研究,2011(01):95—103.

[161]徐凯文."空心病"也是一种心理障碍[N].大众卫生报,2017,7(16).

[162]徐曼，杜海霞，柴云，刘冰.主观幸福感客观影响因素的研究综述[J].中国社会医学杂志，2015，32(5)：361—363.

[163]徐睿，胡燕.幸福家庭建设的指标体系：蓉城尝试[J].重庆社会科学，2016，(07)：64—72.

[164]许玲丽，方敏，王亮.主要领域满意度对幸福影响的动态分析[J].财经研究，2018，44(12)：57—69.

[165]严翅君.全面小康社会的幸福指数构成探讨[J].唯实，2010(05)：10—16.

[166]严静.幸福家庭的影响指标体系与解释框架——人口学视角的解读[J].东南学术，2013(02)：158—166.

[167]杨栋.日本陷入“低欲望”社会[J].金融博览(财富)，2018(05)：79—81.

[168]阳义南，章上峰.收入不公平感、社会保险与中国国民幸福[J].金融研究，2016(08)：34—50.

[169]于翠萍.小康时期提升中国人幸福感途径研究[J].中国石油大学学报(社会科学版)，2015，31(02)：42—48.

[170]叶朗.美学原理[M].北京：北京大学出版社，2009.

[171]叶浩生.心理学通史[M].北京：北京师范大学出版社，2006：303.

[172]俞辉，狄婷婷.论家庭幸福及影响因素分析[J].商界论坛，2015(33)：281.

[173]曾焱冰.没完没了的好时光[M].北京：中信出版社，2016：140.

[174]赵强，李玟慧，刘畅，孙权，等.代际关系现状对家庭养老影响的探究[J].财经界(学术版)，2013(14)：257—258.

[175]赵士元.打造具有职业幸福感的教师团队[J].长三角(教育)，2012，2：4—5.

[176]赵新宇，范欣，姜扬.收入、预期与公众主观幸福感——基于中国问卷调查数据的实证研究[J].经济学家，2013(09)：15—23.

[177]赵燕梅，张正堂，刘宁.自我决定理论的新发展述评[J].管理学报，2016，13(7)：1095—1104.

[178]张诚.中国人的思维模式[M].长春：吉林人民出版社，2015，8：15.

[179]张杰.婚姻家庭法学(上册)[M].海口：南海出版公司，2003：230.

[180]张楠,杨夫腾.当代中国社会转型时期下青年学生精神生活的几点思考——从大学校园的"空心病"现象谈起[J].湖北社会科学,2017(10):171—177.

[181]张伟.高校龙舟运动员团队意识的培养意义及途径[J].赤峰学院学报(自然科学版),2018,5:120—121.

[182]张卫东.音乐、心理与大脑[J].华东师范大学学报(教育科学版),2014(1):89.

[183]张武科. 基于接受者视角的社会消费与幸福感研究[D].浙江大学,2018.

[184]张旭.一边是反思,一边是幸福 2011 中国人幸福感大调查[N].小康,2011(11):1.

[185]郑龙云.当代大学生助人为乐精神培育研究[D].广西师范大学,2016.

[186]中央美术学院美术史系中国美术史教研室.中国美术简史[M].北京:中国青年出版社,2002:314.

[187]中共中央马克思恩格斯列宁斯大林著作编译局.马克思恩格斯全集[M].人民出版社,2006.

[188]周国韬.习得性无助感理论浅析[J].心理科学通讯,1988(6):47—51.

[189]庄慧玲.对上海城市居民小康生活水平的实证研究[J].上海统计,1998(8):1—2.

[190]2014 国民幸福报告[J].商周刊,2015(Z1):13.

[191]刘军强.经济增长时期的国民幸福感——基于 CGSS 数据的追踪研究[J].中国社会科学. 2012(12):82—102.

[192]黎昕,赖扬恩,谭敏.国民幸福指数指标体系的构建[J]. 东南学术,2011(09):66—75.

[193]刘向东,陶涛.幸福感评价指标体系研究——基于“幸福圈层理论”的实证分析[J]. 中国人民大学学报,2012(05):88—94.

[194]中等收入陷阱是什么,知乎:https://www.zhihu.com/question/20076841/answer/3685257.

[195]离婚大数据曝光让人心寒,是什么谋杀了你的爱情,网易谈心社:https://c.m.163.com/news/a/DOMIG0340001982T.html? spsw=2&spssid=6989de530d204cc60d592491e94a7afd&spss=newsapp&from=timeline&isap-

pinstalled=0.

[196]如何应对不确定焦虑,微信:https://mp.weixin.qq.com/s/kHB_fSiiGipddLIOxdi7Ow.

[197]如何处理生活中的负面情绪,微信:https://mp.weixin.qq.com/s/NPIBbBWSEhHzi2vTq7MWrg.

[198]亲子关系,百度百科:https://baike.baidu.com/item/亲子关系/10637241.html.

[199]代际关系,百度文库:https://wenku.baidu.com/view/a222e60bf01dc281e43af053.html.

[200]尴尬了,付了首付还不起月供!万万不要高估自己的购房能力,搜狐网:https://www.sohu.com/a/165522275_99972365.

[201]小康生活的标准,百度文库:https://wenku.baidu.com/view/9ebac0fba300a6c30d229fbf.html.

[202]我国中等收入群体调查,163新闻:http://news.163.com/13/0415/03/8SFL04MV00014AED.html.

[203]经济结构实现历史性变革,发展协调性显著增强——改革开放40年经济社会发展成就系列报告之二,国家统计局:http://www.stats.gov.cn/ztjc/ztfx/ggkf40n/201808/t20180829_1619600.html.

[204]2017年中国中等收入群体数量中等收入标准计算,闽南网:http://www.mnw.cn/news/china/1978723.html.

[205]2017年盖洛普全球幸福感指数年终调查,盖洛普国际:http://www.gallup-international.com/surveys/happiness-hope-economic-optimism/.

[206]中华人民共和国2017年国民经济和社会发展统计公报,国家统计局:http://www.stats.gov.cn/tjsj/zxfb/201802/t20180228_1585631.html.

[207]2016年全国教育事业发展统计公报,中华人民共和国教育部:http://www.moe.edu.cn/jyb_sjzl/sjzl_fztjgb/201707/t20170710_309042.html.

[208]17岁女子中百万大奖后状告彩票公司:暴富毁掉了我的生活,搜狐网:http://www.sohu.com/a/126177070_114731.

[209]美满婚姻和性生活有价:等于年赚10万和6万美元,人民网:http://www.people.com.cn/GB/shenghuo/1089/2444742.html.

[210]构建人类命运共同体应谨慎使用“比较优势”话语，简书：https://www.jianshu.com/p/c1e6aff49b62? from=singlemessage.

[211]幸福的哲学，维基百科：https://en.wikipedia.org/wiki/Philosophy_of_happiness.

[212]幸福中国白皮书（2016 年），199IT 中文互联网数据资讯中心：http://www.199it.com/archives/629467.html.

后 记

综观人类社会发展史，从茹毛饮血的远古，到信息爆炸的现代，无论物质多么富有、沟通多么便捷，人们追寻幸福的脚步从未停歇过，古今中外的仁人志士从来就没有停止过对幸福的反思、追问和探求。

2011 年，上海大学启动大类招生和通识教育改革，陈秋玲教授申报并开设“幸福经济学”通识课，课程得到了学生的喜爱。2017 年 2 月，在学校领导的指导下，在学校教务处、学生工作办公室、经济学院、社区学院等部门和院系领导的关心支持下，陈秋玲、尹应凯两位教授牵头组建幸福课程团队，共同开发并推出新生研讨课“解码幸福”。课程推出后，学生对幸福课程的关注度和认可度逐渐提高。为了满足学生阅读的需要，解码幸福课程团队联合撰写了本书。我们衷心希望借此书出版之际，与更多的追梦人共同解码幸福。

本书由陈秋玲、尹应凯、谭婷总策划，陈秋玲、许玲丽、尹应凯、陆瑜芳统稿，具体分工如下：前言、后记由陈秋玲撰写，第一章由林建玲、陈秋玲撰写，第二章由许玲丽、汪旭娟撰写，第三章由石婵娟、徐燕撰写，第四章由裴志茹撰写，第五章由高宏伶、陆瑜芳撰写，第六章由许玲丽撰写，第七章由陆耀峰撰写，第八章和第十四章由陆瑜芳撰写，第九章由朱婷、张玲、吴明军撰写，第十章由张婧怡撰写，第十一章由陈雪、许玲丽撰写，第十二章和第十三章由朱一佳撰写，第十五章由谭静、张子扬撰写，第十六章由尹应凯、陈彦舟撰写，许玲丽、陈雪承担了大量书稿整理工作。

书稿撰写本身就是一段幸福之旅，我们共同探寻幸福内涵，探求幸福来源，探讨幸福机制，探索幸福原理，一路上收获了无数的幸福。我们在撰写过程中引用了很多学者的研究成果，主要参考文献都附在文末，在此对国内外这些专家学者表示衷心的感谢！本书内容出自众手，作者文责自负。我们诚邀您加盟，从幸福走向更幸福！